MÜNSTERISCHE BEITRÄGE
ZUR RECHTS- UND STAATSWISSENSCHAFT

HERAUSGEGEBEN VON DER
RECHTS- UND STAATSWISSENSCHAFTLICHEN FAKULTÄT DER
WESTFÄLISCHEN WILHELMS-UNIVERSITÄT IN MÜNSTER

22

1977

WALTER DE GRUYTER · BERLIN · NEW YORK

VERHANDLUNGSMAXIME UND VERFAHRENSBESCHLEUNIGUNG BEI DER VORBEREITUNG DER MÜNDLICHEN VERHANDLUNG

von

HEINRICH THEODOR BATHE

1977

WALTER DE GRUYTER · BERLIN · NEW YORK

CIP-Kurztitelaufnahme der Deutschen Bibliothek

Bathe, Heinrich Theodor
Verhandlungsmaxime und Verfahrensbeschleunigung bei der Vorbereitung der mündlichen Verhandlung. — 1. Aufl. — Berlin, New York: de Gruyter, 1977. —
(Münsterische Beiträge zur Rechts- und Staatswissenschaft; H. 22)
ISBN 3-11-007052-9

D 6

Printed in Germany.

Druck: W. Hildebrand, 1000 Berlin 65
Buchbindearbeiten: Wübben & Co., 1000 Berlin 42

Für Felix

V o r w o r t

Die vorliegende Abhandlung wurde im Frühjahr 1976 vom Fachbereich Rechtswissenschaft der Westfälischen Wilhelms-Universität Münster als Dissertation angenommen.

Herrn Professor Dr. Helmut Kollhosser danke ich für die Anregung des Themas und für vielfältige Förderung in Gespräch und Erfahrungsaustausch.

Mein Dank gilt ferner dem Fachbereich Rechtswissenschaft für die Auszeichnung der Arbeit mit einem Preis und dem Land Nordrhein-Westfalen für die Gewährung eines Druckkostenzuschusses.

Münster, im September 1976

Heinrich Theodor Bathe

Inhaltsverzeichnis

Abkürzungsverzeichnis

and. Ans.	anderer Ansicht
dergl.	dergleichen
ders.	derselbe
Fn.	Fußnote
Forts.	Fortsetzung
gem.	gemäß
h. M.	herrschende Meinung
insbes.	insbesondere
m. N.	mit Nachweisen
m. w. N.	mit weiteren Nachweisen
o. a.	oben angegeben
ÖZPO	Oesterreichische Zivilprozeßordnung
Rdn.	Randnote
S.	a) Seite; b) Satz (hinter Absatz in §§-Angaben)
Vorbem.	Vorbemerkung
w. N.	weitere Nachweise
zit.	zitiert

Im übrigen werden die bei

Kirchner, Hildebert,
Abkürzungsverzeichnis der Rechtssprache,
2. Auflage, Berlin 1968,

sowie im

Duden,
Rechtschreibung der deutschen Sprache und der Fremdwörter,
17. Auflage, Mannheim, Wien, Zürich 1973,

angegebenen Abkürzungen benutzt.

L i t e r a t u r v e r z e i c h n i s

Adomeit, Klaus	Der gerichtliche Prozeß in Sicht der Rechtstheorie, AcP 174 (1974), 407-414 (Besprechung von RÖDIG, Theorie)
Alsberg, Max	Gerichtskundigkeit, JW 1918, 793-795
Arndt, Adolf	Das rechtliche Gehör, NJW 1959, 6-8
derselbe	Die Verfassungsbeschwerde wegen Verletzung des rechtlichen Gehörs, NJW 1959, 1297-1301
Baring, Martin	Der politische Richter, DRiZ 1973, 307-309
Baumann, Jürgen	Grundbegriffe und Verfahrensprinzipien des Zivilprozeßrechts, Stuttgart, Berlin, Köln, Mainz 1970, zit.: Grundbegriffe
Baumann, Jürgen/ Fezer, Gerhard	Beschleunigung des Zivilprozesses, Tübingen 1970, zit.: Beschleunigung
Baumbach, Adolf/ Lauterbach, Wolfgang/ Albers, Jan/ Hartmann, Peter	Zivilprozeßordnung mit Gerichtsverfassungsgesetz und anderen Nebengesetzen, 33. Aufl., München 1975
Baumgärtel, Gottfried	Eine Rechtstatsachenuntersuchung über die Ursachen zu langer Prozeßdauer, JZ 1971, 441-449
derselbe	Ist die generelle Einführung des "Stuttgarter Modells" erstrebenswert? JA 1971, 695-696
derselbe	Wesen und Begriff der Prozeßhandlung einer Partei im Zivilprozeß, 2. Aufl., Köln, Berlin, Bonn, München 1972
derselbe	Das Mündlichkeitsprinzip und die hierzu bestehenden Reformversuche, insbesondere das Stuttgarter Modell, JR 1973, 309-315
derselbe	Das Verhältnis des Sachverständigen zum Richter in Fragen der Kfz-Schäden, VersR 1975, 677-680

Baumgärtel, Gottfried/ Mes, Peter (Herausgeber)	Rechtstatsachen zur Dauer des Zivilprozesses (erste Instanz), 2. Aufl., Köln, Berlin, Bonn, München 1972, zit.: Rechtstatsachen
Baumgärtel, Gottfried/ Hohmann, Gerhard (Herausgeber)	Rechtstatsachen zur Dauer des Zivilprozesses (zweite Instanz), Köln, Berlin, Bonn, München 1972, zit.: Rechtstatsachen
Baur, Fritz	Die Vorbereitung der mündlichen Verhandlung im Zivilprozeß, ZZP 66 (1953), 209-224 zit.: Vorbereitung
derselbe	Sozialer Ausgleich durch Richterspruch, JZ 1957, 193-197
derselbe	Richtermacht und Formalismus im Verfahrensrecht, in: Summum ius summa iniuria, S. 97-116, Tübingen 1963, zit.: Richtermacht und Formalismus
derselbe	Richterliche Hinweispflicht und Untersuchungsgrundsatz, in: Rechtsschutz im Sozialrecht, Beiträge zum ersten Jahrzehnt der Rechtsprechung des Bundessozialgerichts, herausgegeben von Weber, Hermann, Ule, Bachof, S. 35-46, Köln, Berlin, Bonn, München 1965 zit.: Hinweispflicht
derselbe	Wege zu einer Konzentration der mündlichen Verhandlung im Prozeß, Berlin 1966, zit.: Wege
Bender, Rolf	Die "Hauptverhandlung", in Zivilsachen, DRiZ 1968, 163-167
derselbe	Die Hauptverhandlung in Zivilsachen - ein erster Schritt zur Justizreform, JA 1971, 689-694
derselbe	Für das "Stuttgarter Modell", ZRP 1972, 258-259
derselbe	Der Beweisbeschluß - ein Nachruf, DRiZ 1972, 15-17
derselbe (Herausgeber)	Tatsachenforschung in der Justiz, Einführung in die Methoden, Tübingen 1972, zit.: Tatsachenforschung

Berg, Hans	Gutachten und Urteil, Schaeffers Rechtsfälle, 12. Band, 35.-38. Tausend, Düsseldorf 1973
Bergerfurth, Bruno	Der "Einzelrichter" bei der Kammer für Handelssachen. Zur Neuregelung des § 349 ZPO, NJW 1975, 331-335
Bernhardt, Wolfgang	Die Aufklärung des Sachverhalts im Zivilprozeß, in: Beiträge zum Zivilprozeßrecht, Festgabe zum siebzigsten Geburtstag von Leo Rosenberg, S. 9-50 München und Berlin 1949, zit.: Aufklärung
derselbe	Wahrheitspflicht und Geständnis im Zivilprozeß, JZ 1963, 245-247
derselbe	Das Zivilprozeßrecht, 3. Aufl., Berlin 1968
Bettermann, Karl August	Rezension von BOMSDORF, Prozeßmaximen, ZZP 88 (1975), 347-350
Blankenburg, Erhard/ Morasch, Hellmut/ Wolff, Heimfried	Tatsachen zur Reform der Zivilgerichtsbarkeit, Band I, Daten und Berechnungen, Tübingen 1974, zit.: Blankenburg u. a., Tatsachen zur Reform I
dieselben	Tatsachen zur Reform der Zivilgerichtsbarkeit, Band II, Auswertungen, Tübingen 1974, zit.: Blankenburg u. a., Tatsachen zur Reform II
Blomeyer, Arwed	Zivilprozeßrecht, Erkenntnisverfahren, Berlin, Göttingen, Heidelberg 1963, zit.: Erkenntnisverfahren
Blomeyer, Karl	Zur Lehre vom Tatbestand im Zivilurteil, in: Die Reichsgerichtspraxis im deutschen Rechtsleben, 6. Band, S. 309-336, Berlin und Leipzig 1929, zit.: Karl Blomeyer in: RG-Festschrift VI
Boehmer, Gustav	Grundlagen der Bürgerlichen Rechtsordnung, Erstes Buch, Das Bürgerliche Recht als Teilgebiet der Gesamtrechtsordnung, Tübingen 1950, zit.: Grundlagen I

Bomsdorf, Falk	Prozeßmaximen und Rechtswirklichkeit, - Verhandlungs- und Untersuchungsmaxime im deutschen Zivilprozeß - Vom gemeinen Recht bis zur ZPO, Berlin 1971, zit.: Prozeßmaximen
de Boor, Hans Otto	Zur Reform des Zivilprozesses, Leipzig 1938, zit.: Reform
derselbe	Die Auflockerung des Zivilprozesses, Tübingen 1939, zit.: Auflockerung
derselbe	Einzelrichter und Kollegium im italienischen und deutschen Zivilprozeß, Göttingen 1953, zit.: Einzelrichter und Kollegium
Brüggemann, Dieter	Judex statutor und judex investigator. Untersuchungen zur Abgrenzung zwischen Richtermacht und Parteifreiheit im gegenwärtigen Zivilprozeß, Bielefeld 1968, zit.: Judex
Brunner, Heinrich	Deutsche Rechtsgeschichte, 1. Band, 3. Aufl., Berlin 1961
Bruns, Rudolf	Richterliche Bindung und richterliche Freiheit im Zivilprozeßrecht, in: Annales Universitatis Saraviensis, Band II (1953), S. 237-247
derselbe	Zur Systematik der gesetzlichen Beweisarten im Zivilprozeß, JZ 1957, 489-494
derselbe	Anmerkung zum Urteil des Bundesgerichtshofes vom 30.1.1957 - V ZR 186/55 -, NJW 1957, 906
derselbe	Zivilprozeßrecht, Berlin und Frankfurt/M. 1968
Bull, Hans Joachim	Gerichte mit und ohne Stuttgarter Modell, DRiZ 1972, 312-313
Bülow	Dispositives Civilprozeßrecht und die verbindliche Kraft der Rechtsordnung, AcP 64, 1-109

Cohn, Ernst J.	Zur Ideologie des Zivilprozeßrechts, in: Erinnerungsgabe für Max Grünhut, S. 31-45, Marburg 1964, zit.: Ideologie
derselbe	Der temperamentvolle Richter, in: Persönlichkeit in der Demokratie, Festschrift für Erich Schwinge, S. 201-214, Köln, Bonn 1973, zit.: Der temperamentvolle Richter
Damrau, Jürgen	Die Entwicklung einzelner Prozeßmaximen seit der Rechtszivilprozeßordnung von 1877, Paderborn 1975, zit.: Entwicklung einzelner Prozeßmaximen
Dersch-Volkmar	Arbeitsgerichtsgesetz, Kommentar, 6. Aufl., von Dersch, Fitting, G. Müller, Schelp, Berlin, Frankfurt/M. 1955, zit.: Dersch-Volkmar
Dietz, Rolf/ Nikisch, Arthur	Arbeitsgerichtsgesetz, Kommentar, München und Berlin 1954
Döhring, Erich	Die Erforschung des Sachverhalts im Prozeß, Berlin 1964, zit.: Erforschung des Sachverhalts
Engisch, Karl	Logische Studien zur Gesetzesanwendung, 3. Aufl., Heidelberg 1963, zit.: Logische Studien
Enneccerus, Ludwig/ Nipperdey, Hans Carl	Allgemeiner Teil des Bürgerlichen Rechts, 15. Aufl., 1. Halbband, Tübingen 1959, zit.: Enneccerus-Nipperdey
Esser, Josef	Richtermacht und Ermittlungsbetrieb in Italiens künftigem Zivilprozeß, in: Deutsche Rechtswissenschaft, 7. Band, 1. Heft, S. 1-25, Hamburg 1942, zit.: Richtermacht und Ermittlungsbetrieb
derselbe	Vorwort zu "Freiheit und Bindung des Zivilrichters in der "Sachaufklärung", Frankfurt/M., Berlin 1966, zit.: Esser, in: Freiheit und Bindung
derselbe	Vorverständnis und Methodenwahl in der Rechtsfindung, durchgesehene und ergänzte Ausgabe, Athenäum Fischer Taschenbuch, Frankfurt/M. 1972,

zit.: Vorverständnis

derselbe — Möglichkeiten und Grenzen des dogmatischen Denkens im modernen Zivilrecht, AcP 172 (1972), 97-130

Fezer, Gerhard — Die Funktion der mündlichen Verhandlung im Zivilprozeß und im Strafprozeß, Tübingen 1970,
zit.: Funktion der mündlichen Verhandlung

Förschler, Hermann — Praktische Einführung in den Zivilprozeß, Stuttgart, Berlin, Köln, Mainz 1973

Gadamer, Hans-Georg — Wahrheit und Methode, 2. Aufl., Tübingen 1965

Gaul, Hans Friedhelm — Zur Frage nach dem Zweck des Zivilprozesses, AcP 168 (1968), 27-62

Gerhardt, Walter — Beweisvereitelung im Zivilprozeßrecht AcP 169 (1969), 289-316

Goldschmidt, James — Der Prozeß als Rechtslage. Eine Kritik des prozessualen Denkens, Berlin 1925,
zit.: Prozeß als Rechtslage

Gönner, Nicolaus — Handbuch des deutschen gemeinen Prozesses, 1. Band, 2. Aufl., Erlangen 1804,
zit.: Handbuch I

Grunsky, Wolfgang — Prozeß- und Sachurteil, zu Bruno Rimmelspacher: "Zur Prüfung von Amts wegen im Zivilprozeß", ZZP 80 (1967), 55-78

derselbe — Wert und Unwert der Relationstechnik, JuS 1972, 29-35, 137-141

derselbe — Grundlagen des Verfahrensrechts, 2. Aufl., Bielefeld 1974,
zit.: Grundlagen

Habscheid, Walther J. — Das Persönlichkeitsrecht als Schranke der Wahrheitsfindung im Prozeßrecht, in: Gedächtnisschrift Hans Peters, S. 840-874, Berlin, Heidelberg, New York 1967,
zit.: Persönlichkeitsrecht als Schranke der Wahrheitsfindung

derselbe	Richtermacht oder Parteifreiheit, ZZP 81 (1968), 175-196
derselbe	Nochmals: Richtermacht oder Parteifreiheit, NJW 1969, 496
Hartnack, Friedrich	Gehemmte Justiz, Flensburg 1968
Hellwig, Konrad	System des Deutschen Zivilprozeßrechts, Erster Teil, Leipzig 1912, zit.: System I
Henckel, Wolfram	Vom Gerechtigkeitswert verfahrensrechtlicher Normen, Göttingen 1966, zit.: Gerechtigkeitswert
derselbe	Prozeßrecht und materielles Recht, Göttingen 1970
Henke, Horst-Eberhard	Judicia perpetua oder: Warum Prozesse so lange dauern, ZZP 83 (1970), 125-167
Herbst, Gerhard	Die Hauptverhandlung in Zivilsachen, Erfahrungen bayerischer Gerichte, zu DRiZ 1971, 17, DRiZ 1972, 54-55
derselbe	Die Verbreitung der Hauptverhandlung in Zivilsachen in Bayern, in: Tatsachenforschung in der Justiz, S. 167-178, Tübingen 1972
Hinz, Manfred	Nach der Entlastungsnovelle: Was wird aus der Reform des Zivilprozesses? ZRP 1975, 153-158
Hippel, Fritz von	Wahrheitspflicht und Aufklärungspflicht der Parteien im Zivilprozeß, Frankfurt/M. 1939, zit.: Wahrheitspflicht
Hoche, Ulrich	Zivilprozeßrecht, 2. Aufl., Nürnberg, Düsseldorf, Berlin, Frankfurt/M. 1961
Hoffmann, R.	Zur Handhabung des § 272 b der Zivilprozeßordnung, DGWR 1936, 284-286
Jauernig, Othmar	Verhandlungsmaxime, Inquisitionsmaxime und Streitgegenstand, Tübingen 1967, zit.: Verhandlungsmaxime
derselbe	Materielles Recht und Prozeßrecht, Jus 1971, 329-334

Jessnitzer, Kurt — Der gerichtliche Sachverständige, 4. Aufl., Köln, Berlin, Bonn, München 1973

Jonas, Martin — Gedanken zur Prozeßreform, Verhandlungs- und Offizialmaxime, DR 1941, 1697-1704

Kaiser, Joseph — Sozialauffassung, Lebenserfahrung und Sachverstand in der Rechtsfindung, NJW 1975, 2237-2238

Kalthoener, Elmar — § 272 b ZPO - Bedeutung, Anwendung, praktische Ergebnisse, DRiZ 1975, 201-206

Kann, Richard — Der Einzelrichter, ZZP 49 (1925), 111-124

Kaser, Max — Das römische Zivilprozeßrecht, München 1966

Kip, Hans-Gerhard — Das sogenannte Mündlichkeitsprinzip, Köln, Berlin 1952

Kisch, Wilhelm — Wahrheitspflicht, Verhandlungsmaxime, Eventualmaxime, DJZ 1936, 915-919

Klein, Franz/ Engel, Friedrich — Der Zivilprozeß Oesterreichs, Mannheim, Berlin, Leipzig 1927

Kollhosser, Helmut — Zur Stellung und zum Begriff der Verfahrensbeteiligten im Erkenntnisverfahren der freiwilligen Gerichtsbarkeit, München 1970, zit.: Verfahrensbeteiligte

derselbe — Grundlagen des Verfahrensrechts, JZ 1973, 8-12

Kotthaus, Wolfgang — Stuttgarter Modell beim Amtsgericht - Erfahrungsbericht über eine Erprobung, DRiZ 1972, 303-305

derselbe — Nochmals: Stuttgarter Modell beim Amtsgericht, DRiZ 1973, 164-166

Kraemer, Wilhelm — Besprechung der Festgabe für Leo Rosenberg, ZZP 64 (1951), 159-168

Kramer, Barbara — Schreckgespenst Prozeßverschleppung, BB 1971, 577-582

Kramer, Helmut — Verhandlungsmaxime und Chancengleichheit im Zivilprozeß, Recht und Politik 1974, 73-74

Kubisch, Hans-Joachim — Überraschungsentscheidungen im Zivilprozeß, NJW 1965, 1315-1317

Kuchinke, Kurt — Die vorbereitende richterliche Sachaufklärung (Hinweispflicht) im Zivil- und Verwaltungsprozeß, JuS 1967, 295-302

derselbe — Zivilprozeßrecht, 9. Aufl. des von SCHÖNKE begründeten und von SCHRÖDER und NIESE fortgeführten Lehrbuchs, Karlsruhe 1969,
zit.: Schönke-Kuchinke

Lancelle, Georg — Richtermacht und Parteifreiheit, NJW 1968, 1959-1961

Lang, Arno — Untersuchungs- und Verhandlungsmaxime im Verwaltungsprozeß, VerwArch. 1961, 60-91, 175-195

Larenz, Karl — Methodenlehre der Rechtswissenschaft, 3. Aufl., Berlin, Heidelberg, New York 1975,
zit.: Methodenlehre

Lehmann, Heinrich — Zivilprozeßreform und Rechtsstaatsgedanke, RheinZ 13 (1924), Sonderheft S. 30-58

Lent, Friedrich — Zur Beibehaltung der Verhandlungsmaxime, AkZ 1936, 20-22

derselbe — Zur Abgrenzung des Sachverständigen vom Zeugen im Zivilprozeß, ZZP 60 (1936/37), 9-49

derselbe — Wahrheits- und Aufklärungspflicht im Zivilprozeß (Teilkommentar zu §§ 138, 139 ZPO), Bad Oeynhausen 1942,
zit.: Wahrheitspflicht

derselbe / Jauernig, Othmar — Zivilprozeßrecht, 17. Aufl., München 1974

Leonardy, Helmut — Überraschungsentscheidungen im Zivilprozeß, NJW 1965, 2191-2192

Levin, L. — Richterliche Prozeßleitung und Sitzungspolizei, Berlin 1913, zit.: Richterliche Prozeßleitung

Luhmann, Niklas — Legitimation durch Verfahren, Neuwied 1969, zit.: Legitimation

Lüke, Gerhard — Grundsätze des Verwaltungsprozesses, Ein Beitrag zur allgemeinen Prozeßrechtslehre, JuS 1961, 41-48

Maunz, Theodor/ Dürig, Günter/ Herzog, Roman — Grundgesetz, Loseblatt-Kommentar, Band I u. II, 3. Aufl., München 1968, zit.: Maunz-Dürig

Maurach, Reinhart — Grenzen der Verhandlungsmaxime, DGWR 1936, 122-124

Menger, Anton — Das Bürgerliche Recht und die besitzlosen Volksklassen, 4. Aufl., Tübingen 1908, Nachdruck Darmstadt 1974

Menger-Christian-Friedrich — Allgemeine Prozeßrechtsgrundsätze in der Verwaltungsgerichtsordnung, in: Staatsbürger und Staatsgewalt, Jubiläumsschrift zum hunderjährigen Bestehen der deutschen Verwaltungsgerichtsbarkeit und zum zehnjährigen Bestehen des Bundesverwaltungsgerichts, Band II, S. 427-447, Karlsruhe 1963, zit.: Allgemeine Prozeßrechtsgrundsätze in der Verwaltungsgerichtsordnung

Merkel, Hans — Gute oder schnelle Justiz, AnwBl. 1969, 275-287

Mitteis, Heinrich/ Lieberich, Heinz — Deutsche Rechtsgeschichte, 13. Aufl., München 1974

Mohr, Karl-Friedrich — Nochmals: Stuttgarter Modell beim Amtsgericht, DRiZ 1972, 418-419

Müller, Klaus — Der Sachverständige im gerichtlichen Verfahren, Frankfurt a. M. 1973, zit.: Der Sachverständige

Müller, Paul — Prozeßbeschleunigung um jeden Preis? ZRP 1972, 255-258

Musielak, Hans-Joachim — Die Grundlagen der Beweislast im Zivilprozeß, Berlin, New York 1975, zit.: Grundlagen der Beweislast

Nagel, Heinrich	Der Beweisbeschluß - ein Nachruf, DRiZ 1972, 99-100
Niese, Werner	Doppelfunktionelle Prozeßhandlungen, Göttingen 1950
Nikisch, Arthur	Zivilprozeßrecht, 2. Aufl., Tübingen 1952
Padis, Pierre	Besprechung von BOMSDORF, Prozeßmaximen und Rechtswirklichkeit, Erasmus 1972, 87
Pawlowski, Hans-Martin	Aufgabe des Zivilprozesses, ZZP 80 (1967), 345-391
Peters, Egbert	Die Verwertbarkeit rechtswidrig erlangter Beweise und Beweismittel im Zivilprozeß, ZZP 76 (1963), 145-165
derselbe	Beweisvereitelung und Mitwirkungspflicht des Beweisgegners, ZZP 82 (1969), 200-224
derselbe	Der sogenannte Freibeweis im Zivilprozeß, Köln und Berlin 1962, zit.: Freibeweis
derselbe	Ausforschungsbeweis im Zivilprozeß, Köln und Berlin 1966, zit.: Ausforschungsbeweis
Peters	Das richterliche Fragerecht, JW 1938, 1432-1434
Pieper, Helmut	Richter und Sachverständiger im Zivilprozeß, ZZP 84 (1971), 1-40
Pollak, R.	Schriftlich abgelegte Zeugenaussagen, Judicium 4 (1932), Spalten 71-72
Pleyer, Klemens	Zivilprozeß und Wirtschaftsordnung, ZZP 77 (1964), 372-402
Redeker, Konrad	Grenzen des allgemeinen staatlichen Inquisitionsrechts, DÖV 1954, 108-111
Redeker, Konrad/ Seeliger, Gustav	Beschleunigung des Zivilprozesses, ZRP 1969, 108-111
Rimmelspacher	Zur Prüfung von Amts wegen im Zivilprozeß, Göttingen 1966, zit.: Amtsprüfung

derselbe	Materiellrechtlicher Anspruch und Streitgegenstandsprobleme im Zivilprozeßrecht, Göttingen 1970, zit.: Materiellrechtlicher Anspruch
Rödig, Jürgen	Die Theorie des gerichtlichen Erkenntnisverfahrens, Berlin, Heidelberg, New York 1973, zit.: Theorie
Rogge, Dirk Itel	Beschleunigung des Zivilprozesses im internationalen Vergleich, DRiZ 1972, 349-350
Rosenberg, Leo	Die Beweislast, 5. Aufl., München und Berlin 1965, zit.: Beweislast
derselbe	Zu dem Entwurf einer Zivilprozeßordnung (unter besonderer Berücksichtigung des Urteilsverfahrens), ZZP 57 (1933), 185-339
derselbe/ Schwab, Karl Heinz	Zivilprozeßrecht, 11. Aufl., München 1974
Rümelin, Max	Rechtspolitik und Doktrin in der bürgerlichen Rechtspflege, Tübingen 1926, zit.: Rechtspolitik und Doktrin
Sauer, Wilhelm	Allgemeine Prozeßrechtslehre, Berlin, Detmold, Köln, München 1951
Siegel, Ernst	Die Vorlegung von Urkunden im Prozeß, Jena 1904, zit.: Vorlegung von Urkunden
Spohr, Tilman	Die richterliche Aufklärungspflicht, Diss. Göttingen 1969
Sydow, R./ Busch, L./ Krantz, W./ Triebel, F.	Zivilprozeßordnung und Gerichtsverfassungsgesetz, 22. Aufl., Berlin 1941, zit.: Sydow-Busch
Scheuerle, Wilhelm	Rechtsanwendung, Nürnberg und Düsseldorf 1952
Schima, Hans	Gedanken zur Zukunft des Verhandlungsgrundsatzes im Zivilprozeß, in: Studi in memoria di Carlo Furno, S. 901-905, Milano 1973

Schlegelberger	Handelsgesetzbuch, 5. Aufl., München 1973, 1. Band, bearbeitet von Hildebrandt und Steckhan, zit.: Schlegelberger-Hildebrandt-Steckhan, 2. Band, bearbeitet von Schröder, zit.: Schlegelberger-Schröder
Schlosser, Peter	Einverständliches Parteihandeln im Zivilprozeß, Tübingen 1968, zit.: Einverständliches Parteihandeln
Schmidt, Eberhard	Lehrkommentar zur Strafprozeßordnung und zum Gerichtsverfassungsgesetz, Teil I, 2. Aufl., Göttingen 1964, zit.: Eb. Schmidt, Lehrkommentar
Schmidt, Eike	Der Zweck des Zivilprozesses und seine Ökonomie, Tübingen 1973, zit.: E. Schmidt, Zweck des Zivilprozesses
derselbe	Normzweck und Zweckprogramm, in: Dogmatik und Methode, S. 139-170, Kronberg/Ts. 1975, zit.: Normzweck und Zweckprogramm
Schmidt, Richard	Lehrbuch des Deutschen Zivilprozeßrechts, 2. Aufl., Leipzig 1906, zit.: Lehrbuch
derselbe	Der grundsätzliche Wandel des Erkenntnisverfahrens im Zivilprozeß der Nachkriegszeit (Verhandlungsprinzip und Instruktionsmaxime), ZZP 61 (1938), 253-278
Schmidt-Bleibtreu, Bruno/ Klein, Franz	Kommentar zum Grundgesetz für die Bundesrepublik Deutschland, 3. Aufl., Neuwied und Berlin 1973
Schmidt-Hieber	Richtermacht und Parteiherrschaft über offenkundige Tatsachen, Diss. Freiburg i. Br. 1975
Schmidthäuser, Eberhard	Zeuge, Sachverständiger und Augenscheinsgehilfe, ZZP 72 (1959), 365-402
Schneider, Egon	Prozessuale Folgen wahrheitswidrigen Vorbringens? DRiZ 1963, 342-344
derselbe	Die richterliche Aufklärungspflicht (§ 139 ZPO), MDR 1968, 721-727

derselbe	Relationstechnik, MDR 1973, 100-104
Schneider, K.	Ueber richterliche Ermittlung und Feststellung des Sachverhalts im Civilprozesse, Leipzig 1888, zit.: Richterliche Ermittlung
Schönke, Adolf/ Schröder, Horst/ Niese, Werner	Lehrbuch des Zivilprozeßrechts, 8. Aufl., Karlsruhe 1956
Schultzenstein, Max	Die Untersuchungs- und die Verhandlungsmaxime in Vergleichung nach den einzelnen Prozeßarten, ZZP 43 (1913), 301-347
Schwerdtner, Peter	Vorverständnis und Methodenwahl in der Rechtsfindung. Ein Durchbruch zu Rationalitätsgarantien? JuS 1972, 357 -360
Stein, Friedrich	Das private Wissen des Richters, Leipzig 1893, zit.: Privates Wissen
derselbe	Die Reform des Zivilprozesses, in: Der Zivilprozeß. Verhandlungen der ersten Tagung der Vereinigung deutscher Zivilprozeßrechtslehrer zu Leipzig 1921, Mannheim, Berlin, Leipzig 1922, zit.: Reform
derselbe	Grundriß des Zivilprozeßrechts, Tübingen 1921, zit.: Grundriß
Stein-Jonas	Kommentar zur Zivilprozeßordnung, 19. Aufl., Tübingen 1972, 1. Band, bearbeitet bis einschließlich § 252 von POHLE, zit.: Stein-Jonas-Pohle, bearbeitet ab § 253 von SCHUMANN und LEIPOLD, zit.: Stein-Jonas-Schumann-Leipold, 2. Band, bearbeitet von GRUNSKY, LEIPOLD, MÜNZBERG, SCHLOSSER, SCHUMANN, zit.: Stein-Jonas-Bearbeiter
Stötter, Victor	Lange Prozeßdauer und ihre Ursachen, NJW 1968, 521-526

derselbe	Vereinfachungsnovelle und Entlastungsgesetz (Änderung der ZPO), MDR 1975, 265-270
Strohm, Eberhard	Zum Verfahren der ZPO nach dem "Stuttgarter Modell", AnwBl. 1969, 421-426
Thomas, Heinz/ Putzo, Hans	Zivilprozeßordnung mit Gerichtsverfassungsgesetz und den Einführungsgesetzen, 8. Aufl., München 1975
Volkmar	Abschied von der Verhandlungsmaxime, AkZ 1944, 136-140
Vollkommer, Max	Die lange Dauer der Zivilprozesse und ihre Ursachen, ZZP 81 (1968), 102-135
derselbe	Formenstrenge und prozessuale Billigkeit, München 1973
Wach, Adolf	Vorträge über die Reichs-Cicilprozeßordnung, 1. Aufl., Bonn 1879, 2. Aufl., Bonn 1896, zit.: Vorträge, Aufl.
Wassermann, Rudolf	Der politische Richter, München 1972
Weber, Friedrich	Zur Methodik des Prozeßrechts, Studium generale 1960, 183-193
Weimar, Wilhelm	Darf das Gericht unwahre Behauptungen des Klägers bei Säumnis des Beklagten als zugestanden ansehen? MDR 1963, 189-190
Weinkauff, Hermann	Warum und wie große Justizreform? in: Juristen-Jahrbuch, 1. Band, S. 3-27, Köln 1960
Weyers, Hans-Leo	Über Sinn und Grenzen der Verhandlungsmaxime im Zivilprozeß, in: Dogmatik und Methode, S. 193-224, Kronberg/Ts. 1975, zit.: Verhandlungsmaxime
Wieczorek, Bernhard	Zivilprozeßordnung und Nebengesetze, 1. Aufl., Berlin 1957, Band I Teil 2, Band II Teil 1, Band II Teil 2, zit.: Wieczorek
derselbe	Zivilprozeßordnung und Nebengesetze, 2. Aufl., Berlin, New York 1975, 1.-4. Lieferung, §§ 1-252,

zit.: Wieczorek, 2. Aufl.

Würdinger, Hans/ Brüggemann, Dieter — Handelsgesetzbuch, Großkommentar, 3. Aufl., Berlin 1967, 1. Band, bearbeitet von Würdinger und Brüggemann, zit.: Bearbeiter in Großkomm. HGB

Yoshimura, Tokushige — Streitgegenstand und Verfahrensmaximen - zugleich eine Auseinandersetzung mit der Schrift von Jauernig: "Verhandlungsmaxime, Inquisitionsmaxime und Streitgegenstand", ZZP 83 (1970), 245-266

Zeiss, Walter — Zivilprozeßrecht, Tübingen 1971

Zeuner, Albrecht — Der Anspruch auf rechtliches Gehör, in: Festschrift für Hans Carl Nipperdey, Band I, S. 1013-1040, München und Berlin 1965, zit.: Rechtliches Gehör

Zöller, Richard — Zivilprozeßordnung mit Nebengesetzen, 11. Aufl., bearbeitet von DEGENHART, GEIMER, GUMMER, KARCH, MÜHLBAUER, SCHERÜBL, STEPHAN, VOLLKOMMER, München 1974, zit.: Zöller-Bearbeiter

M a t e r i a l i e n

Begründung des Entwurfs einer Cicilprozeßordnung und des Einführungsgesetzes, in: Hahn, Die gesammten Materialien zur Civilprozeßordnung, 2. Band, 1. Abteilung, S. 111-506, Berlin 1880, Zit. Hahn, Motive

Materialien zu dem Gesetz vom 1. Juni 1909, in: Beihefte zur Rechtsprechung der Oberlandesgerichte auf dem Gebiete des Zivilrechts, 3. Heft, Leipzig 1909, zit.: Materialien 1909

Entwurf einer Zivilprozeßordnung, veröffentlicht durch das Reichsjustizministerium, Berlin 1931

Bericht der Kommission zur Vorbereitung einer Reform der Zivilgerichtsbarkeit, herausgegeben vom Bundesjustizministerium, Bonn 1961, zit.: Kommissionsbericht 1961

Entwurf eines Gesetzes zur Änderung der Zivilprozeßordnung, Bundesratsdrucksache 87/1970

Entwurf eines Gesetzes zur Vereinfachung und Beschleunigung gerichtlicher Verfahren (Vereinfachungsnovelle), Bundesratsdrucksache 551/74 vom 6.9.1974,
zit.: EZPO

Begründung zum Entwurf eines Gesetzes zur Vereinfachung und Beschleunigung gerichtlicher Verfahren (Vereinfachungsnovelle), Bundesratsdrucksache 551/74 vom 6.9.1974,
zit.: Begründung Vereinfachungsnovelle

1. TEIL

EINLEITUNG

§ 1 Gegenstand und Abgrenzung der Untersuchung

1. Kennzeichnung des Untersuchungsgegenstandes

Die Verhandlungsmaxime beherrscht nach fast einhelliger Meinung das Regelverfahren der ZPO und das Urteilsverfahren des Arbeitsgerichtsgesetzes.[1] In ihr wurzelt die Parteiherrschaft über die Beschaffung der tatsächlichen Urteilsgrundlage. Es herrscht im großen und ganzen Einigkeit, daß es Sache der Parteien ist, die Tatsachen zu behaupten und zu beweisen.[2]

Das Begriffspaar Verhandlungsmaxime - Untersuchungsmaxime bezieht sich nach heute ganz überwiegender Terminologie auf die Tatsachenbeschaffung, während das Begriffspaar Dispositionsmaxime - Offizialmaxime die Verfügung über Einleitung, Gegenstand und Beendigung des Zivilprozesses betrifft.[3]

---

1) Mit Regelverfahren werden die nach herrschendem Sprachgebrauch der Verhandlungsmaxime unterliegenden Erkenntnisverfahren der ZPO bezeichnet. Nicht dazu rechnen also die im 6. Buch geregelten Ehe- und Kindschaftssachen einschließlich der Klagen auf Regelunterhalt gemäß § 643 ZPO (vgl. Baumbach-Lauterbach, § 643 Anm. 1; Zöller-Karch, § 642 Vorbem.). Dem Regelverfahren der ZPO entspricht, was die Stoffsammlungsmaxime angeht, das arbeitsgerichtliche Urteilsverfahren, während das arbeitsgerichtliche Beschlußverfahren der Untersuchungsmaxime unterliegt.

2) Näher unter S. 32.

3) Nikisch, Zivilprozeßrecht, § 50 I, II; Bruns, Zivilprozeßrecht, § 16 II 1, 2 (doch wird die Geständniswirkung der Dispositionsmaxime zugeschrieben, § 29 III S. 251); abweichend etwa noch Blomeyer, Erkenntnisverfahren, § 14 II 2 (Verhandlungsmaxime ist in bestimmter Sicht Anwendung der Dispositionsmaxime); Schönke-Schröder-Niese, § 7 I 5 (Unterscheidung hat keine praktische Bedeutung; dagegen Lüke, JuS 1961, 41); Lang, VerwArch 1961, 63 (Ver-

Zwar erhält der durch die historische Entwicklung bedingte[4] Abgrenzungsstreit hin und wieder neue Nahrung;[5] doch das soll hier beiseite bleiben.

Es besteht Übereinstimmung, daß die Parteiherrschaft über die Sachverhaltsaufklärung im Laufe der Zeit immer mehr zurückgedrängt worden ist. Insbesondere die Zivilprozeßnovellen aus den Jahren 1909, 1924 und 1933 verstärkten den Einfluß des Richters auf die Sammlung des Tatsachenstoffes, der dem Urteil zugrunde gelegt wird. Dies geschah vornehmlich mit dem Ziel der Verfahrensbeschleunigung. Auch die neuesten gesetzgeberischen Initiativen, der Entwurf der Vereinfachungsnovelle 1974[6] und die Entlastungsnovelle vom 20.12.1974[7] dienen zu einem wesentlichen Teil diesem Zweck.

Ist man sich auch einig, daß die Richtermacht zu Lasten der Parteiherrschaft sehr zugenommen hat, so ist doch der Einfluß dieser Kräfteverschiebung auf die Verhandlungsmaxime dogmatisch noch nicht genau genug definiert. Man versucht meist, ihn mit Termini wie "Ausnahme", "Einschränkung" und dergl. zu erfassen. Ob und gegebenenfalls mit welchem Ergebnis sich die Verhandlungsmaxime unter dem Druck der "Ausnahmen" verändert hat, ist bislang aber noch nicht deutlich geworden. Dabei ist die Sachverhaltsaufklärung der

---

3) (Forts.)
handlungsmaxime umfaßt Verfügungsbefugnis über den Prozeß und Tatsachenstoff); Rosenberg-Schwab, § 79 I (die Einleitung des Verfahrens soll aber zum Prozeßbetrieb rechnen); Schönke-Kuchinke, § 8 I 1; Lent-Jauernig, §§ 24, 25 III 1, 2; Grunsky, Grundlagen S. 24, 163; Stein-Jonas-Pohle, vor § 128 Anm. VI 1; Thomas-Putzo, Einleitung I 1, 2; Kommissionsbericht 1961, S. 174.

4) Hierzu näher Bomsdorf, Prozeßmaximen, S. 161, 175, 176.

5) Vgl. etwa Brüggemann, Judex, S. 100, 101.

6) Gesetzentwurf der Bundesregierung: Entwurf eines Gesetzes zur Vereinfachung und Beschleunigung gerichtlicher Verfahren (Vereinfachungsnovelle), Bundesratsdrucksache 551/74 vom 6.9.1974.

7) Gesetz zur Entlastung der Landgerichte und zur Vereinfachung des gerichtlichen Protokolls vom 20.12.1974 (BGBl I 3651), in Kraft seit dem 1.1.1975.

Kern des Zivilprozesses, die Abgrenzung der Einflußsphären von Gericht und Parteien sein "Hauptstück", das ihm sein charakteristisches Gepräge gibt.[8)] Dieses Hauptstück soll, auf das Stadium der vorbereitenden Sachaufklärung beschränkt, hier näher untersucht werden. Damit wird bezweckt, einen Beitrag zur notwendigen Neubestimmung der Verhandlungsmaxime zu leisten.

2. Abgrenzung und Verdeutlichung des Themas

2.1 Nichtberücksichtigung von Maßnahmen der formellen Prozeßleitung

Der Richter kann den Zivilprozeß durch die verschiedensten Maßnahmen der Prozeßleitung beschleunigen. Die Verhandlungsmaxime wird dadurch, ihrem hier zugrunde gelegten Begriffe nach[9)], nur insoweit berührt, als es sich um die Aufklärung des Sachverhalts handelt. Deshalb fallen die Maßnahmen der formellen Prozeßleitung[10)], insbesondere Terminierung, Fristbestimmung, Vertagung nicht in den Kreis dieser Untersuchung. Die Parteiherrschaft über Termine und Fristen ist seit der Novelle 1924 beseitigt.

2.2 Zusammenhang mit dem Problem der Wahrheitsfindung

Der Problemkreis Verfahrensbeschleunigung - Verhandlungsmaxime überschneidet sich mit den beiden anderen Problemkreisen Verfahrensbeschleunigung - Wahrheitsfindung und Verhandlungsmaxime - Wahrheitsfindung. Verfahrensbeschleuni-

---

8) Weber, Studium Generale 1960, 185; vgl. auch Baumgärtel, VersR 1975, 677.

9) Siehe oben S. 1.

10) Die Terminologie - Unterscheidung zwischen formeller und sachlicher Prozeßleitung - ist nicht einheitlich; vgl. Stein-Jonas-Pohle, vor § 128 Anm. IV 2 b - c; Baumbach-Lauterbach, § 128 Übersicht A - C; Thomas-Putzo, § 136 Anm. 1; Rosenberg-Schwab, § 62 II; § 119 III 3, vor a.

gung und Verhandlungsmaxime haben nämlich gemeinsam, daß sie mit dem Postulat der Wahrheitsfindung und damit der Gerechtigkeit in Konflikt geraten können. Sie vermögen die Wahrheitsfindung, von entgegengesetzten Richtungen her, zu begrenzen: die Verfahrensbeschleunigung von seiten des Richters, die Verhandlungsmaxime von seiten der Parteien. Der Richter kann sie insbesondere durch frühzeitige, autoritäre Dirigierung des Aufklärungsvorgangs und durch Präklusion beschneiden. Die Parteien bestimmen durch Geständnis und Auslassung von Sachverhaltskomplexen den Rahmen, innerhalb dessen Wahrheitsfindung im Zivilprozeß stattfindet.

Der auf Beschleunigung drängende Richter kann - muß aber nicht - gleichzeitig bestmögliche Wahrheitsfindung wollen und kollidiert in diesem Bestreben womöglich mit Parteien, welche die Sachaufklärung eingrenzen möchten. Er kann aber die Sachaufklärung auch unter Hintanstellung des Wahrheitsinteresses eingrenzen oder abkürzen wollen und dabei mit dem Aufklärungsinteresse von Parteien kollidieren. In beiden Fällen können sich die der Wahrheitsfindung entgegenwirkenden Kräfte bis zu einem gewissen Grade kompensieren. Dabei wirkt sich der Interessengegensatz der Parteien günstig aus.[11] Die grundsätzliche Einstellung zum Problem der Wahrheitsfindung im Zivilprozeß kann also für die Frage der Abgrenzung von Richtermacht und Parteiherrschaft nicht gleichgültig sein.

2.3 Kein allgemeiner Beitrag zum Thema "Verfahrensbeschleunigung", aber zum Thema "Verhandlungsmaxime"

Verzichtet wird auf einen, auch nur einführenden *allgemeinen* Beitrag zum Thema "Verfahrensbeschleunigung". Es scheint mir überflüssig, die üppig sprießende

11) Näher unten S. 26 f.

Literatur[12] insoweit bereichern zu wollen. Was hierzu unter dem Gesichtspunkt der Problematik "Verfahrensbeschleunigung und Verhandlungsmaxime" interessiert, soll vielmehr in dem konkreten Zusammenhang mit den einzelnen vorbereitenden Aufklärungsmaßnahmen erörtert werden. Dagegen ist es zur Herstellung einer ausreichenden Untersuchungsgrundlage unumgänglich, vorweg einen kritischen Überblick zu geben, wie die Verhandlungsmaxime in Wissenschaft und Lehre heute definiert wird, wie insbesondere die weitreichenden Einbrüche in den Herrschaftsbereich der Parteien bisher verarbeitet worden sind.

§ 2 Prämissen

1. Anhaltspunkte in der Rechtstatsachenforschung

Entsprechend dem Zweck der Untersuchung wird vorausgesetzt, daß die behandelten richterlichen Maßnahmen t a t - s ä c h l i c h zur Verfahrensbeschleunigung geeignet sind. Dies wurde früher, insbesondere bei der Novellengesetzgebung unterstellt, ohne daß die Allgemeingültigkeit der zugrunde liegenden Einzelerfahrungen wissenschaftlich abgesichert war. In jüngster Zeit ist zunehmend Kritik an der Methode geübt worden, ohne eigehende empirische Untersuchungen bestimmte Umstände für die zu lange Prozeßdauer verantwortlich zu machen und sich von bestimmten Maßnahmen eine grundlegende Besserung zu erhoffen.[1]

---

12) Vgl. Barbara Kramer, Schreckgespenst Prozeßverschleppung, BB 1971, 577; die Autorin zitiert einleitend einen Satz von Reichgerichtsrat Peters aus dem Jahre 1904: "'Nulla dies sine linea!' - kein Tag ohne einen Aufsatz über die Prozeßverschleppung und die Mittel zu ihrer Beseitigung..."; umfassende Nachweise zum Problem der Verfahrensbeschleunigung ferner bei Baumgärtel, JZ 1971, 441, insbes. Fn. 4.

1) Stötter, NJW 1968, 521 - 526; Henke, ZZP 83, 144, der die "Civilprozessualische Enquête" Wachs und Weismanns von 1886 als Vorbild der erforderlichen Untersuchungen bezeichnet; Kramer, BB 1971, 581 mit umfangreichen w.N.

Inzwischen liegen die ersten repräsentativen Rechtstatsachenuntersuchungen vor, welche die hier gesetzte Prämisse hinlänglich belegen.[2] Zwar haben nach BAUMGÄRTEL-MES im erstinstanzlichen Verfahren "die Vorbereitungsmaßnahmen (nach § 272 b ZPO) im ganzen keinen beschleunigenden Effekt gehabt".[3] Doch ist diese Feststellung, für sich allein genommen, irreführend. Denn einmal haben sich Vorbereitungsmaßnahmen als beschleunigend erwiesen, wenn sie mit prozeßleitenden Anordnungen verbunden waren.[4] Zum anderen sind vorbereitende Anordnungen nach § 272 b ZPO in 2. Instanz "prozeßförderlich"[5], was die Verfasser m. E. zutreffend darauf zurückführen, daß das Berufungsgericht aufgrund der Akten der Vorinstanz bereits Anhaltspunkte für die Notwendigkeit von Vorbereitungsmaßnahmen besitzt. Die Untersuchung belegt damit, daß Vorbereitungsmaßnahmen allein keine Garantie für Verfahrensbeschleunigung sind, sondern effektiv nur im Rahmen eines Gesamtkonzeptes zur Verfahrensbeschleunigung werden können. In der Analyse von BAUMGÄRTEL-MES[6] wird daher wiederholt auf die Notwendigkeit einer gut vorbereiteten ersten mündlichen Verhandlung hingewiesen und die Erwartung ausgesprochen, daß von der Beschleunigungsnovelle[7] insofern ein erheblicher Beschleunigungseffekt ausgehen werde, als ihre Normen einer strafferen Vorbereitung der mündlichen Verhandlung und der Stärkung der Mündlichkeit dienten.[8]

---

2) Baumgärtel-Mes, Rechtstatsachen zur Dauer des Zivilprozesses (1. Instanz); Baumgärtel-Hohmann, Rechtstatsachen zur Dauer des Zivilprozesses (2. Instanz), beide 1972; Blankenburg u.a., Tatsachen zur Reform der Zivilgerichtsbarkeit, Bd. I und II, 1974.

3) Baumgärtel-Mes, a.a.O. S. 248 Ziff. 6.

4) a.a.O. S. 267 Ziff. 6.

5) Baumgärtel-Hohmann, a.a.O. S. 183 Ziff. 6 a.

6) a.a.O. S. 267 Ziff. 4 a; S. 269 Ziff. I.

7) Gemeint ist der Entwurf eines Gesetzes zur Änderung der Zivilprozeßordnung, Bundesratsdrucksache 87/70.

8) Baumgärtel-Mes, a.a.O. S. 269 Ziff. I.

Daß der gezielte Einsatz der richterlichen Beschleunigungsmaßnahmen tatsächlich eine Verfahrensbeschleunigung bewirken kann, wird belegt durch das Ergebnis der im Auftrag der Bundesrechtsanwaltskammer erstellten Rechtstatsachenuntersuchung zur Struktur der Zivilgerichtsbarkeit.[9)] Danach können Zivilkammern, die nach dem "Stuttgarter Modell" arbeiten, Verfahren aller Prozeßgegenstände in weitaus weniger Terminen und damit wesentlich schneller erledigen als alle anderen Verfahrensarten.[10)] Mag dies auch mit zu erklären sein aus den besonderen, einer Verfahrensbeschleunigung günstigen Umständen, unter denen diese Kammern arbeiten[11]; unbestreitbar ist das Stuttgarter Verfahren bisher der einzige praktisch realisierte Vorschlag, der auf breiterer Ebene zu einer erheblichen Verfahrensbeschleunigung geführt hat.[12)] Unbestreitbar ist auch, daß dieses Ergebnis auf dem konsequent durchgeführten Konzentrationskonzept des "Stuttgarter Modells" beruht, das mit der planvollen richterlichen Vorbereitung und Leitung der "Hauptverhandlung" steht und fällt.[13)]

Die bisher durchgeführten Rechtstatsachenforschungen haben die schon früher häufig geäußerten Vermutungen bestätigt, daß v i e l e Faktoren prozeßverzögernd wirken.[14)] Sie belegen aber auch die Prämisse der vorliegenden Arbeit,

---

9) Blankenburg u. a., siehe Fn. 2 S. 6.

10) Blankenburg u. a., a.a.O. Bd. II, S. 49, 197. Die Ergebnisse bestätigen das bereits vorher veröffentlichte statistische Material, vgl. Herbst, DRiZ 1971, 17; 1972, 54; derselbe in: Bender, Tatsachenforschung, S. 171.

11) Hierzu Blankenburg u. a., a.a.O. S. 49, 50, 198; empirische Untersuchungen liegen insoweit noch nicht vor.

12) Blankenburg u. a., a.a.O. S. 198.

13) Baur, Wege zu einer Konzentration der mündlichen Verhandlung; Bender, Die Hauptverhandlung in Zivilsachen - ein erster Schritt zur Justizreform, JA 1971, 689 ff.

14) Vgl. vornehmlich Baumgärtel-Mes, a.a.O. S. 245 ff; Baumgärtel-Hohmann, a.a.O S. 180 ff.

daß richterliche Maßnahmen zur Verfahrensbeschleunigung geeignet sind.

2. Sachaufklärung und Rechtsanwendung

Der Sachverhalt wird zum Zwecke der Rechtsfindung erforscht. Zwischen der Aufklärung des Sachverhalts und der Anwendung des Rechts bestehen Zusammenhänge, die mit der Aktualisierung der Hermeneutik für die juristische Methodenlehre[15] deutlicher hervortreten. Man kann die Beziehung auf ein simples "wenn - dann"-Programm reduzieren.[16] Man kann sie auch als Entwicklungsprozeß zweier sich wechselseitig bestimmender Determinanten kennzeichnen. Ersteres ist unrichtig; letzteres ist die hier zugrundegelegte Prämisse. Diese soll unten (S. 86 ff.) in dem passenden Zusammenhang etwas näher erläutert werden.

3. Prozeßzweck

3.1 Zusammenhang zwischen dem Untersuchungsgegenstand und der Frage nach dem Prozeßzweck

Das Vordringen der teleologischen Methode im Zivilprozeßrecht[17] hat es mit sich gebracht, prozeßrechtlichen Abhandlungen eine Untersuchung über den Prozeßzweck voranzustellen. Namentlich bei Fragen der "Zweckmäßigkeit" wie Verfahrensbeschleunigung und Prozeßökonomie scheint dies unausweichlich, um den Vorwurf eines "vordergründigen Praktikabilitätsverständnisses"[18] vorzubeugen. Mit der Polemik VON

---

15) Vgl. Gadamer, Wahrheit und Methode, S. 292, 307 ff; Esser, Vorverständnis, S. 136 ff; Larenz, Methodenlehre, Vorwort zur 3. Auflage.

16) Hierzu näher unten S. 87.

17) Hierzu Gaul, AcP 168, 44; Rimmelspacher, Amtsprüfung, S. 10.

18) Vgl. E. Schmidt, Zweck des Zivilprozesses, S. 8, 9.

HIPPELS[19] gegen die Zweckdiskussion hält man sich heute mit Recht nicht mehr lange auf.[20] Seine scharfe Ablehnung der Methode, von einem Prinzip oder d e m Prozeßzweck auf die Lösung eines prozessualen Einzelproblems zu schließen, ist teils ausdrücklich[21], teils stillschweigend akzeptiert. Sein Vorschlag, die Zweckdiskussion zu beenden, hat dagegen aus guten Gründen kaum Anhänger gefunden. VON HIPPEL selbst ist ohne die Prämisse eines bestimmten Prozeßzwecks nicht ausgekommen.[22] Es läßt sich auch nicht hinwegdiskutieren, daß die Antwort auf einige zentrale Fragen des Zivilprozeßrechts wesentlich mitbestimmt wird von der zugrunde gelegten Auffassung vom Prozeßzweck. Dies gilt vornehmlich für die Abgrenzung der Verantworung von Gericht und Parteien bei der Sachaufklärung.[23] Je stärker man bei der Definition des Prozeßzwecks das Auffinden der materiellen Wahrheit betont, desto eher wird man bereit sein, einer Zurückdrängung der Parteiherrschaft zu Gunsten einer auf Wahrheitsfindung zielenden richterlichen Verfahrensbeschleunigung das Wort zu reden.

Die Vorfrage läßt sich nicht dadurch erledigen, daß man als "operationales Zwischenziel" des Zivilprozesses[24] die Feststellung des wahren Sachverhalts bezeichnet. Es ist zwar heute Allgemeingut des Zivilprozeßrechts, daß dem Urteil möglichst der wahre Sachverhalt zugrunde liegen soll.[25]

---

19) Wahrheitspflicht, S. 170 ff, insbesondere S. 171 Fn. 13.

20) Vgl. Jauernig, Jus 1971, 329 Fn. 1; Ausnahme: Gaul, AcP 168, 33 ff.

21) Gaul, a.a.O S. 34, 35; Henckel, Prozeßrecht und materielles Recht, S. 47.

22) Näher hierzu Gaul, a.a.O. S. 34.

23) Vgl. Kommissionsbericht 1961, S. 166 f.

24) Weyers, Verhandlungsmaxime, S. 200.

25) Siehe hierzu näher unten S. 42. Selbst Wach, der unermüdlich mit seinem heute zynisch anmutenden Ausspruch zitiert wird, die Feststellung der Wahrheit sei nicht das Ziel des Zivilprozesses, sondern allenfalls sein zufälliges Resultat (Vorträge, 1. Aufl., S. 149), hat die

Doch ist fraglich, inwieweit die Verhandlungsmaxime dieser Wahrheitsfindung Grenzen setzt. Gerade für die Lösung dieses Problems muß der übergeordnete Prozeßzweck mit herangezogen werden.[26]

3.2 Eigene Prämisse

Die schier unüberwindlichen Hindernisse, die RIMMELSPACHER[27] 1970 vor einer Verständigung über den Prozeßzweck aufgetürmt sah, sind bislang nicht hinweggeräumt. Eher sind neue dazu gekommen. Der Meinungsstand soll hier nicht referiert[28], nur die eigene Prämisse mit der gebotenen thesenhaften Kürze erläutert werden. Die Prämisse lautet, daß primärer Prozeßzweck der Schutz der subjektiven Privatrechte[29] im sozialen Rechtsstaat ist.

Der Begriff "Prozeßzweck" ist mehrdeutig und daher als wissenschaftlicher Terminus nicht recht geeignet. Häufig werden synonym benutzt "Aufgabe" oder "Ziel"[30] des Prozesses, was ebenfalls keine Klarheit schafft. Eine Institution der Rechtspflege wie der Zivilprozeß könnte kraft "Natur der Sache" einen ihr innewohnenden Zweck haben. Auch kann ihr ein Zweck von der dazu legitimierten staatlichen Gewalt ausdrücklich beigelegt werden. Ferner ist daran zu denken, daß sich der Zweck aus ihrer Stellung und Funktion in dem

25) (Forts.)
Wahrheit in demselben Buch als ein Ergebnis bezeichnet, das "aufs sehnlichste zu wünschen" sei (a.a.O. S. 159).

26) Bezeichnenderweise greift auch Weyers (a.a.O. S. 202 f) zur Begründung seiner Ansicht, der wirkliche Vorgang müsse erforscht werden, unausgesprochen auf übergeordnete Prozeßzwecke zurück.

27) Materiellrechtlicher Anspruch, S. 2.

28) Dazu Gaul, AcP 168, 27 ff; E. Schmidt, Zweck des Zivilprozesses, S. 9 - 28.

29) Kommissionsbericht 1961, S. 167; BGHZ 10, 350 (359); als alleinigen Prozeßzweck sehen den Schutz der subjektiven Rechte u.a. an: Grunsky, Grundlagen, S. 3; Baur, Richtermacht und Formalismus, S. 104.

30) Siehe etwa BGHZ 10, 350 (359).

Gefüge aller staatlichen Institutionen ergibt. Der Zweck kann aus der Sicht des Staatsbürgers, aus der Sicht des Staates, aus einer übergreifenden Sicht untersucht und bestimmt werden. Diese Mehrdeutigkeiten und Schwierigkeiten sind in der wissenschaftlichen Erörterung, soweit ich sie überblicke, bisher nicht gründlich untersucht worden. Sie werden hier nur angeführt, um zu verdeutlichen, daß die eigene Prämisse mit einiger Zurückhaltung formuliert worden ist und dementsprechend verstanden werden soll.

Wenn der Schutz der subjektiven Privatrechte im sozialen Rechtsstaat als "primärer Prozeßzweck" vorausgesetzt wird, so schließt das ein, daß es noch andere Prozeßzwecke gibt. Die meisten Autoren erkennen mehrere Prozeßzwecke an. Allein dies entspricht m.E. dem heutigen Erkenntnisstand über den Prozeßzweck. So ist nicht zu leugnen, daß ein gut funktionierender Privatrechtsschutz im Zivilprozeß zugleich der Rechtssicherheit "dient"[31]. Rudolf BRUNS, der von einer "Kette der Zwecke" spricht[32], hat die Relativität dieser verschiedenen Prozeßzwecke, insbesondere der "Rechtsbewährung" und der Rechtsfriedensbewahrung anschaulich herausgearbeitet. Ist es dann überhaupt sinnvoll, bei einer zivilprozessualen Untersuchung e i n e m dieser verschiedenen Prozeßzwecke den Vorrang zu geben? Ich meine ja. Dabei gehe ich von der Tatsache aus, daß der Zivilprozeß vom Kläger mit der berechtigten Erwartung[33] angestrengt wird, daß ihm sein Recht, wenn er es hat, zukommen werde.[34] Diese im sozialen Zusammenleben vorgefundene Situation sollte als Anknüpfungspunkt für die Bestimmung des primären Prozeßzwecks dienen.

---

31) Grunsky und Baur (beide a.a.O.) sehen dies als "Neben- bzw. Abfallprodukt" an, eine Betrachtungsweise, die das Ergebnis implicit zur Prämisse hat.

32) Zivilprozeßrecht, § 1 II.

33) Freilich - wie die Dinge liegen - nicht immer mit der b e g r ü n d e t e n Erwartung.

34) Baur, Richtermacht und Formalismus, S. 103.

Sie ist dafür nach "natürlichem" Verständnis, so wie ich es sehe, besser geeignet als höhere Werte wie Rechtsordnung und Rechtsfriede. Es dient der Entwicklung eines demokratischen Verständnisses der Institutionen, die Prozeßzweckdefinition möglichst eng am unmittelbaren sozialen Bedürfnis des Bürgers auszurichten.

Der Primat des Privatrechtsschutzes entspricht dem Gerechtigkeitspostulat, das bei der Bestimmung des Sinnes des Zivilprozesses nicht unberücksichtigt bleiben darf[35)] [36)]. Dieses Postulat ist verfassungsrechtlich verankert: das Rechtsstaats- und das Sozialstaatsprinzip (Art. 20 GG)[37)] gehören zu den jeder Änderung entzogenen (Art. 79 Abs. 3 GG) elementaren Verfassungsgrundsätzen und Grundentscheidungen des Grundgesetzes.[38)]

Aus dem Rechtsstaatsprinzip folgen die Postulate der Rechtssicherheit und der materiellen Gerechtigkeit.[39)] Beim Fehlen spezieller verfassungsrechtlicher Präzisierungen enthält das Rechtsstaatsprinzip zwar keine eindeutigen Ge- und Verbote von Verfassungsrang, sondern ist ein konkretisierungsbedürftiger Grundsatz.[40)] Doch als eben dieser Grundsatz muß es auch den Zweck des Privatrechtsschutzes im Zi-

---

35) And. Ans. heute vornehmlich Luhmann, vom Standpunkt seiner Theorie einer "Legitimation durch Verfahren" aus (vgl. etwa Legitimation, S. 20; 116: "Funktion des Verfahrens ist mithin die Spezifizierung der Unzufriedenheit und die Zersplitterung und Absorption von Protesten." Zu Luhmann siehe auch noch unten S. 86 ff.

36) Vgl. auch das Eingangsmotto von Kant zum Baumbach-Lauterbach: "Wenn die Gerechtigkeit untergeht, so hat es keinen Wert mehr, daß Menschen auf Erden leben".

37) Zur Ableitung auch des in Art. 20 Grundgesetz nicht ausdrücklich genannten Rechtsstaatsprinzips aus diesem Artikel vgl. nur: Maunz-Dürig, Art. 20 Anm. IV 1, vor Rdn. 58.

38) BVerGE 6, 32 (41); Schmidt-Bleibtreu-Klein, Art. 20 Rdn. 9.

39) BVerGE 22, 322 (329); 25, 269 (290).

40) BVerGE 25, 269 (290).

vilprozeß mitbestimmen. Ähnliches gilt vom Sozialstaatprinzip, das dem Staat gebietet, für einen Ausgleich der sozialen Gegensätze und damit für eine gerechte Sozialordnung zu sorgen.[41] Es kann namentlich für die Auslegung von Gesetzen, also auch Verfahrensgesetzen von entscheidender Bedeutung sein.[42] Rechtsstaatsprinzip und Sozialstaatsprinzip als verfassungsmäßig garantierte Elemente der Gerechtigkeit sind daher für die Prozeßzweckdefinition heranzuziehen.

3.3 Sozialer Bezug des Zivilprozesses

Damit ist zugleich ein Ansatzpunkt gewonnen für die Eingrenzung einer einseitig auf Freiheitsgewähr abstellenden Betrachtung, die dem Individuum mit der Verfügungsbefugnis über seine Privatrechte auch die Verfügungsbefugnis über Tatsachen im Zivilprozeß einräumen möchte.[43] Sieht man als Zweck des Zivilprozesses den Schutz der subjektiven Privatrechte im sozialen Rechtsstaat an, so hat dies Konsequenzen für die Bestimmung der Grenzen der Wahrheitsfindung, insbesondere der Parteidisposition über den Sachverhalt.[44] Der so bestimmte Prozeßzweck verträgt keine Indifferenz gegenüber der Wahrheitsfindung.

Der soziale Bezug des Zivilprozesses wird im Kommissionsbericht 1961[45] mit Hinweisen auf die Rechtspflegeaufgaben des Staates und die sich daraus ergebenden Erfordernisse - Beschleunigung, Wirtschaftlichkeit - angesprochen. Es wird auf das Spannungsverhältnis zwischen Individual- und Gemein-

---

41) BVerGE 22, 180 (204); vgl. auch BVerGE 22, 83 (87), wo das Bundesverfassungsgericht seine "am Gerechtigkeitsgedanken orientierte Betrachtungsweise" zum Wiedereinsetzungsgesuch des armen Rechtsmittelklägers aus dem Gleichheitssatz (Art. 3 Abs. 1 GG) und dem Sozialstaatsprinzip (Art. 20 Abs. 1 GG) ableitet (a.a.O. S. 86).

42) BVerGE 1, 97 (105).

43) Siehe unten S. 39 bei Fn. 12, 13.

44) Siehe unten S. 39, 119 ff.

45) S. 167.

schaftsinteressen hingewiesen, das jedem Recht immanent ist und auf die Bestimmung des Prozeßzwecks einwirken muß. Die Prozeßparteien müssen danach gewisse Beschränkungen in ihrer Prozeßführung im Interesse der Allgemeinheit hinnehmen.[46] Wichtig und von grundsätzlicher Bedeutung scheint mir dabei die Wahl des Ausgangspunktes zu sein: soll dem Einzelnen mittelbar gedient werden, indem primär das Allgemeinwohl verfolgt wird, oder umgekehrt? Im ersteren Fall besteht nach der historischen Erfahrung[47] die Gefahr, daß dem Individuum beträchtliche Opfer abverlangt werden gegen die höchst fragwürdige Aussicht, in den Genuß der versprochenen Partizipation am Allgemeinwohl zu gelangen. Im letzteren Fall ist zu befürchten, daß eine individualbezogene Vorstellung nur nachträglich mit sozialem Beiwerk verziert wird. Trotzdem sollte aus den angeführten Gründen[48] Ausgangspunkt der Betrachtung der Einzelne mit seinem Rechtsschutzbegehren sein. Bei der Prozeßzweckbestimmung muß aber das einzelne Rechtsschutzbegehren von vornherein aus der sozialen Verbundenheit eingeschränkt werden.

Ein weiterer Aspekt des sozialen Bezugs des Zivilprozesses erscheint neuerdings häufig unter dem Stichwort "Chancengleichheit". Sieht man von der modischen Attitüde ab, mit der solches bisweilen erörtert wird[49], erscheint alsbald ein altes Problem. Da die Menschen von Natur[50] aus ungleich sind, gehören Gleichheitssätze zum Kernbestand menschlichen Gerechtigkeitsstrebens. Inwieweit der Richter im Zivilpro-

---

46) BVerfG NJW 1972, 2214 (2216); 1973, 891 (893); ferner Lang, VerwArch 1961, 78.

47) Gemeint ist die allgemeine historische Entwicklung der Lebensverhältnisse, - aber wieso sollte ausgerechnet für den Zivilprozeß etwas anderes gelten?

48) S. 13.

49) Etwa bei Kramer, Verhandlungsmaxime und Chancengleichheit im Zivilprozeß (Besprechung von Bomsdorf, Prozeßmaximen), Recht und Politik 1974, 73 f.

50) Mit "Natur" ist nicht philosophisch spekulativ erkanntes Wesen gemeint, sondern die empirisch festgestellte Art.

zeß die Gleichheit der Kräfte "künstlich herstellen" soll, damit "der wahrhaft Berechtigte sicher sein Recht erhält"[51], wird seit langem tiefschürfend erörtert.[52]

D a ß der Richter dem Schwächeren in der Form des Prozessierens, namentlich beim Sachvortrag helfen muß, scheint mir heute unabweisbar[53]; aber wieweit geht die Hilfe, bis sie Parteinahme wird?[54] Das Problem läßt sich nicht als "unnützes Gerede"[55] abtun, weil sie an die Grundfrage des richterlichen Amtsverständnisses rührt.[56] Die hier gesetzte Prozeßzweckprämisse wird aber durch ein Mehr oder Weniger an richterlicher Hilfe für die eine oder andere Partei nicht berührt. Es kann sich nur darum handeln, daß diejenige Partei, welcher ein "Weniger" an richterlicher Hilfe zuteil wird, diese Art Kompensation aus den erwähnten sozialen Gründen hinnehmen muß.

Etwas Grundverschiedenes wird aus dieser richterlichen Hilfe, wenn sie materielle soziale Gerechtigkeit herstellen will. Es wird nicht einfach sein, weder im allgemeinen noch

---

51) Von Hippel, Wahrheitspflicht, S. 178 Fn 22.

52) Aus der reichhaltigen Literatur siehe vornehmlich von Hippel, Wahrheitspflicht, S. 176 - 180 mit zahlreichen Nachweisen aus der gemeinrechtlichen Prozeßrechtslehre; Lang, VerwArch. 1961, 78 f; Henckel, Gerechtigkeitswert, S. 19 f; derselbe, Prozeßrecht und materielles Recht, S. 145; Brüggemann, Judex, S. 133.

53) Statt einer schlagwortartigen Begründung verweise ich auf Lang, a.a.O., dessen Argumentation aus Art. 3 Abs. 1; 20 Abs. 1, 3 GG zumindest diskutabel ist.

54) Treffend Gönner (zitiert bei von Hippel, Wahrheitspflicht, S. 178, Fn. 27): "Mit dem Gemeinspruche, der Richter soll nicht den Advokaten einer Partei machen, läßt sich die Sache nicht abfertigen, denn dieses tut er nicht, wenn er sich mit gleicher Sorgfalt bestrebt, alle Behelfe des einen wie des anderen Teils in ihrer wahren Gestalt und Stärke in das Protokoll zu legen, er bleibt vielmehr eben wegen dieser gleichen Tätigkeit für beide Teile in Ansehung der Sache ganz parteilos".

55) Von Hippel, Wahrheitspflicht, S. 178.

56) Vgl. Baur, Richtermacht und Formalismus, S. 111.

im besonderen, den "Umschlag" von der Hilfeleistung im Prozessieren zur materiellen Umverteilung oder Gestaltung festzulegen. Denn selbstverständlich kann letzteres auch in der Gestalt richterlicher Hinweise und Fragen erscheinen.

Wer dem Zivilprozeß diese Funktion des sozialen Ausgleichs[57)] generell zuweist, muß von dem hier vorausgesetzten Prozeßzweck abrücken.[58)] Prozeßzweck ist dann etwa Herstellung der sozialen Gerechtigkeit, des sozialen Friedens. Ich halte dies für verfehlt. Wenn auch die gesellschaftlichen Verhältnisse unbefriedigend geregelt sind - der Richter kann nicht in Ordnung bringen, was bisher noch nie in Ordnung war. Dies umso weniger, je schlechter die Verhältnisse sind. Die Zivilrechtspflege ist derzeit nicht einmal imstande, befriedigenden Rechtsschutz im herkömmlichen Sinne zu gewähren. Mit der neuen Funktion des sozialen Umgestalters wäre sie vollends überfordert. Dabei müßte zwangsläufig der Rest an Rechtsgewißheit und Verbürgung gleichmäßiger Behandlung vor Gericht verlorengehen. "Sozialstaatliche Rechtseinrichtungen, die der Gesetzgeber noch nicht geschaffen hat, vorweg zu praktizieren, ist dem Richter versagt."[59)]

Damit scheint auch dem "politischen Richter" eine Absage erteilt, eben weil dieser häufig mit dem Richter als "Sozialgestalter" nicht nur assoziiert, sondern gleichgesetzt wird.[60)] Diese Folgerung ziehen heißt aber, das Problem unerlaubt vereinfachen. Daß richterliche Entscheidungen poli-

---

57) Zum "Sozialingenieur", insbesondere zur Entstehung dieses Begriffes vgl. Henke, ZZP 83, 162; w. N. bei Jauernig, Jus 1971, 333f.

58) Vom Gesetz zugewiesen ist dem Richter dieser soziale Ausgleich etwa in §§ 9, 10 KSchG (Auflösung eines Arbeitsverhältnisses und Verurteilung des Arbeitsgebers zur Zahlung einer Abfindung); weitere Beispiele bei Baur, JZ 1957, 194; Baring, DRiZ 1973, 308.

59) So treffend Brüggemann, Judex, S. 161 mit eingehender verfassungsrechtlicher Begründung.

60) Vgl. etwa Wassermann, Der politische Richter, S. 30, 31; E. Schmidt, Zweck des Zivilprozesses, S. 31 - 33.

tischen Charakter haben können, ist schwerlich zu bezweifeln[61], ebensowenig, daß dies dort der Fall ist, wo das Gesetz dem Richter die "Ordnung, Gestaltung eines in seinem Bestand angegriffenen, gefährdeten Lebensverhältnisses"[62] zuweist.[63]

Doch von dieser Erkenntnis bis zur Definition des Prozeßzweckes als "Schlichtung sozialer Konfliktfälle anhand des materiellen, vom Richter zu ermittelnden wie zu konkretisierenden Rechts"[64] ist ein entscheidender Schritt. Nur auf diese Weise - scil.: Richter als politisch bewußter Sozialgestalter - könne schon im Erkenntnisverfahren aus formalem Rechtsschutz materialer Sozialschutz werden, schreibt EIKE SCHMIDT.[65] Er räumt aber offen ein, daß "damit nur die Richtung gewiesen ist, sich hingegen das Ende des Weges noch nicht abzeichnet". Diese vielgerühmte und in anderen Bereichen sicher fruchtbare "Offenheit" sehe ich für den Zivilprozeß als sozial gefährlich an. Seit BAUR[66] ebenso anschaulich wie eindringlich die Gefahren für die Gleichheit vor dem Richter darstellte, die sich aus dem "Funktionswan-

---

61) Vgl. Baring, DRiZ 1973, 307; m. E. sind viele arbeitsrechtliche Grundsatzentscheidungen der Nachkriegszeit politische Entscheidungen gewesen (vgl. hierzu Esser, Vorverständnis, S. 20, 199 f; E. Schmidt, Zweck des Zivilprozesses, S. 20 f.), die für das wichtigste Rechtsverhältnis der großen Mehrheit der Bevölkerung weitreichende und nachhaltige Folgen zeitigten. Die Arbeitskampfrechtsprechung des Bundesarbeitsgerichts dürfte die gesamte wirtschaftliche Entwicklung in der Bundesrepublik wesentlich mit beeinflußt haben.

62) Baur, JZ 1957, 195.

63) Die Forderung Wassermanns, daß der Richter sein Bewußtsein für die politische Qualität seiner Entscheidung schärft, ist daher im Grundsatz berechtigt; im gleichen Sinne übrigens schon Baur, JZ 1957, 197, bezogen auf die bei Fn. 57 angeführten richterlichen Entscheidungen.

64) E. Schmidt, a.a.O. S. 34, 38.

65) a.a.O. S. 32, 33.

66) JZ 1957, 193 ff.

del im Bereich der Rechtspflege"[67] abzeichneten, sind die Lebensverhältnisse nicht einfacher, sondern noch viel komplizierter geworden. Die Justiz ist aber an ihrer Aufgabe nicht gewachsen. Wer den einzelnen vor einer eskalierenden Rechtsungleichheit und -ungewißheit bewahrt sehen möchte, muß von dem unsicheren Weg zum Richter als Sozialgestalter auf allen Ebenen abraten. Gegenüber den absehbaren Gefahren eines rigorosen Subjektivismus oder eines streng ideologisch ausgerichteten, weisungsgebundenen Richterbeamten sehe ich derzeit keine realisierbare Alternative auf dem Weg zum politischen Richter.

---

67) Baur, a.a.O. S. 197.

2. TEIL

DIE BEDEUTUNG DER VERHANDLUNGSMAXIME IN WISSENSCHAFT, LEHRE UND KOMMENTARLITERATUR DER GEGENWART

§ 3 Die Verhandlungsmaxime als Verfahrensgrundsatz

1. Die Anerkennung der Verhandlungsmaxime und ihre gesetzliche Grundlage

Die Verhandlungsmaxime ist als tragender Grundsatz unseres Zivilprozeßrechts heute nahezu allgemein anerkannt.[1] BOMSDORF[2] meint deshalb, der Satz von der Verhandlungsmaxime als Prinzip der ZPO sei Axiom. Die wissenschaftstheoretische Haltbarkeit dieser Einordnung mag hier dahinstehen; jedenfalls ist sie kennzeichnend für die Autorität, welche die Verhandlungsmaxime heute genießt. Vor einer Generation sagte Fritz von HIPPEL[3] voraus, die Verhandlungsmaxime werde "einer nahen Zukunft seltsam und sonderlich erscheinen." Die Pognose hat sich bis heute nicht erfüllt. Vielmehr wird die Verhandlungsmaxime nach wie vor als "oberster Prozeßgrundsatz" akzeptiert[4], der sich in der Praxis bewährt hat.[5]

Einen ernsthaften Versuch, der Verhandlungsmaxime die Qualität eines Verfahrensgrundsatzes des geltenden Zivilprozeßrechts abzusprechen, hat in jüngster Zeit lediglich BOMSDORF

---

1) Siehe zunächst nur: RGZ 151, 93 (98); BGH LM § 125 BGB Nr. 29 (Bl. 1 R); BAG AP § 139 ZPO Nr. 1, 2; weitere Nachweise im folgenden Text. - Um den Einfluß auf die Praxis und die Ausbildung deutlicher hervortreten zu lassen, ist die Lehrbuch- und Kommentarliteratur in diesem 2. Teil der Untersuchung gesondert dargestellt (unten § 7).

2) Prozeßmaximen, S. 19.

3) Wahrheitspflicht (1939), S. 224 Fn 7.

4) Jauernig, Verhandlungsmaxime, S. 15.

5) Stein-Jonas-Pohle, vor § 128 Anm. VII 1 g.

unternommen. Auf sein Werk wird unten[6] gesondert eingegangen. Im sonstigen Schrifttum vertritt gegenwärtig allein KRAEMER[7] ohne nähere Begründung die Ansicht, die Verhandlungsmaxime sei als Grundsatz aufgegeben und als Auslegungsregel nicht mehr heranziehbar.

Es wird an diesem hohen Anerkanntheitsgrad liegen, daß der Frage der gesetzlichen Grundlage der Verhandlungsmaxime derzeit keine allzu große Beachtung geschenkt wird. Wenn die Verhandlungsmaxime ohnehin "gilt" - zwar nicht als Rechtsnorm[8], aber als Verfahrensgrundsatz, was immer man darunter versteht -[9], so ist es nicht so entscheidend, in welchen Bestimmungen sie zum Ausdruck kommt. Vielfach wird eine Art Umkehrschluß aus den §§ 617, 622, 640, 641 ZPO angedeutet.[10] Andere weisen auf die im Gesetz zum Ausdruck gebrachte Behauptungs- und Beweisführungslast (§ 282 ZPO) sowie die Geständnis- und Geständnisfiktionsfolgen (§§ 288, 138 Abs. 3, 331 ZPO) hin.[11] Eine gründlichere Überprüfung des "gesetzlichen Ortes" der Verhandlungsmaxime hat kürzlich BRÜGGEMANN[12] vorgenommen mit dem Ergebnis, daß "die in sich geschlossene Geltung des Verhandlungsgrundsatzes" über § 313 Abs. 1 Nr. 3 ZPO hinreichend sicher belegt erscheine. Denn mit der "Darstellung des Sach- und Streitstandes auf Grundlage der mündlichen Verhandlung der

6) S. 44 ff.

7) ZZP 64, 160; (Besprechung von Bernhardt, Aufklärung).

8) Stein-Jonas-Pohle, vor § 128 Anm. II.

9) Vgl. Brüggemann, Judex, S. 101 f.

10) Rosenberg-Schwab, § 78 II S. 390; Lent-Jauernig, § 25 IV S. 69; Blomeyer, Erkenntnisverfahren, § 14 II S. 67; Damrau, Entwicklung einzelner Prozeßmaximen, S. 21, der weiter meint, daß die §§ 130, 138, 268, 272, 286, 288, 313, 331, 335, 350, 354, 359, 368, 385, 386, 388, 393, 397, 423, 426, 519, 529 ZPO "zwar einzeln nicht die Geltung der Verhandlungsmaxime beweisen, wohl aber in ihrer Gesamtheit die Geltung der Inquisitionsmaxime ausschließen."

11) Vornehmlich Bruns, Zivilprozeßrecht, § 16 II 1.

12) Judex, S. 107 - 118.

Parteien" (§ 313 Abs. 1 Nr. 3 ZPO) werde die Maßgeblichkeit des Parteivorbringens in aller Eindeutigkeit festgestellt.[13)]

2. Verhandlungsmaxime - Naturgesetz oder Zweckmäßigkeitsgesetz

Bei aller Einmütigkeit über die grundsätzliche Herrschaft der Verhandlungsmaxime im Zivilprozeß bestehen doch Unterschiede im Einzelverständnis. Vor allen anderen Differenzierungen tritt zunächst ein Grundunterschied in der Auffassung hervor. Entweder man sieht in der Verhandlungsmaxime die Ausprägung einer der Sache, d.h. dem Zivilprozeß innewohnenden Struktur, oder man hält sie für ein austauschbares formales Prinzip. Im ersteren Fall ist sie mit der Autorität der "Natur der Sache" ausgestattet, ihre Einführung durch Gesetz ist Bestätigung, ihre gesetzliche Beseitigung Pervertierung einer in den Dingen selbst liegenden Ordnung. Im letzteren Fall sind die stets anpassungsbedürftigen Erfordernisse, aber auch die sich immerfort verändernden Vorstellungen von der Zweckmäßigkeit des Verfahrens eine vergleichsweise unstabile Gewähr für den Fortbestand der Verhandlungsmaxime.

Diesen beiden Auffassungen entsprechen entgegengesetzte Verständnisse vom inneren Grund der Verhandlungsmaxime. Die erste Auffassung sieht ihn in der Privatautonomie, deren einzig im Zivilprozeß in Frage kommendes Korrelat die Verhandlungsmaxime sein muß.[14)] Das wird mit dem Hinweis auf mangelndes öffentliches Interesse an den

---

13) Brüggemann, a.a.O. S. 117; auf den Zusammenhang zwischen Verhandlungsmaxime und § 313 Abs. 1 Nr. 3 ZPO wiesen bereits Hellwig, System I, § 142 II 1, und Karl Blomeyer, in RG-Festschrift VI, S. 314, hin.

14) Wach, Vorträge, S. 61; Grunsky, Grundlagen, S. 20, 166; ders., ZZP 80, 68; Boehmer, Grundlagen I, S. 110, 112.

privatrechtlichen Streitigkeiten untermauert.[15] Die zweite, heute ganz herrschende Meinung sieht die Frage nicht prinzipiell, sondern pragmatisch:[16] als Grund für die Verhandlungsmaxime kommt nur ihre bessere Eignung in Frage, die Tatsachengrundlage für das Urteil ökonomisch und zuverlässig sicherzustellen.[17]

GÖNNER, der "Maximenschöpfer"[18], hatte zwar die von ihm als erstem so bezeichnete Verhandlungsmaxime[19] ebenso wie ihr Gegenstück, die Untersuchungsmaxime, vernunftrechtlich aus einem obersten reinen Prinzip abgeleitet, nämlich dem Grundsatz der Verzichtbarkeit privater Rechte.[20] Doch erachtete er nicht etwa allein die Verhandlungsmaxime als dem "Wesen" des Zivilprozesses gemäß. Vielmehr ließen sich für ihn "aus reinen Prinzipien zwei Wege denken, welche, ihrer wesentlichen Verschiedenheit ungeachtet, zu nämlichem Ziel führen".[21] Verhandlungsmaxime und Untersuchungsmaxime sah

---

15) Wach, Vorträge, S. 40 (Verhandlungsmaxime ist Grundsatz der staatlichen Interesselosigkeit an der Streitsache); Grunsky, ZZP 80, 68; Schultzenstein, ZZP 43, 323 f.

16) Vgl. Weyers, Verhandlungsmaxime, S. 200, der von "technischer" im Gegensatz zu "ideologischer" Begründung der Verhandlungsmaxime spricht. Die ideologische Implikation der Grundentscheidung für die Verhandlungsmaxime ist sicher nicht zu bezweifeln (vgl. hierzu vornehmlich Anton Menger, Das Bürgerliche Recht und die besitzlosen Volksklassen, S. 29 ff., 33 ff; Rümelin, Rechtspolitik und Doktrin, S. 26; Boehmer, Grundlagen I, S. 115; Cohn, Zur Ideologie des Zivilprozeßrechts; Jauernig, Verhandlungsmaxime, S. 13 - 15). Doch läßt sich die n o t w e n d i g e Verbindung einer bestimmten Staats- und Gesellschaftsordnung mit einer bestimmten Stoffsammlungsmaxime (so Pleyer, ZZP 77, 379 ff.) jedenfalls für die heutige Zeit schwerlich halten (so auch Weyers, Verhandlungsmaxime, Fn. 49; vgl. hierzu auch die Mitteilung von Jauernig, a.a.O. S. 14, über den jugoslawischen Zivilprozeß.). Eine gründlichere Untersuchung hierzu steht m. W. noch aus.

17) Nachweise s. unten S. 26.

18) So genannt von Bomsdorf, Prozeßmaximen, S. 121 ff.

19) Handbuch I, S. 182 f.

20) Handbuch I, S. 122, 183 f.

21) Handbuch I, S. 181 f.

er beide als vernunftgemäß an[22], die eine im gemeinen, die andere im preußischen Prozeßrecht der AGO verwirklicht.[23]

Im Schrifttum zur ZPO von 1877 ist die These WACHs[24], die Verhandlungsmaxime sei eine unabweisbare Folge der privatrechtlichen N a t u r d e r S t r e i t s a c h e, auf breite Ablehnung gestoßen.[25] SCHULTZENSTEIN[26] arbeitete die prinzipielle Austauschbarkeit der Stoffsammlungsmaximen heraus, nachdem bereits STEIN[27], R. SCHMIDT[28] und HELLWIG[29] die Verhandlungsmaxime als gesetzestechnisches Mittel zur Erreichung des Prozeßzweckes charakterisiert hatten. Der Gesetzgeber aber handele nach praktischen Gesichtspunkten der Zweckmäßigkeit. Sind aber Verhandlungsmaxime und Untersuchungsmaxime nicht Abbilder oder unmittelbarer Ausfluß höchster, unabänderlicher Prinzipien, so gibt es keinen Grund, sie r e i n zu erhalten, wie dies GÖNNER[30] nach allen Regeln vernunftrechtlicher Kunst versucht hatte.[31]

---

22) Handbuch I, S. 184 f.

23) Handbuch I, S. 180.

24) Vorträge, S. 54: "...es konnte nicht anders sein: Auf der Verhandlungsmaxime mußte der Reichsproceß erbaut werden." Ebenso Bülow, AcP 64, 1, 13 f; Volkmar, AKZ 1944, 140.

25) Hellwig, System I, § 140 III 3 b; R. Schmidt, Lehrbuch, § 70 II; § 71 III 3; Schultzenstein, ZZP 43, 346; Stein, Privates Wissen, S. 88 Fn. 58; derselbe, Grundriß, § 12 III S. 30.

26) ZZP 43, 346.

27) Privates Wissen, S. 88.

28) Lehrbuch, § 70 II.

29) System I, § 140 III 3 b.

30) Insbesondere Handbuch I, S. 181 ff.

31) Hierzu im einzelnen Bomsdorf, Prozeßmaximen, S. 121 - 146; Gönner sah zwar durchaus, daß man "einem jeden Prozesse, der auf einem dieser beiden Maximen berechnet ist, Grundsätze beigemischt sieht, welche der anderen Maxime zukommen" (Handbuch I, S. 192), aber er tat diese "beigemischten Grundsätze" als "Nebenpunkte" ab (a.a.O. S. 193); dazu noch unten im Text S. 31.

Aus der Funktion der Stoffsammlungsmaximen, der zweckmäßigsten Gestaltung von Verfahren zu dienen, folgt vielmehr zwanglos die Möglichkeit und die Berechtigung, womöglich sogar die Notwendigkeit[32)] ihrer Kombination.[33)]

Dieses Verständnis der Verhandlungsmaxime als eines dispositiven, zum Instrumentarium des Gesetzgebers gehörenden Verfahrensgrundsatzes, hat sich nahezu vollkommen durchgesetzt.[34)] Die deutsche Reichsgesetzgebung mit ihren Zivilprozeßnovellen von 1909, 1924 und 1933 hat der Wissenschaft lebendigen Anschauungsunterricht hierzu erteilt.[35)] Mag die Verhandlungsmaxime durch diese Gesetzgebung und die von ihr bewirkten praktischen Veränderungen im wesentlichen unberührt geblieben[36)] oder aber in ihrem Wesen "zutiefst berührt"[37)] worden sein[38)]; außer Diskussion steht heute das legislatorische Bemühen, den zivilprozessualen Aufklärungsbetrieb mit Hilfe der Novellen durch Stärkung der Richtermacht auf Kosten der Parteiherrschaft zu beschleunigen und

32) Klein-Engel, S. 325; Sauer, Allgemeine Prozeßrechtslehre, S. 66, 67.

33) R. Schmidt, Lehrbuch, § 70 II, § 71 III 3; Schultzenstein, ZZP 43, 305, 307, 346.

34) Aus der neueren Literatur siehe vornehmlich Menger, Allgemeine Prozeßrechtsgrundsätze in der Verwaltungsgerichtsordnung, S. 433 (Verfahrensmaximen sind "eher als Material im Arsenal des Gesetzgebers" anzusehen); Lang, VerwArch. 1961, 67; Peters, Ausforschungsbeweis, S. 101; Kollhosser, Verfahrensbeteiligte, S. 115 Fn. 15; Brüggemann, Judex, S. 101. Der Gedanke der Dispositivität der Verhandlungsmaxime ist auch vorausgesetzt in den Untersuchungen von Hippels (Wahrheitspflicht, insbesondere S. 164 ff., 183 ff., 222 ff.), Lents (Wahrheitspflicht, insbesondere S. 79, 82), de Boors (Reform, insbesondere S. 8 f.; Auflockerung, insbesondere S. 64 f.) und Bernhardts (Aufklärung, insbesondere S. 49).

35) Dazu: R. Schmidt, ZZP 61, 253 ff.; Kuchinke, JuS 1967, 295 f; Damrau, Entwicklung einzelner Prozeßmaximen, insbes. S. 291 ff, 375 ff, 408 ff.

36) Von Hippel, Wahrheitspflicht, S. 237; Lent, Wahrheitspflicht, S. 74; Boehmer, Grundlagen I, S. 112 f.

37) Schima, in: Studi in memoria di Carlo Furno, S. 901.

38) Zu dieser Frage näher unten S. 29 ff.

zu verbessern. Die Verhandlungsmaxime ist mit anderen Worten vom Gesetzgeber aus Zweckmäßigkeitsgründen mit inquisitorischen Elementen "versetzt" worden.[39]

Es fragt sich, ob die Verhandlungsmaxime nicht wenigstens insoweit der "Natur" des Zivilprozesses entspricht, als die Sachverhaltsaufklärung notwendigerweise von den Parteien a u s g e h e n muß. Denn nach den Verhältnissen, "wie sie nun einmal im Leben gegeben sind"[40], kann der Richter auf viele Tatsachen und Beweismöglichkeiten ohne Hinweise der Beteiligten gar nicht kommen. "Die Parteien sind über den streitigen Sachverhalt stets besser im Bilde als der zuerst ahnungslose Richter."[41] Die "Bemühung der Parteien ist natürliche Voraussetzung für den Prozeß", die Parteieninitiative bei der Sachverhaltsaufklärung gründet in der Natur der Sache.[42] BERNHARDT meint, auf diesem Zusammenhang baue sich die Verhandlungsmaxime auf. Weil der Richter den Prozeßstoff zunächst nicht kenne, sollten die Parteien ihn vortragen.[43] In Wirklichkeit nötigt aber die dargestellte prozessuale G r u n d e r f a h r u n g nur zur Verhandlungs f o r m, nicht aber zur Verhandlungsmaxime. Diese Grunderfahrung macht die Untersuchungs f o r m, bei der allein der Richter als Verfahrenssubjekt den Prozeß betreibt, für den Zivilprozeß untauglich.[44] Aber bereits die Verhandlungsform, die heute für alle Verfahrensarten selbstverständlich ist,

---

39) Vgl. Bernhardt, Aufklärung, S. 37; Sauer, Allgemeine Prozeßrechtslehre, S. 93: "fortschreitende Strafprozessualisierung".

40) Schultzenstein, ZZP 43, 345.

41) Von Hippel, Wahrheitspflicht, S. 220; Lent, Wahrheitspflicht, S. 80; ebenso sinngemäß Bernhardt, Aufklärung, S. 23; Brüggemann, Judex, S. 132; vgl. vor allem auch § 12 EinlALR.

42) Bruns, in: Annales Universitatis Saraviensis II, S. 241, 242.

43) Bernhardt, Aufklärung, S. 23.

44) Über die Begriffspaare Verhandlungsform-Verhandlungsmaxime, Untersuchungsform-Untersuchungsmaxime näher Stein, Privates Wissen, S. 87 f; Kollhosser, Verfahrensbeteiligte, S. 16.

gewährleistet die Mitwirkung der Beteiligten bei der Stoffsammlung. Hierzu bedarf es nicht der Verhandlungsmaxime; im Gegenteil: auch wenn das zivilprozessuale Regelverfahren nach der Untersuchungsmaxime gestaltet wäre, müßte der Richter "naturgemäß" zunächst einmal von den Parteien ins Bild gesetzt werden und wäre auch im weiteren Verfahrensverlauf weitgehend auf ihre Mitwirkung bei der Sachaufklärung angewiesen.[45] Die Verhandlungsmaxime ist also auch unter dem Gesichtspunkt der anfänglichen Ahnungslosigkeit des Richters keine notwendige Folge aus der "Natur" des Zivilprozesses.

Die Begründung der Verhandlungsmaxime mit Zweckmäßigkeitserwägungen stützt sich hauptsächlich auf die Überlegung, daß die widerstreitenden Parteiinteressen die beste Gewähr für eine möglichst vollständige Beibringung des Tatsachen- und Beweismaterials und damit für die Wahrheitsfindung böten.[46] Diese Erwartung beruht auf psychologischen[47] und prozeßökonomischen Erwägungen.[48] Wenn es stimmt, daß die gegensätzlichen Parteiinteressen[49] der optimale Motor für eine auf Wahrheitsfindung ausgerichtete Sachaufklärung

45) Vgl. Schultzenstein, ZZP 43, 345: "Nach der Maxime wird nicht mehr gefragt ..."; Lent, Wahrheitspflicht, S. 80; Kollhosser, Verfahrensbeteiligte, S. 124; Grunsky, Grundlagen, S. 173 f; Yoshimura, ZZP 83, 260.

46) R. Schmidt, Lehrbuch, § 71 I S. 420; Hellwig, System I, § 140 II 2; Stein, Grundriß, S. 30; Schultzenstein, ZZP 43, 342; Sauer, Allgemeine Prozeßrechtslehre, S. 66; Rimmelspacher, Amtsprüfung, S. 24, 26; Henckel, Prozeßrecht und materielles Recht, S. 144; Brüggemann, Judex, S. 133.

47) R. Schmidt, Lehrbuch, § 71 I S. 421; Niese, Doppelfunktionelle Prozeßhandlungen, S. 16; Gaul, AcP 168, 50.

48) Vgl. Weyers (Verhandlungsmaxime, S. 200): "Ökonomisches Verfahren zur Rekonstruktion der wirklichen Vorgänge".

49) Ohne echten Interessenwiderstreit ist die Wahrheitsfindung bei den Parteien weniger gut aufgehoben (R. Schmidt, Lehrbuch, § 71 I S. 421; Bernhardt, Aufklärung, S. 48). Sauer meint hierzu, bei näherem Zusehen sei ein solcher Interessengegensatz stets zu erkennen, weil der Sinn eines Rechtsstreits sonst überhaupt entfalle (Allgemeine Prozeßrechtslehre, S. 73).

sind, dann entspricht es einem sparsamen und effektiven Kräfteeinsatz am besten, diese Sachaufklärung hauptsächlich den Interesseninhabern zu überantworten.

Es genügt also, was meist nicht klar herausgestellt wird, zur Herbeiführung eines wirksamen Ansporns nicht die bereits mit der Verhandlungs f o r m gegebene institutionelle Beteiligung der Parteien an der Sachaufklärung. Vielmehr geht die entscheidende Stimulierung erst von der mit der Verhandlungsmaxime gegebenen Vorstellung der Parteien aus, daß es auf ihre Behauptungen und Beweisanträge a n k o m m e, daß diese eben nicht wie bei der Untersuchungsmaxime vom Gericht durch eigene Ermittlungstätigkeit substituiert werden können. R. SCHMIDT[50] hat dies treffend als die "belebende Einwirkung" der Verhandlungsmaxime auf die Verhandlungsform bezeichnet und den heute noch ebenso wie im Jahre 1906 aktuellen Hinweis gegeben, daß diese vor allem im Anwaltsprozeß unentbehrlich sei. Der Anwalt würde "nur zu gern die Verantwortung seinem Mandanten gegenüber auf das Gericht abwälzen".

In der Literatur werden verschiedentlich prinzipielle und pragmatische Begründung der Verhandlungsmaxime nebeneinander gebracht.[51] STEIN[52] führte hierzu aus, die Verhandlungsmaxime sei zwar keine denknotwendige Form eines Prozesses über Privatrechte, aber damit sei nicht gesagt, daß sie ihm nicht angemessen sei; beides habe die Preußische AGO gelehrt. Ein Zusammenhang zwischen beiden Begründungen ist in der Tat nicht zu verkennen. Die pragmatische Begründung hat prinzipielle Prämissen. Die erste lautet, daß der Staat kein Interesse an den privatrechtlichen Streitigkeiten hat.[53] Hätte er es nämlich, wo wäre jedenfalls die g e n e r e l-

---

50) Lehrbuch, § 71 I S. 420 f.

51) Grunsky, Grundlagen, S. 20, 181; Henckel, Prozeßrecht und materielles Recht, S. 144; ders., Gerechtigkeitswert, S. 22; ebenso früher schon Schultzenstein, ZZP 43, 308.

52) Privates Wissen, S. 88, Fn. 58.

53) Siehe hierzu S. 22, Fn 15.

l e Überlassung der Stoffsammlung an die Privatrechtsinhaber nicht zweckmäßig. Die zweite Prämisse lautet, daß das Ziel der Sachaufklärung die Wahrheitsfindung ist. Dahinter steckt weiter die Vorstellung, daß nur ein auf Wahrheit gegründetes Urteil gerecht sein kann.

§ 4 Inhalt und Bedeutung der Verhandlungsmaxime

1. Die Problematik

Man kann nicht sagen, daß der Begriff der Verhandlungsmaxime in der heutigen Prozeßrechtsdogmatik sehr umstritten ist. Es herrscht vielmehr im großen und ganzen Einverständnis darüber, was man darunter zu verstehen habe. Ihre im wesentlichen unumstrittene[1] Grundaussage läßt sich wie folgt formulieren:[2]

a) N u r von den Parteien vorgetragene Tatsachen werden Entscheidungsgrundlage;

b) die Parteien haben eine Behauptungs- und eine Beweisführungslast;

c) Beweis darf n u r über streitige Behauptungen erhoben werden.

d) Zeugen durfen n u r auf Antrag vernommen werden.

Aber dies bildet gleichsam nur eine Ausgangsbasis für die Überlegungen zur Aufgabenverteilung zwischen Richter und Parteien bei der Sachaufklärung. Alle wissen und sagen, daß die Verhandlungsmaxime s o, wie dieser Begriff sie definiert, n i c h t u n v e r ä n d e r t im Zivilprozeßrecht fortgilt. Unklar dagegen ist das Ergebnis der eingetretenen Veränderungen. Das beruht auf dem bislang nicht befriedigend gelösten Problem, die verschiedenen Einbrüche in die Verhandlungsmaxime dogmatisch zu verarbeiten. Auf Art

---

1) Nachweise unten bei der Erörterung der Einzelheiten, insbesondere S. 29 ff.

2) Zu den einzelnen Elementen der Verhandlungsmaxime siehe noch näher unten S. 29 ff.

und Ausmaß dieser Einbrüche im einzelnen wird im weiteren Verlauf dieser Untersuchung unter dem Gesichtspunkt der beschleunigenden vorbereitenden Sachaufklärung näher eingegangen. An dieser Stelle genügt zur Kennzeichnung des Problems der allgemein übliche[3] Hinweis auf die §§ 138, 139, 141 - 144, 272 b, 448 ZPO.[4] Abgesehen von der durch § 138 ZPO signalisierten Problematik des Verhältnisses zwischen Verhandlungsmaxime und Wahrheitsfindung kommt in den erwähnten Bestimmungen die Zurückdrängung der ursprünglich nahezu uneingeschränkten Parteiherrschaft durch richterliche Aufklärungsrechte und -pflichten und durch den Konzentrationsgrundsatz zum Ausdruck. Die Frage lautet, wie der I n h a l t der Verhandlungsmaxime als Verfahrensgrundsatz nach allen unstreitig weitreichenden Änderungen im Verhältnis Richtermacht - Parteiherrschaft h e u t e zu definieren ist. Wie grundverschieden hierauf geantwortet wird, zeigen die bereits[5] zitierten Formulierungen BOEHMERS, die Verhandlungsmaxime sei "im wesentlichen unberührt geblieben", und SCHIMAS, die Verhandlungsmaxime sei in ihrem Wesen "zutiefst berührt" worden.

2. Richterliche Sachaufklärung als Ausnahme von der mit der Verhandlungsmaxime gegebenen Regel

Diese Auffassung erklärt sich aus der rechtshistorischen Entwicklung seit Schaffung der ZPO. Diese war auf dem Boden der Verhandlungsmaxime konzipiert[6] und enthielt zwar deut-

---

3) Vgl. statt aller: Grunsky, Grundlagen, S. 164 f.

4) Zur rechtsgeschichtlichen Entwicklung von der ZPO 1877 über die Novellen von 1909, 1924 und 1933 bis zum heutigen Rechtszustand vgl. die eingehende Darstellung von Bomsdorf, Prozeßmaximen S. 257 - 277; ferner R. Schmidt, ZZP 61, 253 ff.; Brüggemann, Judex, S. 53 - 69; Damrau, Entwicklung einzelner Prozeßmaximen, S. 119 ff., 228 ff., 291 ff., 375 ff., 408 ff., 489 ff.

5) Oben S. 24.

6) Hahn, Motive, S. 210.

lich erkennbare, aber relativ schwach ausgebildete Ansätze für eine richterliche Initiative bei der Sachaufklärung. Die Grundkonzeption war die einer überwiegenden Passivität des Richters.[7)] Nach und nach wurden davon Abstriche gemacht, insbesondere durch den Ausbau des richterlichen Fragerechts zu einer immer umfassenderen richterlichen Aufklärungspflicht und durch die Einführung der Konzentrationsmaxime. In dem Bestreben, diese Tendenz zu verarbeiten, ging die Wissenschaft von dem sicheren Hort der Verhandlungsmaxime aus, weil diese eben die unbestrittene Grundlage der ZPO bildete. Die Neuerungen wurden so stets als ein zu einer g e g e b e n e n G r ö ß e, der Verhandlungsmaxime, Hinzukommendes, als Abweichung von einer Grundregel dargestellt.[7a)] Die Bestimmungen über die richterliche Aufklärungspflicht erschienen - und erscheinen - in der Literatur als Ausnahmen[8)], Milderung[9)], Entschärfung[10)], Auflockerung[11)], Einschränkung[12)], Beschheidung[13)], Ergänzung[14)], oder Durchbrechung[15)], immer bezogen auf das Prinzip Verhandlungsmaxime.[16)]

---

7) Entwurf 1931, S. 254.

7a) Vgl. dazu Kollhosser, JZ 1973, 11.

8) Stein, Privates Wissen, S. 94 ("Eine 'Ausnahme' mehr oder weniger ist also ganz unbedenklich: eine Unbequemlichkeit für das Auswendiglernen, Nichts weiter"); R. Schmidt, Lehrbuch, § 71 I; Schultzenstein, ZZP 43, 321.

9) Hellwig, System I, § 140 III 3 a; Lent, Wahrheitspflicht, S. 73; Kuchinke, JuS 1967, 297.

10) R. Schmidt, Lehrbuch, § 71 III S. 426; Schultzenstein, ZZP 43, 321 f; Lüke, JuS 1961, 43; Kuchinke, JuS 1967, 297.

11) Henckel, Prozeßrecht und materielles Recht, S. 118; Jauernig, Verhandlungsmaxime, S. 6.

12) Bernhardt, Aufklärung, S. 37.

13) Grunsky, Grundlagen, S. 164.

14) Bernhardt, Aufklärung, S. 24; R. Schmidt, Lehrbuch, § 71 III S. 426.

15) R. Schmidt, Lehrbuch, § 71 III 3; Peters, Ausforschungsbeweis, S. 101.

16) Aus dem Rahmen fällt die Formulierung Schimas (in: Stu-

BOMSDORF[17]) führt diese Art der Darstellung des Verhältnisses zwischen der Verhandlungsmaxime und der richterlichen Sachaufklärung auf GÖNNER zurück. Dieser hatte die zahlreichen auch im gemeinen Recht vorhandenen Anweichungen von der Verhandlungsmaxime als "Nebenpunkte" bezeichnet, auf die es für die Erkenntnis der einer Prozeßordnung zugrunde liegenden Maxime nicht ankomme. Hierfür sei vielmehr der "Geist eines Verfahrens im ganzen" maßgeblich.[18]) Die "Nebenpunkte" in Gestalt nicht geringer richterlicher Aktivität wurden von GÖNNER dann als Ausfluß eines weiteren Grundsatzes dargestellt, nämlich der richterlichen Prozeßdirektion.[19]) Der schon für das gemeine Recht angebrachte Zweifel, ob nicht die Abweichungen das "Nichts-von-Amts-wegen" der Verhandlungsmaxime GÖNNERscher Prägung in Frage stellten, wurde auf diese Weise unterdrückt, die Verhandlungsmaxime erschien unangetastet.[20])

Ob diese Methode GÖNNERs, wie BOMSDORF meint, in der heutigen Prozeßrechtsdogmatik fortwirkt, kann im Rahmen der vorliegenden Untersuchung dahingestellt bleiben. Ein krasser Gegensatz zwischen dem GÖNNERschen und dem hier untersuchten Regel-Ausnahme-Denken ist jedenfalls augenfällig. GÖNNER hat die von ihm zu "Nebenpunkten" entwerteten Abweichungen von der Verhandlungsmaxime, für seine Zeit befriedigend, systematisch "glatt" verarbeitet. Davon kann bei den für die ZPO-Regelung angestellten Versuchen, die sich in den zitierten Formulierungen niederschlagen, keine Rede sein. Klar wird bei den meisten Autoren lediglich, ob all die "Ausnahmen", "Abschwächungen" usw. die Verhandlungsmaxime

---

16) (Forts.)
di in memoria di Carlo Furno, S. 901), die Verhandlungsmaxime habe sich "flankierende Maßnahmen gefallen lassen" müssen.

17) Prozeßmaximen, S. 139, 280.

18) Gönner, Handbuch I, S. 193; eingehend hierzu Bomsdorf, Prozeßmaximen, S. 121 - 150; vgl. auch oben S. 23.

19) Handbuch I, S. 243, 244.

20) Bomsdorf, Prozeßmaximen, S. 134 - 139.

"im Prinzip" nicht berührt haben[21], oder ob sie ihr Wesen angetastet haben.[22]

Einige wenige Autoren deuten an, daß die Verhandlungsmaxime eine W a n d l u n g erfahren habe[23], daß sie neu verstanden werden müsse.[24] Doch welche konkrete inhaltliche Aussage über die Verfahrensgestaltung der Verhandlungsmaxime nach dieser Wandlung zu entnehmen sein soll, bleibt völlig offen. Die Formulierung von BAUMANN-FEZER[25], es gehe darum, eine helfende Mitwirkung des Gerichts nicht mehr als Gefahr, sondern als Gewinn für wirkliche Verhandlung der Parteien zu verstehen, besagt in Wirklichkeit nur etwas über Motiv und Ziel, aber nichts über den Inhalt eines möglichen Neuverständnisses der Verhandlungsmaxime. Als wenig ergiebig hat sich auch der wiederholt geäußerte Gedanke einer gemeinsamen Verantwortung[26] oder einer Arbeitsgemeinschaft bzw. "organischen Aufklärungsgemeinschaft"[27] zwischen Gericht und Parteien erwiesen. Ohne genaue Abgrenzung besagen diese Formulierungen jedoch nicht mehr, als nach der Gesetzeslage ohnehin klar ist: daß Richter u n d Parteien für die Stoffsammlung verantwortlich sind.[28]

---

21) Von Hippel, Wahrheitspflicht, S. 237; Lent, Wahrheitspflicht, S. 74; Boehmer, Grundlagen I, S. 112; Henckel, Prozeßrecht und materielles Recht, S. 118.

22) Schima, in: Studi in memoria di Carlo Furno, S. 901; Peters, Ausforschungsbeweis, S. 101; Gaul, AcP 168, 50 ("bei Beweiserhebung fast in sein Gegenteil verkehrt").

23) Vollkommer, Formenstrenge und prozessuale Billigkeit, S. 290 ("im Sinne einer Annäherung an die Untersuchungsmaxime").

24) Baumann-Fezer, Beschleunigung, S. 14; der Verhandlungsmaxime soll dadurch aber kein Abbruch geschehen (a.a.O. S. 15).

25) a.a.O.

26) Stein, Privates Wissen, S. 88; Lent, Wahrheitspflicht, S. 82.

27) Von Hippel, Wahrheitspflicht, S. 247; Schima, in: Studi in memoria di Carlo Furno, S.902 ("Grundsatz der verantwortlichen Mitwirkung der Parteien im Zivilprozeß").

28) Vgl. hierzu auch Baur, Wege, S. 13, der in der Aufteilung dieser Verantwortung einen der "konstanten Anknüp-

Die Regel-Ausnahme-Vorstellung hat also bisher nichts Wesentliches zu einer dem heutigen Entwicklungsstand des Prozeßrechts angepaßten Bestimmung des Verhältnisses zwischen Verhandlungsmaxime und richterlicher Aufklärungsaktivität beigetragen. Es ist nun üblich geworden, darauf hinzuweisen, daß als Ergebnis der dargestellten Entwicklung die p r a k t i s c h e n U n t e r s c h i e d e zwischen Verfahren mit Verhandlungsmaxime und Verfahren mit Untersuchungsmaxime g e r i n g geworden seien.[29] JAUERNIG[30] drückt es so aus, die "theoretisch scharfe Abgrenzung" sei "in der Praxis einigermaßen verwischt".

Diese Angleichung zwischen Verfahren, die von gegensätzlichen Stoffsammlungsmaximen gesteuert werden, ist aber nicht allein auf die Stärkung der Richtermacht zu Lasten der Parteiherrschaft zurückzuführen. Erste Ursache ist vielmehr die oben[31] näher dargestellte prozessuale Grunderfahrung, daß die Parteien in aller Regel dem zunächst einmal ahnungslosen Richter den Prozeßstoff unterbreiten müssen und auch bei der weiteren Aufklärung ihre Mithilfe entscheidende Bedeutung hat. Hinzu kommt der weitere prozessuale Erfahrungssatz, daß jeder Beteiligte regelmäßig das zu seinen Gunsten Sprechende vorträgt.[32] Diese Gegebenheiten bewirken schon allein bis zu einem gewissen Grade eine Ähnlichkeit im Vorgang der Sachaufklärung.[33] In derselben Richtung wirkt dann

28) (Forts.)
fungspunkte" für die Zivilprozeßreform sieht, welcher bei einer - von Baur abgelehnten - Übernahme des englischen Systems aufgegeben werden müßte.

29) So schon Schultzenstein, ZZP 43, 340 - 347; für den heutigen Rechtszustand: Baur, Richtermacht und Formalismus, S. 110; Menger, Allgemeine Prozeßrechtsgrundsätze in der Verwaltungsgerichtsordnung, S. 435; Lüke, JuS 1961, 43; Yoshimura, ZZP 83, 260.

30) Verhandlungsmaxime, S. 6.

31) S. 25 f.

32) Siehe oben S. 26 f.

33) Hierzu näher Kollhosser, Verfahrensbeteiligte, S. 117 - 120.

nicht nur die "Abschwächung" der Verhandlungsmaxime durch die richterliche Aufklärung und Konzentration, sondern auch die "Ergänzung" der Untersuchungsmaxime durch die Mitverantwortung der Parteien.[34)]

Alle diese Faktoren zusammen haben jenen Angleichungsprozeß vorangetrieben, von dem gerade im Zusammenhang mit der "Abschwächung" der Verhandlungsmaxime immer wieder gesprochen wird. Keinesfalls jedoch rechtfertigt der Hinweis auf die gering gewordenen praktischen Unterschiede zwischen den unterschiedlichen Verfahrensarten die Vernachlässigung des Versuchs, die Verhandlungsmaxime auf ihren heutigen Aussagewert dogmatisch genau zu untersuchen. In diesem Hinweis könnte man die Hervorkehrung einer pragmatischen im Gegensatz zu einer doktrinären Bewertung der Stoffsammlungsmaximen erblicken. Dies würde freilich merkwürdig zu jenem beharrlichen Festhalten an der "Regel" Verhandlungsmaxime kontrastieren, das allgemein zu vermerken ist. Pragmatischer Betrachtung würde es eher entsprechen, die Regel fallen zu lassen und, von HIPPEL[35)] folgend, die Arbeit zwischen Richter und Parteien so aufzuteilen, "wie es der Lage der einzelnen Sache am besten entspricht". Wenn man aber der Funktion der Verfahrensgrundsätze als Garanten des Gleichheitsgrundsatzes im Verfahrensrecht eingedenk bleibt[36)], wird man eher dazu neigen, an einer Stoffsammlungsmaxime festzuhalten.

---

34) § 86 Abs. 1 S. 1 VerwGO; § 76 Abs. 1 S. 2 FGO; § 103 SGG in der Fassung des Gesetzes vom 30.7.1974 (BGBl I S. 1625), in Kraft ab 1.1.1975; vgl. Grunsky, Grundlagen, S. 173 f.; Yoshimura, ZZP 83, 260, beide m. w. N. Zur Mitverantwortung der Parteien im Verfahren nach dem FGG siehe Kollhosser, Verfahrensbeteiligte, S. 111 ff.; Kuchinke, JuS 1967, 296 f.

35) Wahrheitspflicht, S. 183.

36) Baur, ZZP 66, 210; ähnlich Bernhardt, Aufklärung, S. 49; Brüggemann, Judex, S. 102; Kommissionsbericht 1961, S. 173.

3. Die Verhandlungsmaxime als Schranke vor der richterlichen Wahrheitssuche

Der Verhandlungsmaxime ist ein negatives Element insofern eigen, als die Parteien die Aufklärungstätigkeit des Richters, insbesondere hinsichtlich der Verifizierung von Behauptungen blockieren können.[37] Das kommt schon in dem Satz GÖNNERs zum Ausdruck, mit dem er den Begriff "Verhandlungsmaxime" einführte:

> "N i c h t s von Amts wegen ist hier die allgemeine Maxime, welche, nur wenige Ausnahmen abgerechnet, für das ganze gerichtliche Verfahren in allen seinen Theilen aufgestellt wird, und welche man die Verhandlungsmaxime nennen kann, weil alles von dem Vorbringen der Parteien oder von ihren Verhandlungen abhängt."[38]

Von diesem "Nichts" von Amts wegen ist geblieben, daß der Richter nicht vorgetragene Tatsachen nicht berücksichtigen, zugestandene Behauptungen nicht auf ihre Wahrheit nachprüfen und nicht benannte Zeugen nicht vernehmen darf. Dies ist die "Fessel", welche die Verhandlungsmaxime dem Richter anlegt.[39] STEIN[40] formulierte:"Alles Fragen des Richters nach Thatsachen und Beweismitteln strandet an dem 'ich will nicht' der Partei." GOLDSCHMIDT[41] legte den Zusammenhang zwischen der Verhandlungsmaxime und dem staatsbürgerlichen "status libertatis" dar, dem die "negative Berücksichtigungspflicht" des Gerichts bezüglich nicht vorgebrachten Prozeßstoffs entspreche. BRUNS[42] bezeichnet die Verhand-

---

37) Vgl. hierzu oben S. 28.

38) Gönner, Handbuch I, S. 181 ff., 191 (Hervorhebung hier vom Verfasser).

39) Bernhardt, Aufklärung, S. 49.

40) Privates Wissen, S. 88.

41) Prozeß als Rechtslage, S. 388 f.

42) Annales Universitatis Saraviensis II, S. 241.

lungsmaxime als "Bollwerk gegen unbegrenzte richterliche Aktivität".[43)]

Es liegt nahe, in dieser negativen Qualität der Verhandlungsmaxime ihre Quintessenz zu sehen, "eine gegen das Gericht gekehrte Sperrwirkung".[44)] Die Vorstellung von der Sperrwirkung der Verhandlungsmaxime scheint mir einen geeigneten Ansatz zur Überwindung des Regel-Ausnahme-Denkens der h. M. zu bieten. Die Terminologie wird daher im folgenden übernommen. Freilich darf nicht übersehen werden, daß das System der Behauptungs- und Beweisführungslast ebenfalls auf der Verhandlungsmaxime beruht.[45)] Die Verhandlungsmaxime erschöpft sich also nicht in der Sperrwirkung.[46)]

---

43) Die Motive (Hahn, S. 115) stellen die Vermutung an, die Quelle der "aus dem altdeutschen Prozesse in den gemeinen übernommenen Verhandlungsmaxime" sei in dem durch die Geschichte des deutschen Prozesses hindurchgehenden Zug zu suchen, die "richterliche Machtvollkommenheit durch Formen heilsam einzuschränken".

44) Brüggemann, Judex, S. 118, 119; ähnlich Kollhosser, Verfahrensbeteiligte, S. 131 f; Die negative Qualität der Verhandlungsmaxime betonte auch Kisch, DJZ 1936, 918; vgl. ferner Vollkommer, Formenstrenge, S. 288. Brüggemann (a.a.O. S. 454 f) hält die Verhandlungsmaxime in ihrer negativen Qualität als Sperre für "indispensabel". Insofern sei sie "ein dem Prozeßgesetz vorgegebenes Strukturprinzip". Der Zusammenhang der Textstelle deutet darauf hin, daß Brüggemann die Verfügbarkeit für die Parteien, nicht etwa für den Gesetzgeber meint. In der von ihm zitierten Entscheidung des Reichsgerichts, SeuffArch. 54 Nr. 252 S. 466 (Urteil vom 13.12.1898) hat das Reichsgericht in der Tat ausgeführt, § 267 ZPO (heute § 295) sei unanwendbar, weil nicht die Anwendung einer einzelnen, unverzichtbaren Vorschrift zur Debatte stehe, sondern ein Verstoß gegen einen Prozeßgrundsatz, auf dessen Anwendung die Parteien nicht verzichten und dessen Anwendung sie nicht vereinbaren könnten.

45) Sauer, Allgemeine Prozeßrechtslehre, S. 69; Bruns, Zivilprozeßrecht, § 16 II 1; Grunsky, Grundlagen, S. 170, 171; aus den Kommentaren: Baumbach-Lauterbach, Anhang zu § 282 Anm. 1 A; Stein-Jonas-Schumann-Leipold, § 282 Anm. IV 1 b; ferner Eb. Schmidt, Lehrkommentar, Rdn. 367.

46) Näher unten S. 216 ff.

§ 5 Verhandlungsmaxime und Wahrheitsfindung

Die Sachverhaltsaufklärung ist sowohl im Zivilprozeß als auch in den anderen Verfahrensarten grundsätzlich auf Rekonstruktion des wirklichen historischen Hergangs, kurz auf Wahrheitsfindung ausgerichtet.[1] Unabhängig von der einen oder anderen Stoffsammlungsmaxime wird diese Zielrichtung jedoch stark relativiert. Die für jede Wahrheitssuche geltende erkenntniskritische Einsicht, daß dem Menschen die absolute Wahrheit verschlossen bleibt, bildet für den Richter nicht die einzige Schranke; wäre sie es, so ließe sich sagen, der Richter könne alles aufklären, wozu menschliche Erkenntniskraft reicht. Die Erfahrung beweist das Gegenteil. Es ist dem Richter allgemein nicht möglich, den Einzelfall unter Einsatz a l l e r Erkenntnismittel zu entscheiden. Zwar wäre es denkbar, alles an wissenschaftlicher und technologischer Kapazität daranzusetzen - aber eben nur denkbar. Praktisch ist es offenbar ausgeschlossen.

Daraus ergibt sich die zweite Schranke für die richterliche Wahrheitssuche. Sie wird durch die Verfahrensgesetze, den herkömmlichen Gerichtsgebrauch und vor allem die praktischen Gegebenheiten in der Rechtsprechung einer bestimmten Zeit gesetzt. Enge oder Weite dieser Grenzen werden dabei wesentlich mitbestimmt durch die zugrunde liegende Auffassung vom Prozeßzweck.

Schon diese Faktoren schränken die Ermittlung des wahren Sachverhalts in jedem gerichtlichen Verfahren eines hochzivilisierten Staates notwendig stark ein. Sie sind ganz unabhängig von der einen oder anderen Stoffsammlungsmaxime. Eine weitere Einschränkung ergibt sich aus der verfahrensrecht-

---

1) Vgl. Rosenberg-Schwab, § 78 I 4; Lent-Jauernig, § 25 VIII 2; Vollkommer, ZZP 81, 107 f.; Kollhosser, JZ 1973, 11; and. Ans. vor allem Luhmann, Legitimation, S. 17 ff., vom Standpunkt seiner funktionalen soziologischen Systemtheorie aus (a.a.O. S. 23 ff.).

lichen Ausgestaltung des richterlichen Erkenntnisaktes. Für Zivil- und Strafprozeß ist dieser bei uns in der Weise bestimmt, daß Feststellung des wahren Sachverhalts heißt: dem Richter die Überzeugung von der Wahrheit einer Behauptung verschaffen.[2] Nach Lent[3] zwingt das zu einer vernünftigen Beschränkung der Sachverhaltsermittlung. Dies entspricht dem anerkennenswerten Streben nach "Kräfteökonomie":[4] die verwendeten Energien dürfen nicht zu anderen Gemeinschaftsaufgaben im Mißverhältnis stehen. Es ist unter diesem Gesichtspunkt nicht vertretbar, den Justizapparat im Interesse einer "absoluten" Wahrheitssuche und damit notwendig auf Kosten anderer, elementarer sozialer Aufgaben zu vervollkommnen.

Bereits diese Überlegungen verbieten, unabhängig von der Verhandlungsmaxime, eine Verabsolutierung des Wahrheitsermittlungsgebots im Zivilprozeß.[5] Speziell die Verhandlungsmaxime bringt d a r ü b e r h i n a u s die oben (S. 35) dargestellte Einschränkung für die Wahrheitsfindung. Ihre Besonderheit liegt darin, daß der Richter durch die P a r t e i e n an weiterer Sachaufklärung gehindert werden kann ("Sperrwirkung"). Das bewußte Herauslassen von Sachverhaltskomplexen durch Parteien kommt in der Praxis nicht eben selten vor[6], ebensowenig wahrheitswidriges Gestehen von Teilen der konträren Sachverhaltsschilderungen. Hinzu kommt die Geständnisfiktion bei Säumnis (§ 331 Abs. 1 ZPO) und bei Nichtbestreiten (§ 138 Abs. 3 ZPO), dem die h. M. das nicht substantiierte Bestreiten gleichsetzt.[7] Schließlich kann

---

2) §§ 286 Abs. 1 S. 1 ZPO; 261 StPO; Lent, AkZ 1936, 22; Brüggemann, Judex, S. 131.

3) a.a.O.; zustimmend von Hippel, Wahrheitspflicht, S. 277 f., Fn. 34.

4) Jonas, DR 1941, 1698.

5) Vgl. auch Rümelin, Rechtspolitik und Doktrin, S. 33; Brüggemann, Judex, S. 131.

6) Vgl. Kommissionsbericht 1961, S. 175, wo die "guten Gründe" der Parteien hierfür als zu respektieren anerkannt werden; Beispiele unten S. 113 f.

7) Baumbach-Lauterbach, § 138 Anm. 4; Thomas-Putzo, § 138 Anm. III 1.

vor allem das in der Verhandlungsmaxime begründete Behauptungs- und Beweisführungslastschema die Wahrheitsfindung beeinträchtigen. Der Richter darf eben Behauptungen und Beweismittel nach allgemeiner Meinung [8] nur von der darlegungsbelasteten Partei anfordern, ungeachtet dringender und durchaus billigenswerter Informativinteressen dieser Partei.[9]

Das Ausmaß der maximenbedingten Einschränkung der Wahrheitsfindung im Zivilprozeß hängt also offenbar davon ab, inwieweit der Richter auf die Parteibehauptungen einwirken darf, und wieweit die Sperrbefugnisse der Parteien reichen, oder umgekehrt, wieweit der Richter diese Sperre zurückdrängen darf. Dies kann im Ausgangspunkt nicht von allgemeinen oder speziellen Praktikabilitätserwägungen abhängig gemacht werden.[10] Denn die den Prozeßzweck mitbestimmende Gerechtigkeitsidee, die im Rechtsstaats- und Sozialstaatsprinzip verbindlich formuliert ist[11], verlangt materielle Wahrheitsfindung. Diese B e g r ü n d u n g des ansonsten ja unbestrittenen Zieles der Sachaufklärung aus dem Prozeßzweck muß für die Kriterien der Beschneidung der Wahrheitsfindung in erster Linie maßgebend sein.

Daraus ist eine G r u n d t e n d e n z g e g e n b e l i e b i g e S a c h v e r h a l t s v e r k ü r z u n g u n d -m a n i p u l a t i o n durch die Parteien abzuleiten. Die Parteiherrschaft sollte allerdings ursprünglich auch die Dispositionsbefugnis über Tatsachen umfassen.[12]

---

8) Rosenberg-Schwab, § 118 I 3 b; Stein-Jonas-Schumann-Leipold, § 282 Anm. IV 1 b; Thomas-Putzo, § 282 Anm. 5 d.

9) Diese hat von Hippel, Wahrheitspflicht, S. 226 - 230, mit zahlreichen Beispielen eindringlich vorgeführt; hierzu ferner v.a. Bernhardt, Aufklärung, S. 25 f; Peters, Ausforschungsbeweis, S. 90 - 97; K. Schneider, Richterliche Ermittlung, S. 118 ff.

10) Diese spielen aber bei der Abwägung von Einzelheiten durchaus eine Rolle.

11) Oben S. 12 f.

12) Nicht im Sinne einer - undenkbaren - Befähigung, Tatsachen ungeschehen zu machen (mißverständlich insofern

Diese Vorstellung ist bis heute wach geblieben.[13] Aus ihr resultierte die Auffassung des Geständnisses als einer prozessualen W i l l e n s e r k l ä r u n g: die gestehende Partei erklärt sich damit einverstanden, daß eine Behauptung ungeprüft zur Urteilsgrundlage gemacht wird.[14]

Die rigorose Alternative, es dabei zu belassen oder mit der Verhandlungsmaxime Schluß zu machen[15], ist abzulehnen. Die allgemeinen Verhältnisse haben sich seit der ZPO-Schöpfung grundlegend dahin gewandelt, daß Individualexistenz und Allgemeininteressen viel unmittelbarer und durchgängiger verbunden sind. Gewiß gibt es nach wie vor kleinliche Streitereien ohne jeden sozialen Bezug. Aber das ist nicht die zeittypische Erscheinung. Blickt man etwa auf die großen Blöcke der Schadensersatzprozesse aus gefährlichen Tätigkeiten, der Streitigkeiten um die Lösung von Dauerrechtsbeziehungen (Arbeitsrecht, Mietrecht), des privaten Baurechts und des Wettbewerbsrechts, so drängt sich die Erkenntnis auf, daß es hier um mehr geht als um den jeweiligen Einzelfall. Es handelt sich vielmehr auch und gerade bei der massenhaften "Erledigung" dieser Rechtsstreite durch die Instanzgerichte um einen wesentlichen Beitrag zur Lösung allgemein

---

12) (Forts.)
Bernhardt, JZ 1963, 246, den Grunsky, Grundlagen, S. 20, in diesem Punkt zu Recht kritisiert), sondern im Sinne einer Befugnis, durch Manipulation des Tatsachenstoffs über die materiellen Rechte zu disponieren. Vgl. hierzu Motive, Hahn, S. 278: "Leitend (für die Geständnisvorschriften) war der Gedanke, daß das gerichtliche Geständnis ... eine durch Verzicht auf den Beweis bewirkte Disposition über das streitige Recht ist."

13) Vor allem: Grunsky, Grundlagen, S. 20, 187; Henckel, Prozeßrecht und materielles Recht, S. 81; Blomeyer, Erkenntnisverfahren, § 68 IV 3; Stein-Jonas-Pohle, vor § 128 Anm. VII 1 g.

14) So heute noch: Stein-Jonas-Schumann-Leipold, § 288 Anm. I 2; Baumbach-Lauterbach, Einführung zu § 288 - 290, Anm. 2; dagegen Wieczorek, § 288 Rdn. B: Willenserklärung; differenzierend ein Teil der Lehrbücher (Wissenserklärung oder Willenserklärung): Nikisch, Zivilprozeßrecht, § 67 I 3; Bruns, Zivilprozeßrecht, § 29 III; Rosenberg - Schwab, § 117 I 1 g.

15) So sinngemäß Grunsky, Grundlagen, S. 181 f.

relevanter Privatrechtskonflikte. Soll dies sinnvoll im Geiste einer gerechten Sozialordnung im weitesten Sinne geschehen, so muß prinzipiell der wirkliche Sachverhalt dem Urteil zugrunde liegen. Es kann nach dem Prozeßzweck nicht dem Belieben der Parteien unterliegen, den Sachverhalt und damit die Problemlösungen zu manipulieren. "Es geht nicht um die Lösung von Scheinproblemen".[16]

Überdies bedienen sich die Parteien im Falle beliebiger Sachverhaltsmanipulation einer überaus kostspieligen öffentlichen Institution, ohne deren sozialen Intentionen Genüge zu tun. Schließlich besteht auch hierfür kein "Rechtsschutzinteresse", da das Privatrecht reichliche und differenzierte Gestaltungsmöglichkeiten zur Verfügung stellt, die zudem auch im Gegensatz zu einer einmal durchgeführten privatrechtlichen "Gestaltung durch Richterspruch" der späteren gerichtlichen Kontrolle unterliegen.[17]

Man kann demnach aus der Fortgeltung der Verhandlungsmaxime nicht länger den Fortbestand der von den ZPO-Vätern gedachten Dispositionsbefugnis der Parteien über Fakten herleiten. Vielmehr muß diese, nach dem unstreitigen Kernbestand der Verhandlungsmaxime[18] nun einmal gegebene Befugnis aus dem Prozeßzweck und den in seinem Geiste auszulegenden richterlichen Befugnissen zur Sachaufklärung sinnvoll eingeschränkt werden.[19]

Dabei ist auch die Wahrheitspflicht (§ 138 Abs. 1 ZPO) von Bedeutung. Ihre ambivalente Einschätzung durch die Dogmatik wird man wohl darauf zurückführen müssen, daß bei ihrer gesetzlichen Einführung durch die ZPO-Novelle 1933 keine aus-

---

16) E. Schmidt, Zweck des Zivilprozesses, S. 34; ähnlich Weyers, Verhandlungsmaxime, S. 202.

17) Weyers, Verhandlungsmaxime, S. 202 f.

18) Oben S. 28.

19) Die vorliegende Untersuchung behandelt also nur einen Teilkomplex des Fragenbereichs, weil Geständnis und Versäumnisurteil außer Betracht bleiben. Nur die auf Wahrheitsermittlung gerichtete Vorbereitungstätigkeit des Richters steht hier zur Diskussion.

drückliche Abstimmung der gesamten Verfahrensordnung auf sie stattfand.[20] Heute ist einmal allgemein anerkannt, daß die Wahrheitspflicht als Wahrhaftigkeitspflicht, als Lügenverbot zu verstehen ist.[21] Sodann herrscht die Auffassung vor, daß die Wahrheitspflicht auf die Verhandlungsmaxime eingewirkt hat. Die Verhandlungsmaxime werde durch die Wahrheitspflicht ergänzt und weitgehend eingeschränkt, heißt es[22], sie wehre einem Mißbrauch der Verhandlungsmaxime.[23] Hier scheinen dieselben Schwierigkeiten der Konkretisierung zu bestehen wie bei den erörterten "Ausnahmen" durch die richterliche Aufklärung. Aber jene "Ausnahmen" können eben mit dem Gedanken der Wahrheitsfindung, der durch die Wahrheitspflicht unterstrichen wird, näher bestimmt werden. Es ist daher LENT[24] zuzustimmen, daß die Wahrheitspflicht als eine Art "innere Verantwortung" der Parteien ihrer äußeren Verantwortung für die Stoffsammlung entspricht. Insofern ist die Wahrheits-

---

20) Bernhardt, JZ 1963, 246; von Hippel, Wahrheitspflicht, S. 267: "Die Wahrheitspflicht wird in ein Erkenntnisverfahren ja nicht schon dadurch eingeführt, daß man die bisherige Meinung ... für die Zukunft einfach umkehrt und in der gleichen Weise, in der man bislang von der Unverbundenheit der Parteien redete, unvermittelt von ihrer Einordnung zu sprechen beginnt. Eine Wahrheitspflicht setzt, um ihrerseits sinnvoll aufgestellt zu werden, eine entsprechende Durchgestaltung und Umwandlung der sonstigen Rechtsordnung und insbesondere unseres Verfahrensrechts voraus".

21) Vgl. etwa BGH NJW 1968, 1233 (1234); Lent-Jauernig, § 26 III.

22) Bernhardt, Aufklärung, S. 24, 37; Yoshimura ZZP 83, 260; Blomeyer, Erkenntnisverfahren, § 14 II 3; Schönke-Schröder-Niese, § 7 III 1; Stein-Jonas-Pohle, § 128 Anm. VII 1 f, g; Baumbach-Lauterbach, § 128 Grundzüge 3 D; Thomas-Putzo, Einleitung I 1; dagegen Lent-Jauernig, § 26 V; § 25 VIII, 3; Wieczorek, § 138 Rdn. B II b 1.

23) Henckel, Prozeßrecht und materielles Recht, S. 146.

24) Wahrheitspflicht, S. 53; ebenso Gaul, AcP 168, 50, Fn. 113; ähnlich Peters, Ausforschungsbeweis, S. 101; Bernhardt, Zivilprozeßrecht, § 23 III; Baumbach-Lauterbach, § 138 Anm. 1 A: "Gegengewicht gegen Beibringungsgrundsatz".

pflicht also geradezu als "natürliche Folgerung"[25] aus der Verhandlungsmaxime anzusehen. Daß sich dies wegen der bisher ungelösten Problematik der Rechtsfolgen von Wahrheitspflichtverletzungen[26] nicht ohne weiteres in konkreten Konflikten von Wahrheit und Parteivorbringen verwerten läßt, besagt noch wenig. Jedenfalls ist durch die positivierte Anerkennung einer subjektiven Wahrheitspflicht die Grundtendenz der ZPO zur materiellen Wahrheitsfindung verstärkt worden.

Die demgegenüber nach wie vor[27] vertretene Ansicht, es sei "unmöglich, den Verhandlungsgrundsatz mit der Wahrheitspflicht zu vereinbaren",[28], überzeugt nicht. Laut GRUNSKY[29] wird nach der Konzeption der Verhandlungsmaxime - gleichsam automatisch - das "Wahre vom Unwahren getrennt". Die Frage, was eine Wahrheitspflicht dann für einen Sinn hat[30], ist leicht zu beantworten. Eben weil jener unterstellte Automatismus, wie bekannt, infolge der natürlichen Eigensucht der Parteien nicht gut genug funktioniert, muß er durch richterliche Aktivität und durch die Wahrheitspflicht funktionstüchtiger gemacht werden.[31]

---

25) Lent, a.a.O.

26) Hierzu E. Schneider, DRiZ, 1963, 342 ff.

27) Zu früheren Kontroversen siehe Goldschmidt, Der Prozeß als Rechtslage, S. 127 f.

28) Grunsky, Grundlagen, S. 182.

29) a.a.O. S. 181.

30) Grunsky, a.a.O.

31) Wenn Grunsky im übrigen zur Vollständigkeitspflicht ausführt, § 138 Abs. 1 ZPO wolle gerade verhindern, daß das Gericht als Werkzeug zur Durchsetzung eines nicht bestehenden Rechts verwendet werden könne (a.a.O. S. 184), so dürfte das mit seiner These von der Sinnlosigkeit einer Wahrheitspflicht kaum vereinbar sein. Oder soll etwa die Verhandlungsmaxime solches gewährleisten? - Auch E. Schneider (DRiZ 1963, 342 ff.), der die Unvereinbarkeit von Parteiprozeß und bestimmten Sanktionen für Wahrheitspflichtverletzungen (gegen Weimar, MDR 1963, 189 ff.) dartun will, ist zwiespältig in Bezug auf die Wahrheitsermittlung. Einerseits soll die Verhandlungsmaxime eine Wahrheitsermittlungspflicht des Gerichts aus-

Der früher üblichen und noch heute nicht selten beibehaltenen Unterscheidung zwischen formeller (Verhandlungsmaxime) und materieller Wahrheit (Untersuchungsmaxime)[32] kann also nach der hier vertretenen Auffassung kein Sinn mehr für eine prozeßzweckgerechte und praktisch verwertbare Beurteilung des Wahrheitsermittlungsgebotes im Zivilprozeß und die damit zusammenhängende Abgrenzung der "Sperrbefugnisse" der Parteien beigemessen werden.[33]

§ 6 Die Negierung der Verhandlungsmaxime durch BOMSDORF

Wissenschaft und Lehre haben bisher kaum Kenntnis genommen von einem Werk, das nachdrücklich an der ehernen Grundfeste unseres Zivilprozesses, der Verhandlungsmaxime, rüttelt.[1] Ist die These BOMSDORFs richtig, die Verhandlungsmaxime sei "überhaupt kein Grundsatz der ZPO"[2], so könn-

---

31) (Forts.) schließen, andererseits hat sich das Gericht "in die Wahrheitsermittlung in den zulässigen Grenzen einzuschalten" (a.a.O. S. 344). Den Auffassungen Grunskys und E. Schneiders scheint mir gemeinsam zu sein, daß das Bestreben des Gesetzgebers nicht genügend berücksichtigt wird, die hervorgetretenen Nachteile der Verhandlungsmaxime für die Wahrheitsermittlung zu kompensieren.

32) Vgl. hierzu Gaul, AcP 168, 49; Baumbach-Lauterbach, Einleitung III 2 A; eingehend Sauer, Allgemeine Prozeßrechtslehre, S. 67 - 73; BGHSt 24, 257 (260).

33) Gegen die Unterscheidung u.a.: Rosenberg-Schwab, § 78 I 4; Stein-Jonas-Pohle, vor § 128 Anm. VII 1 g; Gaul a.a.O.; Henckel, Prozeßrecht und materielles Recht, S. 144; Baumann, Grundbegriffe, S. 30.

1) Bomsdorf, Prozeßmaximen und Rechtswirklichkeit. Verhandlungs- und Untersuchungsmaxime im deutschen Zivilprozeß - vom gemeinen Recht bis zur ZPO -, 1971; Schwab führt das Buch in der 11. Auflage des Rosenberg-Schwab unter der Literatur zur "Sammlung des Prozeßstoffs" auf, ohne es jedoch in der Sache zu berücksichtigen. Rödig (Theorie, S. 106 Fn. 5), erwähnt die Arbeit als Beleg für seine Geringschätzung der "sogenannten Prozeßmaximen". Zustimmende Kritik bei H. Kramer, Recht und Politik 1974, 73 f; ferner bei Padis, Erasmus 1972, 87; sehr kritisch Bettermann, ZPO 88, 347 ff.

2) Prozeßmaximen, S. 282.

ten sich weitere Untersuchungen über die Auswirkungen der Verhandlungsmaxime auf die Gestaltung des Zivilprozesses als überflüssig erweisen. BOMSDORFs Aussage ist auch kein flüchtig hingeworfener Diskussionsbeitrag, den man im Hinblick auf die schier erdrückende Autorität der Maximenanhänger einfach übergehen könnte. Zudem hat der obige Abriß ergeben, daß die Verhandlungsmaxime in ihrer Autorität nicht gar so unangreifbar, vor allem aber in ihrer heutigen inhaltlichen Aussage alles andere als eindeutig ist. Die These BOMSDORFs bedarf daher der kritischen Betrachtung.

BOMSDORF analysiert vor einem breit angelegten rechtshistorischen und geistesgeschichtlichen Hintergrund die "Maximenschöpfung" GÖNNERs[3], die er im Anschluß an Fritz von HIPPEL[4] als "einzigartige Fehlabstraktion" abqualifiziert.[5] GÖNNER war ja von der vernunftrechtlich gesetzten Prämisse ausgegangen, "daß die Art der Einleitung und Ordnung des ganzen Verfahrens auf e i n e m allgemeinen Grundsatz ruhe".[6] Waren auch Verhandlungsmaxime und Untersuchungsmaxime beide vernunftgemäß, so glaubte er doch, das "Nichts-von-Amts-wegen" der Verhandlungsmaxime im gemeinen Recht, das "Alles-von-Amts-wegen" im preußischen Zivilprozeß nachweisen zu können.[7] Er tat die Einzelheiten des positiven Rechts, die sich eben nicht in dieses "pseudoapriorische Einheitsdogma"[8] pressen ließen, als unbedeutende "Nebenpunkte" ab.[9]

---

3) Prozeßmaximen, S. 121 - 150.

4) Wahrheitspflicht, S. 165. Von Hippel anerkannte aber im Gegensatz zu Bomsdorf, daß die Gegenüberstellung von Verhandlungsmaxime und Untersuchungsmaxime rechtssoziologisch zu den großen Entdeckungen möglichen "Gesetzes-Geistes" gehört. Wie von Hippel auch Jonas, DR 1941, 1967.

5) Prozeßmaximen, S. 146.

6) Gönner, Handbuch I, S. 175.

7) Siehe oben S. 31.

8) Von Hippel, Wahrheitspflicht, S. 166.

9) Gönner, Handbuch I, S. 193; vgl. oben S. 31; von Hippel, Wahrheitspflicht, S. 167.

BOMSDORF ist den Gedankengängen GÖNNERs bis ins einzelne nachgegangen und hat überzeugend nachgewiesen, daß der "zweite Schritt" der "Maximenschöpfung" völlig mißlungen ist. In diesem zweiten Schritt sollten die aus reinen Prinzipien abgeleiteten Maximen im positiven Recht deutlich gemacht werden. Das war nicht möglich, weil es im praktischen, von GÖNNER vorgefundenen Prozeßrecht weder ein "Alles" noch ein "Nichts" von Amts wegen gab. GÖNNER hat das selbst gesehen, sich aber durch diese Einsicht in dem Beharren auf dem "nun einmal" erkannten reinen Einheitsdogma nicht irre machen lassen.[10)]

Methode und Ergebnis der "Maximenschöpfung" durch GÖNNER bilden den Ausgangspunkt für die These BOMSDORFs. Während von HIPPEL die Herrschaft der Verhandlungsmaxime im Zivilprozeß auch für die Zeit nach der Novelle von 1933 nicht in Zweifel zog, sie vielmehr für die von ihm so scharf gegeisselten Mißstände im zivilprozessualen Aufklärungsbetrieb verantwortlich machte[11)], spricht BOMSDORF der Verhandlungsmaxime die Existenz "spätestens seit der Novelle 1924" rundweg ab.[12)] Er hält sie nicht etwa nur, wie von HIPPEL, für rechtspolitisch verfehlt und schlägt auch nicht, wie von HIPPEL,[13)], eine andere zweckmäßigere Regelung der Stoffsammlung vor. Vielmehr ist für ihn die Verhandlungsmaxime "kein Grundsatz der ZPO". Die Begründung für diese radikale These ist denkbar einfach:

Der Gesetzgeber der ZPO ging, wie die Materialien zweifelsfrei ergeben[14)], von der Verhandlungsmaxime aus. Er erkannte aber bereits die Notwendigkeit, die Verhandlungsma-

---

10) Im einzelnen hierzu Bomsdorf, Prozeßmaximen, S. 121 - 150, insbesondere S. 146 - 150; von Hippel, Wahrheitspflicht, S. 165 - 169.

11) Von Hippel, Wahrheitspflicht, S. 237.

12) Prozeßmaximen, S. 269.

13) Wahrheitspflicht, S. 183.

14) Hahn, Motive, S. 210.

xime zu begrenzen, ihrer "Ausartung" zu begegnen.[15] Mit der richterlichen Frage- und Aufklärungspflicht (§§ 127, 130 ZPO 1877, heute §§ 136, 139 ZPO) sowie den Möglichkeiten, das persönliche Erscheinen der Parteien anzuordnen (§ 132 ZPO 1877) und Urkunden-, Sachverständigen- und Augenscheinsbeweis von Amts wegen zu erheben (§§ 133 - 135 ZPO 1877), schuf er auch bereits wirksame Instrumente hierzu. Für BOMSDORF war damit das Ende der Verhandlungsmaxime schon gekommen:

"Dabei wurde offenbar nicht begriffen, daß die Verhandlungsmaxime p e r d e f i n i t i o n e m bereits ein über das Maß getriebenes Institut ist und alles, was ihrer Zurückführung auf das 'rechte Maß' dient, ebenso per definitionem n i c h t m e h r a l s V e r h a n d l u n g s - m a x i m e , sondern nur als ein Mehr oder Minder richterlicher Tätigkeit bezeichnet werden kann."[16] Das Zitat zeigt, daß die gesamte Beweisführung BOMSDORFs sich streng an der GÖNNERschen Definition der Verhandlungsmaxime als eines "Nichts-von-Amts-Wegen" orientiert. Da es dies auch schon nach der ZPO von 1877 nicht gab, praktisch nicht geben konnte, war die Verhandlungsmaxime, von BOMSDORFs eigenem Standpunkt aus gesehen, von Anfang an kein ZPO-Grundsatz. BOMSDORF drückt das so aus, der Gesetzgeber der ZPO sei von der allgemeinen "Maximenmanie" weitgehend unbeeinflußt geblieben.[17] Mit der Novelle 1909 wurde dann vornehmlich durch die Kann-Vorschrift des § 501 ZPO die vorbereitende Aufklärungstätigkeit des Richters in Amtsgerichtsprozessen ermöglicht. Nach BOMSDORF hatte der Gesetzgeber damit zumindest für das amtsgerichtliche Verfahren einen "vernünftigen Mittelweg zwischen Verhandlungs- und Untersuchungsmaxime" gefunden.[18] Den Durchbruch brachte dann, so BOMSDORF,

---

15) Hahn, Motive, a.a.O.

16) Prozeßmaximen, S. 255 (Hervorhebung hier vom Verfasser).

17) Prozeßmaximen, S. 256.

18) Prozeßmaximen, S. 266.

die Novelle 1924. Die vorbereitende Sachaufklärung wurde richterliche Pflicht im amts- und landgerichtlichen Verfahren (§§ 272 b, 495 ZPO-Novelle 1924), die Neufassung des § 139 ZPO verstärkte die richterliche Aufklärungspflicht in der mündlichen Verhandlung und stand "über den sich vermeintlich ausschließenden Maximen".[19] Die verschärften Präklusionsbestimmungen (§§ 279, 283 Abs. 2 ZPO-Novelle 1924) schränkten den ursprünglichen Grundsatz der freien Gestaltung des Streitstoffs durch die Parteien weiter ein. Schließlich war die mit der Novelle 1933 eingeführte Möglichkeit der amtswegigen Parteivernehmung der letzte Beweis dafür, "daß dieser doktrinäre Schulbegriff (die Verhandlungsmaxime) im geltenden Recht keine Stütze findet".[20] Der herrschenden Zivilprozeßrechtsdoktrin, die gleichwohl an der Verhandlungsmaxime festhält, wirft BOMSDORF drei Kardinalfehler vor: sie unterstelle fälschlich ein Dispositionsrecht über Tatsachen, übernehme unkritisch das überkommene Maximendenken und mißachte die Grundsätze über die Bildung von Regeln.[21] BOMSDORF sieht es als Vorteil an, daß anstelle der beseitigten Verhandlungsmaxime kein neuer Grundsatz statuiert worden ist. Er will[22] auch nicht etwa einem Erforschen des Sachverhalts von Amts wegen das Wort reden.[23] Die Verhandlungs f o r m müsse auch künftig bleiben, aber daneben habe der Richter aufzuklären u n d z u e r m i t t e l n, falls dies zur Erforschung der Wahrheit und Beschleunigung der Rechtspflege erforderlich sei. In der amtswegigen Augenscheinseinnahme und Sachverständigenzuziehung sieht BOMSDORF die richterliche Befugnis, "selbsttätig neuen Streitstoff in den Prozeß einzuführen".[24] De lege ferenda

19) Prozeßmaximen, S. 270.

20) Prozeßmaximen, S. 277.

21) Prozeßmaximen, S. 279, 280, 282.

22) Prozeßmaximen, S. 273.

23) Prozeßmaximen, S. 278, 282.

24) Prozeßmaximen, S. 254.

soll das Erfordernis der Bezugnahme bei der vorbereitenden Zeugenladung (§ 272 b Abs. 2 Ziff. 4 ZPO) entfallen.[25)]

Die Quintessenz der BOMSDORFschen Kritik läßt sich in zwei Sätzen zusammenfassen: 1. Der Richter muß unabhängig von angeblichen Maximen den wahren Sachverhalt erforschen. 2. Die Verhandlungsmaxime darf bei der Lösung prozessualer Probleme nicht mehr als Argument benutzt werden; an ihre Stelle haben Gesichtspunkte der Zweckmäßigkeit, der Praktikabilität zu treten.[26)]

Die BOMSDORFsche These fordert vornehmlich die folgenden kritischen Einwände heraus:

Wer es gegenwärtig unternimmt, die Verhandlungsmaxime zu bekämpfen, muß zuerst klären, welchen Inhalt dieser Verfahrensgrundsatz heute hat.[27)] Indem BOMSDORF seiner Kritik die GÖNNERsche Definition von der Verhandlungsmaxime zugrunde legt, geht er gegen ein Phantom an.[28)] Denn bei aller berechtigten Kritik an der Regel-Ausnahme-Schablone der h. M.[29)], kein Prozessualist sieht doch heute mehr die Verhandlungsmaxime als ein "Nichts-von-Amts-wegen" im Sinne GÖNNERs an. Unklar ist nur nach wie vor, wieweit das "Von-Amts-wegen" geht. Unklar ist vor allem, was an Substanz von der ursprünglichen Verhandlungsmaxime übrig geblieben ist, und ob diese Restsubstanz es rechtfertigt, weiter von "Verhandlungsmaxime" zu sprechen. Zu diesem Problem steuert auch BOMSDORF nichts bei, obwohl er gründlich die Versuche der Dogmatik des 19. Jahrhunderts zur Erarbeitung einer "richtig verstandenen Verhandlungsmaxime" und zur Überwindung des Gegensatzes von Verhandlungsmaxime und Untersuchungsmaxime untersucht.[30)] So erweckt BOMSDORFs Untersuchung den Eindruck,

---

25) Prozeßmaximen, S. 282.

26) Prozeßmaximen, S. 283; zur Betonung der Zweckmäßigkeit vgl. auch Prozeßmaximen, S. 177, 191, 279, 280 Fn. 14, 282.

27) Siehe dazu oben S. 28 ff.

28) Bettermann, ZPO 88, 350: "Der Verfasser ficht daher gegen Phantome ..."

29) Siehe hierzu oben S. 29 ff.

als habe GÖNNER die Verhandlungsmaxime erfunden; dabei hat er nur das W o r t "Verhandlungsmaxime" erfunden. Was er v o r fand, war eine im Laufe der Rechtsgeschichte vielfach erprobte primäre Verantwortlichkeit der Parteien für die Stoffsammlung, aus der er in vernunftrechtlicher Manier eine r e i n e Maxime des "Nichts-von-Amts-wegen" herausfilterte (abstrahierte). Aber nicht das, was GÖNNER erfunden, sondern das, was er vorgefunden hat, ist gemeint, wenn heute von der Tradition der Verhandlungsmaxime im germanischen Recht[31)], im römischen Recht[32)] und im "italienisch-kanonischen Prozeß"[33)] die Rede ist[34)]. BOMSDORF wirft den gemeinrechtlichen Vertretern der "richtig verstandenen Verhandlungsmaxime" eine petitio principii vor, da sie sich auf die "unbewiesene Annahme" stützten, im römischen und kanonischen Recht habe die Verhandlungsmaxime gegolten und sie gelte auch im französischen Recht.[35)] Die damit von BOMSDORF stillschweigend aufgestellte Hypothese, die Verhandlungsmaxime müsse stets im strengen Sinne des GÖNNERschen "Nichts-von-Amts-wegen" definiert werden, ist unbrauchbar. Sie kann einer Dogmatik, die rechtsgeschichtliche und rechtssoziologische Entwicklung in ihre Betrachtung einbezieht, nichts einbringen.

Seine Ergebnisse[36)] kann BOMSDORF schwerlich mit seinem Ausgangspunkt vereinbaren. Wenn die Verhandlungsmaxime "per

---

30) Prozeßmaximen, S. 170 - 176, 176 - 182.

31) Mitteis-Liebrich, Deutsche Rechtsgeschichte, S. 34; Sauer, Allgemeine Prozeßrechtslehre, S. 64; Brunner, Deutsche Rechtsgeschichte, S. 251, 252.

32) Kaser, Das römische Zivilprozeßrecht, § 1 IV 2 m. w. N.

33) Bruns, Lehrbuch, § 16 II 1.

34) Vgl. Stein, Reform, S. 75: "Dieser Grundsatz ist nun einmal durch Jahrtausende als der dem Parteienstreit angemessenste erprobt worden..." Zur Beibehaltung der Verhandlungsmaxime (rechtsvergleichend) Esser, in: Freiheit und Bindung des Zivilrichters, S. 7; Rogge, DRiZ 1972, 350.

35) Bomsdorf, Prozeßmaximen, S. 172.

36) Prozeßmaximen, S. 254 - 256, 278 - 282.

definitionem" keine Zurückführung auf das rechte Maß verträgt[37], - eben weil sie dann aufhört, der Grundsatz des "Nichts-von-Amts-wegen" zu sein - , dann können Verhandlungsmaxime und Untersuchungsmaxime auch nicht "ineinander übergegangen" sein[38], kann es sich bei ihnen nicht um "sich v e r m e i n t l i c h ausschließende Maximen"[39] handeln. Mit diesen Formulierungen schließt sich BOMSDORF, ohne es klar zu sagen, denjenigen Dogmatikern des 19. Jahrhunderts an, die "nicht von zwei Maximen, sondern nur von einem Mehr oder Minder richterlicher Tätigkeit"[40] sprachen und meinten, daß "jede Maxime die andere als ein Moment in sich habe und sich die eine als Korrektiv der anderen bewähre".[41]

Seine eigene Hypothese läßt BOMSDORF auch bei der Behandlung der "richtig verstandenen Verhandlungsmaxime" außer acht, wenn er feststellt: "Immerhin entstand so ein neuer Begriff der Verhandlungsmaxime, der geeignet war, die beiden entgegengesetzten Verfahrensgrundsätze einander anzunähern."[42] Eben die Tatsache, daß sich jener Verfahrensgrundsatz, den GÖNNER zu seiner "Verhandlungsmaxime" abstrahierte, im Laufe einer langen Rechtsgeschichte bis heute immer wieder erneuert und verändert hat, läßt BOMSDORF bei seiner Polemik gegen das "Maximendenken" außer Betracht.

Bei der Verwendung des Begriffes "Ermittlung des Sachverhaltes" läßt es Bomsdorf an der notwendigen scharfen Abgrenzung fehlen. Es wird nicht hinreichend deutlich, ob damit auch Nachforschungen ohne bzw. gegen den Parteiwillen und über nicht behauptete Tatsachen gemeint sind. Für seine An-

---

37) Prozeßmaximen, S. 255.

38) Prozeßmaximen, S. 258.

39) Prozeßmaximen, S. 270 (Hervorhebung hier vom Verfasser).

40) Bomsdorf, Prozeßmaximen, S. 180 unter Hinweis auf Reinhardt, der wieder auf Puchta und Mittermaier zurückgeführt wird.

41) Bomsdorf, Prozeßmaximen, S. 181, unter Hinweis auf Abegg; vgl. hierzu heute vornehmlich Sauer, Allgemeine Prozeßrechtslehre, S. 67.

42) Prozeßmaximen, S. 172.

sicht, der Richter habe bereits nach der ZPO 1877 durch Sachverständigenzuziehung und Augenscheinseinnahme "selbsttätig neuen Streitstoff in den Prozeß einführen" dürfen[43], bleibt BOMSDORF den Versuch einer Begründung schuldig. Das der Verhandlungsmaxime entnommene Verbot, nicht vorgetragene Tatsachen zu ergänzen, von den Vertretern der "richtig verstandenen Verhandlungsmaxime"[44] herausgestellt, wird von BOMSDORF bei seinen eigenen dogmatischen Folgerungen ebenso vernachlässigt wie das Geständnis. Letzteres soll einer Beweiserhebung gegen den Parteiwillen dann nicht entgegenstehen, wenn der Verdacht auf Wahrheitsverschleierung bestehe. Damit wäre "ein Überrest der Verhandlungsmaxime zu Gunsten der Zweckmäßigkeit getilgt".[45]

BOMSDORFs heftigste Kritik richtet sich gegen die Methode des aprioristischen Schließens von angeblichen obersten Rechtsprinzipien auf angebliche oberste Verfahrensmaximen und von da auf die Lösung prozessualer Einzelprobleme.[46] Den Gegensatz zu dieser Methode hat von HIPPEL[47] dahin formuliert, es müßten die einzelnen "natürlichen Prozeßlagen" untersucht und je nach den darin hervortretenden Interessen und Bedürfnissen sachgerechte Lösungen gesucht werden. Aber dieser von ihm offensichtlich favorisierten Methode folgt BOMSDORF selbst nicht. Dafür wäre nämlich erforderlich, die einzelnen Elemente der Verhandlungsmaxime anhand der einzelnen prozessualen Situationen auf ihre Verwendbarkeit zu untersuchen.

Statt dessen läßt es BOMSDORF bei dem Nachweis bewenden, daß die Verhandlungsmaxime GÖNNERs mit ihrem "Nichts-von-Amts-wegen" im heutigen Zivilprozeßrecht keine Stütze findet. An die Stelle der etablierten Stoffsammlungsmaximen soll das "den Prozeß beherrschende oberste Gesetz der

43) Prozeßmaximen, S. 254.

44) Zitiert bei Bomsdorf, Prozeßmaximen, S. 174 f.

45) Prozeßmaximen, S. 283.

46) Prozeßmaximen, insbes. S. 190 f.

47) Wahrheitspflicht, S. 165 f., 184 - 191.

der Zweckmäßigkeit"[48] treten. Dessen "Vorverständnis" wird nicht erläutert. Es ist mehr als zweifelhaft, daß etwas anderes als Rechtsunsicherheit herauskommt, wenn die Herrschaft der Verhandlungsmaxime von nicht näher definierten Praktikabilitätserwägungen[49] übernommen wird.

Diese Kritik kann und soll eine Gesamtwürdigung des BOMSDORFschen Buches nicht ersetzen. Es mußte aber klargemacht werden, warum die vorstehende Untersuchung entgegen der BOMSDORFschen These davon ausgeht, daß unser Zivilprozeß auf der Verhandlungsmaxime beruht.

§ 7 Einige Aspekte der Verhandlungsmaxime in der gegenwärtigen Lehrbuch- und Kommentarliteratur

1. Lehrbücher

In den heute gebräuchlichen Lehrbüchern nimmt die Verhandlungsmaxime bei der Darstellung der Verfahrensprinzipien einen vorderen Platz ein. An ihrer Geltung wird nicht gezweifelt. Als innerer Grund wird fast allgemein gesagt, daß die widerstreitenden Parteiinteressen die Wahrheitsermittlung am besten gewährleisten.[1] Dabei wird auch hier dem Unterschied zwischen Verhandlungsform und Verhandlungsmaxime keine Aufmerksamkeit gewidmet.

Ebenso ungelöst wie im übrigen Schrifttum bleibt auch in den Lehrbüchern die Frage, welche Substanz die Verhandlungsmaxime heute noch hat. Mit kräftigen Strichen wird zunächst

---

48) Bomsdorf, Prozeßmaximen, S. 187, zustimmend zitiert aus von Daniels, Handbuch der Preußischen Civilrechtspflege, 1. Band, Köln 1839; siehe im übrigen die Zitate aus Prozeßmaximen oben S. 49 Fn. 26.

49) Vgl. hierzu etwa Jonas, DR 1941, 1967; Baur, Hinweispflicht, S. 40.

1) Rosenberg-Schwab, § 78 I 2; Nikisch, Zivilprozeßrecht, § 50 II 2; Blomeyer, Erkenntnisverfahren, § 14 I 4; Bruns, Zivilprozeßrecht, § 16 II 1; Bernhardt, Zivilprozeßrecht, § 23 I S. 134; Lent-Jauernig, § 25 VIII 1.

unter Hervorhebung des Gegensatzes zur Untersuchungsmaxime ein einprägsames Bild von der Verhandlungsmaxime gezeichnet: A l l e i n die Parteien haben die Tatsachen vorzutragen, der Richter d a r f den Sachverhalt n i c h t von Amts wegen erforschen; die Parteien bestimmen durch Bestreiten, Nichtbestreiten oder Gestehen über die Beweisbedürftigkeit der Behauptungen; Beweis wird grundsätzlich nur auf Antrag erhoben.[2)]

Die Vorführung der Verhandlungsmaxime als Prinzip und der richterlichen Aufklärungstätigkeit als Abweichung davon wird besonders augenfällig bei der Darstellung der Beweiserhebung von Amts wegen. So ist bei ROSENBERG-SCHWAB[3)] unter der Überschrift "Der Verhandlungs- oder Beibringungsgrundsatz" zunächst zu lesen, das Gericht dürfe in der Regel keine Beweise von Amts wegen aufnehmen. Wenig später[4)] heißt es zur Mitwirkung des Gerichts bei der Stoffsammlung, das Gericht dürfe und m ü s s e a l l e Beweismittel mit A u s n a h m e des Zeugenbeweises von Amts wegen benutzen. Ganz ähnlich wird das Verhältnis Verhandlungsmaxime-richterliche Aktivität in diesem Zusammenhang als eine Regel-Ausnahme-Beziehung dargestellt von SCHÖNKE-KUCHINKE[5)], BERNHARDT[6)],

2) So sinngemäß Rosenberg-Schwab, § 78 I, II; Lent-Jauernig, § 25 III 2, IV; Schönke-Kuchinke, § 8 I 1, 2, S. 23 - 24; Nikisch, Zivilprozeßrecht, § 50 II 1, 2; Blomeyer, Erkenntnisverfahren, § 14 II 1, 2; Bernhardt, Zivilprozeßrecht, § 23 I, S. 133 bis 134; Baumann, Grundbegriffe, S. 29; Hoche, Lehrbuch, S. 195, 197, 199; Zeiss, Lehrbuch, § 27 I, III. Deutlich von den übrigen Darstellungen hebt sich das Lehrbuch von Bruns ab, wo in § 16 II 1 die Reduzierung der Verhandlungsmaxime auf einen "rechtstechnischen Maßstab" erwogen wird. Eine differenziertere Darstellung, jedenfalls auf eine künftige Prozeßgesetzgebung bezogen, enthielt auch das Lehrbuch von Schönke-Schröder-Niese (1956), § 7 I, II, VI.

3) § 78 II.

4) § 78 III.

5) a.a.O. § 8 I 2 S. 25; § 8 I 3 c.

6) a.a.O. § 23 I S. 134, 135.

NIKISCH[7], BLOMEYER[8] und HOCHE[9]. Nur LENT-JAUERNIG[10], BAUMANN[11] und ZEISS[12] weisen darauf hin, daß schon nach dem Text des Gesetzes bezüglich der Beweisaufnahme die "Regel" zur Ausnahme geworden ist.

Die Problematik des Spannungsverhältnisses zwischen Verhandlungsmaxime und Wahrheitsfindung ist in der Lehrbuchliteratur ebensowenig befriedigend gelöst. Der Gegensatz formelle-materielle Wahrheit wird häufig mit der bekannten, nichtssagenden Bemerkung abgetan, es gebe nur eine Wahrheit.[13] Die Wahrheitspflicht (§ 138 Abs. 1 ZPO) soll die Verhandlungsmaxime nach einer Ansicht gänzlich unberührt gelassen haben[14], während andere die Verhandlungsmaxime durch sie ergänzt sehen.[15] Umgekehrt erfährt die Wahrheitspflicht nach NIKISCH[16] durch die Verhandlungsmaxime eine Einschränkung dahin, daß jede Partei ihr günstige Tatsachen verschweigen, ihr ungünstige zugestehen darf. Dieser Auffassung tritt insbesondere BERNHARDT[17] entgegen, der aus der Wahrheitspflicht als einziger die weittragende Folgerung zieht, daß die Tatfrage völlig unabhängig von der Rechtsfrage zu klären ist.[18] Das käme einer Aufhebung der Behauptungslast ziemlich nahe und würde eine wirkliche Umgestaltung des zi-

---

7) a.a.O. § 50 II 1, 4.

8) a.a.O. § 14 II 1 c.

9) a.a.O. S. 119 f.

10) a.a.O. § 25 IV 3 (kleingedruckt).

11) a.a.O. S. 32.

12) a.a.O. § 27 III 2.

13) Baumann, Grundbegriffe S. 30; Rosenberg-Schwab, § 78 I 4.

14) Schönke-Kuchinke, § 8 I 3 d; Rosenberg-Schwab, § 78 II S. 390.

15) Blomeyer, Erkenntnisverfahren, § 14 II 3; Bernhardt, Zivilprozeßrecht, S. 139; Schönke-Schröder-Niese, § 7 III 1.

16) Zivilprozeßrecht, § 53 IV.

17) Zivilprozeßrecht, § 23 III 4 und JZ 1963, 247.

18) Zivilprozeßrecht, § 34 II S. 222 und Aufklärung, S. 15.

vilprozessualen Aufklärungsbetriebs, wie sie von HIPPEL befürwortete, bedeuten. Hiergegen wendet sich ausdrücklich JAUERNIG[19], der es mit der heutigen Staatsauffassung für unvereinbar hält, mündige Partien zum Wohlverhalten gegen sich selbst zu zwingen.

An die Behauptungslast knüpft auch BRUNS[20] mit seiner Frage an, ob hinsichtlich gewisser Punkte die eine Partei zu entlasten, die andere zu belasten wäre, ob danach insbesondere eine Partei Wissen mitzuteilen gehalten sei, das dem Gegner unbekannt ist. BRUNS gibt freilich insoweit auch nur einen "Denkanstoß": Die Tatbestände des Privatrechts wären auf eine Änderung des herkömmlichen Darlegungsschemas "durchzumustern".[21]

Bei diesem Stand der heutigen Lehre ist zu erwarten, daß die weitaus meisten Lernenden sich die Verhandlungsmaxime mit ihrer oben[22] wiedergegebenen klaren dogmatischen Grundaussage einprägen, nicht aber ihre diffusen Abschwächungen. Dies nicht zuletzt deshalb, weil auch die praktischen Anleitungsbücher[23] und vor allem die Repetitorien[24] die dargestellte Regel-Ausnahme-Schablone verwenden.

So wird die Verhandlungsmaxime weitergegeben und als Prinzip "verinnerlicht". In diesem Sinne ist sie weiterhin "wichtigster Grundsatz des Verfahrens".[25]

---

19) Lent-Jauernig, § 25 VIII 2 - 3.

20) Zivilprozeßrecht, § 16 III 4, S. 119 - 122.

21) Bruns, a.a.O. § 16 III 4 b S. 121.

22) S. 28.

23) Z. B. Berg, Gutachten und Urteil, S. 111; Förschler, Praktische Einführung, S. 144.

24) Z. B. Alpmann-Schmidt, Juristische Lehrgänge, Grundzüge des Zivilprozeßrechts, Münster 1973, S. 27, 28. Die kaum zu überschätzende Wirkung der Repetitorien hat Harry Westermann in seiner Münsteraner Abschiedsvorlesung besonders hervorgehoben.

25) Lent-Jauernig, § 25 IV S. 65; vgl. zum Vorstehenden insbes. Kollhosser, JZ 1973, 11.

2. Kommentare

Auch die heute gebräuchlichen Kommentare zur Zivilprozeßordnung gehen einhellig davon aus, daß der Zivilprozeß unter der Herrschaft[26] bzw. Vorherrschaft[27] der Verhandlungsmaxime steht. Wo eine Begründung gegeben wird, heißt sie: Zweckmäßigkeit.[28] Die richterliche Aufklärungstätigkeit erscheint, wie in den Lehrbüchern, vielfach als Ausnahme[29], Milderung[30], Abschwächung[31], Auflockerung[32] oder Durchbrechung[33] des Prinzips. Doch spricht WIECZOREK[34] der richterlichen Frage- und Aufklärungspflicht ausdrücklich die Bedeutung einer Veränderung der Verhandlungsmaxime ab. Nach überwiegender Meinung[35] hat auch die Wahrheitspflicht die Funktion eines Korrektivs der Verhandlungsmaxime.

Was die Tatsachenfeststellung angeht, so hat sich der wohl gebräuchlichste Praktikerkommentar, BAUMBACH-LAUTERBACH-ALBERS-HARTMANN, schon von dem überkommenen Regel-Ausnahme-Schema gelöst. Während im "Grundsätzlichen"[36] die Beweiserhebungen von Amts wegen noch als Ausnahmen dargestellt wer-

---

26) Wieczorek, vor § 1 Rdn. A II c 3; Baumbach-Lauterbach, vor § 128 Grundzüge 3 b; Zöller-Stephan, vor § 128 Anm. 3, § 282 Anm. I; Thomas-Putzo, Einleitung I 1.

27) Stein-Jonas-Pohle, vor § 128 Anm. IV 1.

28) Siehe näher oben S. 26; vgl. Stein-Jonas-Pohle, vor § 128 Anm. IV 1; Thomas-Putzo, Einleitung I 1.

29) Stein-Jonas-Pohle, vor § 128 Anm. VII 1; Zöller-Stephan, § 282 Anm. II.

30) Stein-Jonas-Pohle, a.a.O.

31) Baumbach-Lauterbach, vor § 128 Grundzüge 3 D.

32) Stein-Jonas-Pohle, a.a.O.

33) Zöller-Stephan, § 272 b Anm. I.

34) § 139 Rdn. A II.

35) Stein-Jonas-Pohle, vor § 128 Anm. VII 1 f, g; Baumbach-Lauterbach, § 128 Grundzüge 3 D; Thomas-Putzo, Einl. I 1; and. Ans. Wieczorek, § 138, Rdn. B II b 1.

36) Vor § 128 Grundzüge 3 B.

den, welche die Verhandlungsmaxime abschwächen[37], nennen die Verfasser in der Einführung zu § 282 - 294 ZPO[38] zuerst die Beweiserhebung von Amts wegen. Dabei knüpfen sie an die Verpflichtung des Gerichts an, "im Rahmen des Beibringungsgrundsatzes ... alles zur Klärung Geeignete zu tun". Erst "im übrigen" haben die Parteien den Beweis zu führen. "Übrig" bleibt nur der Zeugenbeweis. Die amtswegige Benutzung aller anderen Beweismittel hält sich also nach Ansicht dieses Kommentares im Rahmen des Beibringungsgrundsatzes.

Ganz der Regel-Ausnahme-Schablone folgt noch die Kommentierung von THOMAS-PUTZO. Der in der Einleitung[39] angeführte Grundsatz, das Gericht dürfe Beweis nur erheben, wenn ihn die Partei angeboten habe, kehrt später[40] in dem Kürzel wieder: "Soweit der Verhandlungsgrundsatz (Einleitung I 1) gilt, Beweisantrag". Ein wenig weiter heißt es in derselben Anmerkung: Kein Beweisantrag sei nötig für Augenscheins- und Sachverständigenbeweis. Genauso sieht das Grundsatz-Ausnahme -Verhältnis bei ZÖLLER-STEPHAN aus.[41]

Auf erhebliche Schwierigkeiten beim Auffinden von Ausnahmen und der dazugehörigen Regel läßt auch die Kommentierung des STEIN-JONAS schließen.[42] In den allgemeinen Grundsätzen wird zunächst[43] die Bedeutung der vorbereitenden amtswegigen Beweisanordnungen (§ 272 b ZPO) hervorgehoben. Wenig

---

37) Wobei unzutreffend nur Augenscheins- und Sachverständigenbeweis genannt werden.

38) Grundzüge 2 A.

39) Einleitung I 1.

40) § 282 Anmerkung.

41) § 282 Anm. II; etwas anders § 128 Vorbem. 3, wo zunächst die Möglichkeiten amtswegiger Beweisaufnahme aufgezählt werden und es dann heißt, in allen anderen Fällen sei die Beweisführung Sache der Parteien.

42) Die für die Problematik der Verhandlungsmaxime aufschlußreiche Entwicklung der Kommentierung im Stein-Jonas läßt sich anhand der Zitate von Hippels, Wahrheitspflicht, S. 221 ff., Fn 3, 7, 11, 12, verfolgen.

43) Vor § 128 Anm. IV 2 b.

später[44] heißt es, die Beweise würden in der Regel nur auf Antrag erhoben, doch bringe der Untersuchungsgrundsatz wesentliche Einschränkungen. Diese sehen dann[45] so aus, daß "in allen Streitsachen bestimmte Beweismittel von Amts wegen benutzt" werden können, während es im übrigen beim Verhandlungsgrundsatz bewendet. Zu § 282 ZPO schließlich wird angemerkt[46], im Bereich des Verhandlungsgrundsatzes sei die Beweisaufnahme weitgehend durch vorherige Beweisantretung seitens der Parteien bedingt. Dem Gericht sei aber in ziemlich weitem Umfange die Beweiserhebung von Amts wegen gestattet.

Insgesamt zeigt die Kommentarliteratur im Vergleich zur Lehre eine deutliche Reserve gegenüber einer Ausdehnung richterlicher Befugnisse bei der Sachaufklärung. Besonders ausgeprägt ist dies in den beiden Großkommentaren. WIECZOREK[47] hält die Verhandlungsmaxime für ein Gebot des Rechtsstaats. Sie wird durch § 139 ZPO nicht verändert.[48] Nur hilfsbedürftigen Parteien soll der Richter zeigen dürfen, wie sie zu verfahren haben.[49] Dem liegt die liberale Grundauffassung WIECZOREKs zugrunde, die Gerechtigkeit werde enden, wenn die Gerichte nicht den Tendenzen des Staates begegneten, die Freiheit des einzelnen zu beschneiden.[50] Die Auffassung POHLEs[51] ist differenzierter. Einerseits warnt er ganz allgemein davor, die Prozeßmaximen als "Naturgesetze, Gebote der Logik oder Rechtsnormen" anzusehen.[52] Der

---

44) Vor § 128 Anm. VII 1 c.

45) Vor § 128 Anm. VII 2 c.

46) § 282 Anm. I 1.

47) Vor § 1 Rdn. A II c 3.

48) § 139 Rdn. A II.

49) Vor § 1 Rdn. A II c 3.

50) Wieczorek a.a.O. In der 2. Aufl. (vor § 1 Rdn. A V b 12) beklagt Wieczorek die weitere Verstärkung der Richtermacht. Das Verfahrensrecht habe den "Tiefpunkt noch nicht erreicht".

51) der den "Allgemeinen Teil" des Stein-Jonas in der 19. Auflage noch bearbeitet hat.

52) Vor § 128 Anm. II.

Verhandlungsgrundsatz übe keineswegs unumschränkte Herrschaftsgewalt im Zivilprozeß aus.[53] Auf der anderen Seite ist die Verhandlungsmaxime aber dabei für ihn "die typische Erscheinung des Zivilprozesses". Das Gericht trägt zwar eine Mitverantwortung bei der Stoffsammlung[54], aber nicht im Sinne einer gleichwertigen Mitwirkung neben den Parteien, sondern eines nur subsidiären, unterstützenden Eingreifens. Die Parteiherrschaft hat den Vorrang, das Gericht sollte im Interesse seiner Unparteilichkeit "eine gewisse Zurückhaltung beobachten" und wird "nur in besonderen Fällen" zur Stoffsammlung aufgerufen.[55] Angesichts dieser Position nimmt die Synthese POHLEs[56] doch einigermaßen wunder: Sinn des Gesetzes sei ein Zusammenwirken durch gegenseitiges E i n wirken in die Parteien und Gericht jeweilig v o r b e-haltenen Bereiche.[57] Anlaß zur Aufgabe des Prinzips Verhandlungsmaxime sieht POHLE nicht, wohl aber zur Diskussion "über seine Grenzen und die Ausgestaltung im einzelnen".[58]

§ 8 Zusammenfassung zum 2. Teil

Die Herrschaft der Verhandlungsmaxime im Zivilprozeß ist nahezu unumstritten. Der von BOMSDORF versuchte Nachweis, sie sei kein Grundsatz des geltenden Zivilprozeßrechtes, ist mißlungen. Daß die "Natur" des Zivilprozesses die Verhandlungsmaxime zwingend fordere, wird nur noch gelegentlich vertreten. Die Vorstellung, die Verhandlungsmaxime sei als Zweckmäßigkeitsgesetz wandelbar und kombinationsfähig, hat sich fast allgemein durchgesetzt. Der Einfluß der Novellengesetzgebung auf die Verhandlungsmaxime ist dogmatisch

---

53) Vor § 128 Anm. VII 1.

54) Vor § 128 Anm. IV 2 b, VII 1 f.

55) Vor § 128 Anm. IV 1, 2 b.

56) Am Schluß des Abschnitts "Die Aufgabenverteilung zwischen Gericht und Parteien".

57) Vor § 128 Anm. VI 3 (Hervorhebung hier vom Verfasser).

58) § 128 Vorbem. VII 1 g.

bisher nicht befriedigend verarbeitet. So ist verschwommen, was die Verhandlungsmaxime denn nun eigentlich heute bedeutet. Daraus resultiert eine gewisse Rechtsunsicherheit, die durch ihre unbeabsichtigte Verdeckung in der Kommentarliteratur noch verstärkt wird. Die ungenaue Abgrenzung der Verhandlungsmaxime in der Lehrbuchliteratur birgt die Gefahr in sich, daß die Verhandlungsmaxime als scheinbar klarer Grundsatz übernommen wird, während ihre wirkliche Bedeutung undeutlich bleibt.

3. TEIL

DIE VORBEREITUNG DER MÜNDLICHEN VERHANDLUNG DURCH DEN RICHTER

§ 9 Vorbereitung der mündlichen Verhandlung und Verfahrensbeschleunigung

1. Zusammenhang zwischen Terminsvorbereitung und Verfahrensbeschleunigung

Die Vorbereitung der mündlichen Verhandlung hat für die Erreichung einer Konzentration des Verfahrens auf e i n e mündliche Verhandlung erhebliche, wenn nicht die ausschlaggebende Bedeutung. Diese Erkenntnis war mitbestimmend für die ZPO-Novellen von 1909, 1924 und 1933. Im Laufe der Zeit verbreitete sich die nach der täglichen Anschauung des Gerichtsbetriebes unabweisbare Einsicht, daß die gesetzlichen Neuregelungen ihren Zweck nicht erreicht hatten. In manchem, so bei der allmählichen Zweckentfremdung des Einzelrichtersystems, wurde das Gegenteil der Reformziele herbeigeführt: keine Beschleunigung, wohl aber weiterer Verlust an Unmittelbarkeit war zu verzeichnen. Die hiermit angedeutete Entwicklung förderte immer wieder Gedankengänge über eine Aufwertung der mündlichen Verhandlung zu einer Art Hauptverhandlung mit entsprechend gründlicher Vorbereitung. Die 1965 erschienene Schrift BAURs über "Wege zu einer Konzentration der mündlichen Verhandlung im Prozeß" war "Wegbereiter" für das "Stuttgarter Modell".[1] Sowohl im Konzept BAURs als auch bei BENDER, dem Promotor des Stuttgarter Verfahrens, nimmt

---

1) Hierzu vor allem: Bender, DRiZ 1968, 163; ders., JA 1971, 689 ff; Baumgärtel, JA 1971, 695 ff; Strohm, AnwBl. 1969, 420 ff; frühere, auf eine Art "Hauptverhandlung" im Zivilprozeß abzielende Vorschläge finden sich u.a. bei Kann, ZZP 49, 123; Rosenberg, ZZP 57, 303; de Boor, Auf-

die richterliche Vorbereitung der mündlichen Verhandlung eine zentrale Funktion ein. Ohne sie ist das Ziel, den Regelprozeß in einer mündlichen Verhandlung zu erledigen, unerreichbar. Auch die neueste Reformgesetzgebung geht hiervon aus.[2] Über die Unersetzlichkeit einer systematischen und gründlichen Terminsvorbereitung durch den Richter für eine effektive Verfahrensbeschleunigung besteht heute weitgehend Einverständnis.[3]

2. Richtertyp und Art der Verhandlungsvorbereitung

Der zurückhaltende Richter, welcher heute noch der ursprünglichen Vorstellung der ZPO-Väter von der überwiegenden richterlichen Passivität[4] zuneigt, wird in seiner Aufklärungstätigkeit kaum Anlaß bieten, über Kollisionen zwischen richterlicher Sachaufklärung und Verhandlungsmaxime nachzudenken. Er beschränkt sich konsequent darauf, Unvollständiges oder Unverständliches ergänzen oder erläutern zu lassen, wobei er den modus interessierten, aber nicht engagierten, erst recht nicht drängenden Fragens bevorzugt. Seine "Auflagen" nach § 272 b Abs. 2 ZPO erwecken niemals den Eindruck verhaltenen Befehlens oder Drohens, sondern eines eher unbeteiligt freundlichen Anheimstellens. Wenn sich die Eigenart dieses Richtertyps augenscheinlich auch erst richtig in der mündlichen Verhandlung darstellt, deren für das Rechtsbewußtsein der Bürger so wichtige "Atmosphäre"

---

1) (Forts.)
lockerung, S. 47, 71; Volkmar, AkZ 1944, 140; Weinkauff, Juristen-Jahrbuch 1960, 20 ff.

2) Begründung Vereinfachungsnovelle, S. 35.

3) Vgl. v. a. die obigen (S. 5 ff.) Nachweise aus der Rechtstatsachenforschung.

4) Nicht einer gänzlichen richterlichen Passivität; vgl. Motive, Hahn, S. 126: "Der Vorsitzende sitzt ja nicht den verhandelnden Parteien ruhig und kalt, nur als Hörer gegenüber. Er leitet die Verhandlung, wirkt auf dieselbe fördernd ein und ist bei der Gestaltung des Rechtsstreits mit thätig."

sie bestimmt, so zieht sie doch auch schon der Vorbereitungstätigkeit enge, genaue Grenzen.

Die so allgemein charakterisierte Art, die mündliche Verhandlung vorzubereiten, wird nicht nur erwähnt, um den Kontrast zum engagierten, "temperamentvollen"[5] Richter deutlich hervortreten zu lassen. Vielmehr soll von Anfang an im Auge behalten werden, daß die hier vornehmlich untersuchte Methode energisch lenkender richterlicher Sachaufklärung weder die einzig praktizierte noch die einzig diskutable ist. Aber für die vorliegende Untersuchung interessiert nicht, wie sehr der Richter sich z u r ü c k h a l t e n , sondern wie w e i t er bei der Sachaufklärung die Parteiherrschaft z u r ü c k d r ä n g e n darf. Dies kann nur anhand von Vorbereitungsmethoden untersucht werden, die im Stuttgarter Modell und ähnlichen Verfahren praktiziert werden.

3. Verfahrensart und Verhandlungsvorbereitung

Das Modell einer "Hauptverhandlung" in Zivilsachen ist im Blick auf das landgerichtliche Verfahren konzipiert worden. Ob es auch für den amtsgerichtlichen Prozeß effektiv praktiziert werden kann, ist umstritten.[6] Das Verfahren ohne Vortermin - wie es nach BENDER gehandhabt wird[7], und wie es der Entwurf der Vereinfachungsnovelle 1974 alternativ vorsieht (§ 272 Abs. 2 EZPO) dürfte für das amtsgerichtliche Dezernat mit seinem Massenandrang in der Tat unbrauchbar sein.[8] Einmal sind die ersten Termine dafür viel zu stark besetzt, und zum anderen sind Aufklärungsverfügungen bei anwaltlich nicht vertretenen Parteien vor dem ersten

5) Hierzu Cohn, Der temperamentvolle Richter, in: Festschrift für Schwinge, S. 201 - 214.

6) Vgl. Kotthaus, DRiZ 1972, 303; ders., DRiZ 1973, 164; Mohr, DRiZ 1972, 418.

7) Bender, DRiZ 1968, 163 ff.

8) Anders aber Kotthaus, a.a.O. (Fn. 6).

Termin in aller Regel unzweckmäßig, weil selten ergiebig. Das amtsgerichtliche Verfahren zeigt hier Parallelen zum erstinstanzlichen Arbeitsgerichtsprozeß, in dem ein obligatorischer, nicht weiter vorbereiteter[9] Gütetermin vor dem Vorsitzenden stattfindet (§§ 47 Abs. 2, 54 ArbGG). Hier wird ein erheblicher Anteil aller Sachen durch Vergleich, Versäumnisurteil oder Klagerücknahme erledigt.[10] Der bei ergebnisloser Güteverhandlung anzuberaumende Kammertermin wird nach Gesetz (§ 56 ArbGG) und in der Praxis vom Vorsitzenden so vorbereitet, daß Beschleunigungsergebnisse ähnlich denen im Stuttgarter Verfahren erzielt werden können. Ähnlich könnte durchaus auch vor dem Amtsgericht verfahren werden.

Die Entlastungsnovelle 1975 hat für den ordentlichen Zivilprozeß das Institut des vorbereitenden Einzelrichters erster Instanz beseitigt und durch den entscheidenden Einzelrichter ersetzt (§ 348 ZPO Novelle 1975). Dessen vorbereitende Tätigkeit unterscheidet sich nicht von der des Vorsitzenden oder des von ihm bestimmten Mitglieds des Prozeßgerichts (Berichterstatters) nach § 272 b ZPO oder des Amtsrichters. Die Funktionen des Vorsitzenden der Kammer für Handelssachen erster Instanz hat § 349 ZPO Novelle 1975 gesondert festgelegt.[11] Er ist gegenüber den anderen erwähnten Richtern in seiner vorbereitenden Tätigkeit allein hinsichtlich der Beweiserhebungen beschränkt. Gleiches gilt für den Einzelrichter zweiter Instanz nach der neuen Bestimmung des § 524 ZPO Novelle 1975. Diese Differenzierungen sollen hier nur kurz vorweg angedeutet werden. In der Einzeldarstellung werden sie, sofern für die Fragestellung der vorliegenden Untersuchung nicht wesentlich, vernachläs-

9) Nach § 47 Abs. 2 ArbGG findet in der Regel eine Aufforderung an den Beklagten, sich auf die Klage schriftlich zu äußern, nicht statt.

10) Rechtstatsachen hierzu liegen Verfasser nicht vor. Nach eigenen Erfahrungen und Mitteilungen von Richtern der Arbeitsgerichtsbarkeit dürfte aber eine Erledigungsquote von 30 % nicht zu hoch gegriffen sein.

11) Hierzu Bergerfurth, NJW 1975, 331.

sigt. Denn wie auch immer im einzelnen die vorbereitende Richtertätigkeit ausgestaltet ist, immer folgt aus Gesetz oder Zweckmäßigkeit oder auch aus beidem ein Grundmuster der Vorbereitungsmaßnahmen, wie es auch dem hier nächer untersuchten § 272 b ZPO zugrunde liegt.

§ 10 Richterliche Vorbereitung der mündlichen Verhandlung und Verhandlungsmaxime

1. Der Einfluß richterlicher Vorbereitungsmaßnahmen auf die Parteiherrschaft im allgemeinen

Die Vorbereitung der mündlichen Verhandlung durch den Richter besteht in seiner aktiven Teilnahme am Prozeß der Sachverhaltsaufklärung. Hauptsächlich sorgt er dafür, daß das schriftsätzliche Vorbringen der Parteien vervollständigt wird und alle erheblichen Unterlagen und Beweismittel zur mündlichen Verhandlung bereitgestellt werden. Daneben sind auch bestimmte Beweiserhebungen zulässig. Der zweckmäßig arbeitende Richter nimmt bei der Stoffsammlung nicht "blind" alles entgegen, was die Parteien ihm anbieten, und schon gar nicht fordert er von den Parteien unterschiedslos alles an Fakten und Beweismaterial ein, was irgendwie mit dem Streit zu tun haben könnte.[1] Vielmehr steuert er den Sachaufklärungsvorgang systematisch aufgrund materiellrechtlicher Überlegungen.[2] Diese beginnen mit der Schlüssigkeitsprüfung und führen über die Erheblichkeitsprüfung[3] zur Herausarbeitung der beweisbedürftigen Behauptungen.

---

1) In dieser Richtung (Eventualmaxime) wirken verschärfte Präklusionsbestimmungen. Dazu sowie zu den Bedenken einer Wiederbelebung der Eventualmaxime durch konzentrierte Vorbereitung einer "Hauptverhandlung" siehe vornehmlich Bauer, Wege, S. 18; Fezer, Funktion der mündlichen Verhandlung, S. 164 f.

2) Vgl. Bauer, Wege, S. 16.

3) Diese Termini aus der Relationstechnik werden hier verwandt, ohne daß damit in der Kontroverse um Wert und Bedeutung der Relationstechnik (Grunsky, JuS 1972, 29, 137;

Es handelt sich dabei aber nicht, wie in der Referendarausbildung häufig fälschlich vermittelt, um einen in exakt voneinander getrennte Stationen zergliederten Arbeitsvorgang. Vielmehr arbeitet der Richter in diesem Verfahrensstadium stets mit einem nur vorläufigen Tatsachenstoff aus vorbereitenden Schriftsätzen (vom schriftlichen Verfahren einmal abgesehen), der je und je ergänzt und berichtigt wird. Rechtliches Durchdenken der vorgebrachten Tatsachen und aufklärende Maßnahmen stehen also in beständiger Wechselwirkung. Die anfänglichen Behauptungen und Gegenbehauptungen veranlassen den Richter zu bestimmten Nachfragen, zum Anfordern von Urkunden, zur Einnahme eines Augenscheins usw. Die Ergebnisse dieser Maßnahmen wiederum ergänzen und korrigieren die rechtlichen Überlegungen, was weitere Aufklärungsversuche zur Folge haben kann und so fort.[4] In ähnlicher Wechselwirkung stehen auch Kläger- und Beklagtenvorbringen miteinander. Alle Versuche, das Parteivorbringen zeitlich einigermaßen genau durch richterliche Fristen zu gliedern, sind zwar brauchbare, aber doch sehr unvollkommene Arbeitsbehelfe. Gerade wenn mit der mündlichen Verhandlung Ernst gemacht wird, ergibt sich bei der Anhörung der Parteien persönlich in sehr vielen Fällen[5] eine Korrektur des schriftlich angekündigten Parteivortrags, was stets weitere, häufig andere rechtliche Überlegungen erfordert.

Indem der Richter so den Sachaufklärungsvorgang nach materiellrechtlichen Gesichtspunkten lenkt, verliert sein Vorgehen für die Parteien die Unverbindlichkeit güten Zuredens althergebrachter Provenienz, - man wolle doch tunlichst für baldige und vollständige schriftsätzliche Vorbereitung Sorge

---

3) (Forts.)
E. Schneider, MDR 1973, 100 ff; Weyers, Verhandlungsmaxime, S. 197 ff.) Stellung genommen werden soll. - Zu dem Zusammenhang zwischen Verhandlungsmaxime und Schlüssigkeitsprüfung siehe nur Jauernig, Verhandlungsmaxime, S.9.

4) Hierzu noch näher unten S. 86 ff.

5) Nach Bender (DRiZ 1968, 164) in etwa der Hälfte aller Fälle.

tragen. Je energischer und stringenter die Aufklärungsverfügungen des Richters gehalten sind, desto mehr erhalten sie den Charakter eines mittelbaren Zwanges, dem sich die Parteien kaum entziehen können.[6] Dieser Zwang ergibt sich einmal aus der Behauptungslast, zum anderen aus § 286 Abs. 1 ZPO. Zum "gesamten Inhalt der Verhandlungen", die der Richter bei der Beweiswürdigung zu berücksichtigen hat, zählen auch die Unterlassungen der Parteien.[7] Die Nichtbeantwortung von Fragen[8], die Nichtvorlage von Urkunden, ja auch die nicht stichhaltige Weigerung der nicht beweispflichtigen Partei, an der Wahrheitsfindung mitzuwirken[9], können so leicht zum Nachteil einer Partei ausschlagen. Das Gericht kann daraus je nach der Sachlage unter Berücksichtigung der anderen nach § 286 ZPO maßgebenden Umstände seine Schlüsse ziehen. Die Drucksituation für die Partei ist die gleiche wie bei der Beweisvereitelung, obwohl im Vorbereitungsstadium der bei der Beweisvereitelung meist, zumindest unausgesprochen mitschwingende Vorwurf der unredlichen Verhinderung der Wahrheitsfindung seltener berechtigt ist.[10]

Wenn der Richter insbesondere die schriftsätzliche Vorbe-

---

6) "Es sind ihm (dem Richter) allerdings auch Mittel geboten, um das anders als bloß precario, bloß bittend und wünschend, tun zu können" (Klein-Engel, S. 325). K. Schneider (Richterliche Ermittlung, S. 121) spricht in diesem Zusammenhang von einem "heilsamen Zwang" gegenüber der "trotzigen" Partei.

7) Stein-Jonas-Pohle, § 286 Anm. II 1; Baumbach-Lauterbach, § 286 Anm. 2 A; vgl. auch RGZ 113, 17 (19) - Berücksichtigung des Verhaltens der Parteien im Prozeß.

8) Stein-Jonas-Pohle, § 139 Anm. III 5.

9) RGZ 73, 408 (410); BGH LM § 282 ZPO Nr. 2; BGH NJW 1960, 821; 1967, 2012.

10) Schon die fahrlässige Beweisvereitelung kann allerdings zum Nachteil des Vereitelnden gewürdigt werden (BSG NJW 1973, 535; Baumbach-Lauterbach, § 444 Anm. 2; Thomas-Putzo, § 444 Anm; differenzierend, vom Standpunkt des Fehlens einer allgemeinen Prozeßförderungspflicht der Parteien, Stein-Jonas-Schumann-Leipold, § 444 Anm. III).

reitung der mündlichen Verhandlung von Anfang an[11] zielstrebig steuert und mitbestimmt, wird die freie Willensentschließung der Parteien, bestimmte Tatsachen oder Tatsachenkomplexe vorzutragen oder nicht, zumindest stark eingeschränkt, wenn nicht beseitigt. Darüber hinaus stellt der Richter je nach Intensität und inhaltlicher Konkretisierung und Differenzierung seiner Auflagen die Weichen für eine inhaltliche Gestaltung und Begrenzung der tatsächlichen Entscheidungsgrundlage. "Der Sachvortrag wird sich alsbald den Intentionen des Richters anpassen."[12] Hier könnte also der primäre Ansatz für die Begründung einer richterlichen Herrschaft über den Tatsachenstoff liegen. Obwohl der Richter weiterhin nur von den Parteien Vorgetragenes berücksichtigen dürfte, wäre die Herrschaft der Parteien über den Tatsachenstoff in Wesentlichem beseitigt. Dies ist anhand der einzelnen richterlichen Vorbereitungsmaßnahmen näher zu untersuchen.

2. Die Auslegung des § 272 b ZPO

Um festzustellen, wieweit der Richter in den e i n z e l n e n Fällen des § 272 b ZPO gehen darf, wieweit danach die Verhandlungsmaxime k o n k r e t eingeschränkt wird, ist diese Bestimmung in Bezug auf die einzelnen richterlichen Maßnahmen auszulegen. Hierfür muß zunächst eine allgemeine Auslegungsbasis gefunden werden.

---

11) Die möglichst sofortige persönliche Fühlungsnahme des Richters mit den Parteien wird für eine zweckmäßige Vorbereitungsarbeit als wesentlich angesehen; vgl. etwa Esser, Richtermacht und Ermittlungsbetrieb, S. 9; R. Schmidt, ZZP 61, 267, 271; Kommissionsbericht 1961, S. 178; Begründung Vereinfachungsnovelle, S. 35.

12) Kuchinke, JuS 1967, 297.

2.1 Die Verhandlungsmaxime als Richtschnur bei der Auslegung des § 272 b ZPO ?

Vorweg ist zu klären, ob und inwieweit bei der Abgrenzung der richterlichen Vorbereitungsmaßnahmen nach § 272 b die Verhandlungsmaxime selbst als Maßstab herangezogen werden muß. In der Literatur zu § 139 ZPO, als dessen Anwendungsfall § 272 b Abs. 2 Nr. 1, 1. Fall ZPO anzusehen ist[13)], findet sich häufig der nicht näher begründete Hinweis, die richterliche Aufklärung müsse sich im Rahmen der Verhandlungsmaxime halten.[14)] Andererseits wird nahezu einhellig[15)], wenn auch mit unterschiedlicher Terminologie[16)] die richterliche Aufklärungspflicht als Einschränkung der Verhandlungsmaxime bezeichnet. Dann aber kann die *nähere Bestimmung* der richterlichen Aufklärungspflicht nicht durch die Verhandlungsmaxime vorgezeichnet sein. Es wäre ein logischer Zirkel, die richterliche Aufklärungspflicht durch die Verhandlungsmaxime und diese wiederum durch jene bestimmen zu wollen. Das käme dem Versuch gleich, die Grenzen der Verhandlungsmaxime dadurch zu bestimmen, daß man auf die Verhandlungsmaxime verweist. Von diesen methodischen Bedenken abgesehen ist zu berücksichtigen, daß die Verhandlungsmaxime nach heutigem Verständnis kein "unver-

---

13) Stein-Jonas-Schumann-Leipold, § 272 b Anm. III 1; Baumbach-Lauterbach, § 272 b. Anm. 3 A; Thomas-Putzo, § 272 b Anm. 2; Zöller-Stephan, § 272 b Anm. II; Blomeyer, Erkenntnisverfahren, § 51 II 1; Baur, Vorbereitung, S. 212; Schönke-Schröder-Niese, § 54 II 1 a.

14) Stein-Jonas-Pohle, § 139 Anm. II 1 c; Baumbach-Lauterbach, § 139 Anm. 1 A; Thomas-Putzo, § 139 Anm. 2; Rosenberg-Schwab, § 78 III 1 d.

15) Ausnahme: Wieczorek, § 139 Rdn. A II.

16) Nachweise hierzu siehe oben S. 54 f., 57 ff.

brüchliches Dogma" ist[17], ja bereits vom ZPO-Gesetzgeber und später kontinuierlich mit "inquisitorischen Elementen versetzt" worden ist.[18] Letztere sind in den §§ 139 ff., 272 b, 448 ZPO immerhin ausdrücklich, wenn auch nicht eindeutig gesetzlich festgelegt worden, während es der Verhandlungsmaxime an einer ausdrücklichen gesetzlichen Grundlage mangelt. K. Schneider[19] hat daher bereits im Jahre 1888 richtig gesehen, daß die Vorschriften, aus denen die Verhandlungsmaxime folgt, "geradeso, wie die über die richterliche Mitwirkung, im einzelnen nachzuweisen sind und nicht den Anspruch erheben können, daß ihretwegen die letzteren einschränkend ausgelegt werden".[20]

Der zitierte Hinweis, die richterliche Aufklärungspflicht müsse im Rahmen der Verhandlungsmaxime bleiben, kann daher, richtig verstanden, nur besagen, daß das Gesetz mit § 139 ZPO nicht die Verhandlungsmaxime durch die Untersuchungsmaxime ersetzt hat.[21] Mit diesem Inhalt ist ihm zuzustimmen. Dabei ist unter Verhandlungsmaxime ihr nicht umstrittener Kern zu verstehen, den anzuzweifeln nach Ablehnung der BOMSDORFschen These[22] auch hier kein Anlaß besteht. Demnach ist bei der näheren Bestimmung der richterlichen Aufklärungspflicht, insbesondere auch der Vorbereitungsmaßnahmen nach § 272 b ZPO, die Verhandlungsmaxime nur mit ihrer unumstrittenen Grundaussage[23] heranzuziehen.

---

17) Stein-Jonas-Pohle, vor § 128 Anm. II; weitere Nachweise zur Kritik am doktrinären Verständnis der Verhandlungsmaxime bei Damrau, Entwicklung einzelner Prozeßmaximen, S. 143 f. Fn. 159; am entschiedensten gegen das "pseudoapriorische Einheitsdogma" von der Verhandlungsmaxime bis heute: von Hippel, Wahrheitspflicht, S. 165 - 167.

18) Vgl. oben S. 25 Fn. 39.

19) K. Schneider, Richterliche Ermittlung, S. 28.

20) Vgl. auch Stein, Privates Wissen, S. 94: "Die sog. Maximen haben nur insoweit eine wirkliche Existenz, als sie aus dem geltenden Recht abgeleitet werden können..."; ferner Weyers, Verhandlungsmaxime, S. 201 f.

21) Vgl. Esser, in: Freiheit und Bindung, S. 7; Baur, Vorbereitung, S. 213.

22) Siehe oben S. 49 ff.

2.2 Wortlaut und Entstehungsgeschichte des § 272 b ZPO

Der Wortlaut des § 272 b ZPO allein gibt für die Auslegung wenig her. Zwar kommen sowohl der Konzentrationszweck als auch der zwingende Charakter der Bestimmung[24] in Abs. 1 zum Ausdruck. Auch sind die in Abs. 2 aufgeführten Maßnahmen unmißverständlich als nicht abschließend ("insbesondere")[25] gekennzeichnet. Doch läßt sich bei Einzelfragen jeweils von der extensiven bzw. restriktiven Auffassung her sagen, eine konkrete richterliche Vorbereitungsmaßnahme "erscheine angebracht" (§ 272 b Abs. 1 ZPO) bzw. nicht angebracht. Insofern wird die zur Auslegung der ZPO-Bestimmungen vielfach vertretene Ansicht, dem Wortlaut komme recht wenig Bedeutung zu[26], bestätigt.

Auch der Wert der Entstehungsgeschichte der ZPO-Bestimmungen wird für deren Auslegung nicht hoch veranschlagt.[27] Die Materialien zu § 501 ZPO in der Fassung des Gesetzes vom 1.6.1909 ergeben immerhin, daß man das oesterreichische Vorbild im Auge hatte[28], die Mündlichkeit im Interesse von Konzentration und Beschleunigung vernünftig beschränken und d a d u r c h f ö r d e r n wollte.[29] Große praktische Bedeutung maß man der Bestimmung nicht bei.[30] Im Gegensatz dazu versprach sich der Gesetzgeber von der Novelle 1924,

---

23) Oben S. 28.

24) Stein-Jonas-Schumann-Leipold, § 272 b Anm. I; and. Ans. jedoch BGH LM § 272 b ZPO Nr. 9 dazu unten S. 79.

25) Siehe auch Materialien 1909, S. 19 und 126.

26) Blomeyer, Erkenntnisverfahren, § 2 IV 1; Baumbach-Lauterbach, Einleitung III 5 B; Stein-Jonas-Pohle, Einleitung M III 1.

27) Rosenberg-Schwab, § 7 II 1; Baumbach-Lauterbach, a.a.O.; BGHZ 52, 385 (390) - zu § 32 Abs. 1 BRAGebO.

28) Materialien 1909, S. 18 f.

29) Materialien 1909, S. 126.

30) Materialien 1909, S. 125.

die unter anderem § 501 ZPO 1909 durch den heutigen § 272 b ablöste[31], mehr, nämlich eine nachhaltige Bekämpfung der Prozeßverschleppung.[32] Die Schwierigkeiten bei der Abgrenzung von Richtermacht und Parteiherrschaft wurden im Entwurf 1931 reichlich euphemistisch mit Hinweisen auf die Notwendigkeit einer "straffen, aktiven Prozeßleitung des Gerichts im Sinne einer Arbeitsgemeinschaft zwischen Gericht und Parteien"[33] abgetan.

2.3 Die ratio legis des § 272 b ZPO

Maßgeblich für die Auslegung von Verfahrensvorschriften kommt es auf deren Sinn und Zweck an.[34] Die Herausarbeitung dieser Kriterien kann natürlich nicht bei der schon nach Wortlaut und Entstehungsgeschichte eindeutigen Zweckbestimmung "Konzentration und Beschleunigung" stehen bleiben. Vielmehr muß die Vorschrift in ihrer systematischen Stellung innerhalb der ZPO richtig verstanden und der Funktionszusammenhang mit anderen Verfahrensabschnitten und -normen unter Berücksichtigung des Prozeßzwecks ergründet werden, um damit den Zweck (Konzentration) selbst wieder sinnvoll einzugrenzen.[35] Das soll hier unter den Gesichtspunkten des vorbe-

---

31) Zu den gravierenden Unterschieden vgl. R. Schmidt, ZZP 61, 262 ff.; Bomsdorf, Prozeßmaximen, S. 268.

32) Entwurf 1931, S. 253 ff. Eine amtliche Begründung zur Novelle 1924 ist nicht veröffentlicht worden. Jedoch kann der Entwurf 1931 nebst Begründung als authentische Quelle herangezogen werden (Vgl. hierzu näher Bomsdorf, Prozeßmaximen, S. 267, Fn. 45).

33) Entwurf 1931, S. 258 unter Hinweis auf Levin, Richterliche Prozeßleitung.

34) Fast allgemeine Meinung; vgl. etwa RGZ 139, 110 (112); BGHZ 18, 44 (49); Stein-Jonas-Pohle, Einleitung M III 2; and. Ans. Rödig, Theorie, S. 277 f (historische Methode); dazu kritisch Adomeit, AcP 174, 407.

35) Vgl. Baur, Vorbereitung, S. 211: "... genügt es nicht, auf Sinn und Zweck der Vorschrift (§ 272 b ZPO) hinzuweisen ... erforderlich ist vielmehr, den Standort dieser Vorschrift, ihren Umfang und ihre Schranken, das Verhältnis zum sonstigen Aufbau des Prozesses in dogmatisch möglichst gesicherter Weise zu bestimmen."

reitenden Charakters der Aufklärungsmaßnahmen und der Mündlichkeit, des rechtlichen Gehörs und der richterlichen Hinweispflicht, der Wahrheitsfindung und der Prozeßökonomie, der funktionellen Zuständigkeit und der Unparteilichkeit des aufklärenden Richters versucht werden.

2.3.1 Provisorischer Charakter der Vorbereitungsmaßnahmen - Bezug zur mündlichen Verhandlung

Die richterlichen Aufklärungsmaßnahmen nach § 272 b ZPO sollen die mündliche Verhandlung vorbereiten. Der Rechtsstreit soll in einer mündlichen Verhandlung konzentriert und erledigt werden (sogenannte Hauptverhandlung)[36]. Dieser Funktionszusammenhang ergibt: Die aufklärenden Maßnahmen verfehlen ihren Zweck, wenn das Schwergewicht der Sachaufklärung vorverlagert, die mündliche Verhandlung ausgehöhlt wird. Das Vorbereitungsstadium würde dann zum Mittelpunkt des Prozesses, der Verfahrensaufbau damit umgekehrt. Es widerspricht daher dem Sinn der ganzen Regelung, wenn die "vorbereitenden" Maßnahmen definitiven Charakter erhalten. Sie müssen vorläufig bleiben. Sonst müßte man die bisherigen Verfahrensstadien "umfunktionieren", die mündliche Verhandlung erhielte "nachbereitenden" Charakter. Das aber steht nicht zur Diskussion.

Zweifellos hat § 272 b ZPO den Grundsatz der Mündlichkeit stark eingeschränkt.[37] Augenscheinseinnahme und Sachverständigengutachten können nicht nur angeordnet, sondern bereits im Vorbereitungsstadium ausgeführt, Auskünfte bei Behörden und Zeugen können eingeholt werden. Damit ist Beweisaufnahme ohne v o r h e r i g e mündliche Verhandlung entgegen der ursprünglichen Systematik der ZPO zulässig ge-

---

36) Vgl. § 272 Abs. 1 EZPO: "Haupttermin".

37) Vgl. Kip, Das sogenannte Mündlichkeitsprinzip, S. 74 - 78; Baur, Vorbereitung, S. 215; de Boor, Einzelrichter und Kollegium, S. 65; Baumbach-Lauterbach, § 272 b Anm. 1.

worden. Aber dies alles ist eben nur Einschränkung, nicht Beseitigung des Prinzips der mündlichen Verhandlung: "Vernünftige Beschränkung" der Mündlichkeit, die "zur Konzentration der Verhandlung und damit gerade zur Förderung einer gesunden Mündlichkeit beitragen" kann.[38)]

Auch die Herbeiziehung von Beweismitteln und selbst die Ausführung von Beweisaufnahmen hat dienende Funktion gegenüber dem Hauptstück mündliche Verhandlung. "Zu diesem Zwekke" (§ 272 b Abs. 2, Einleitungssatz ZPO), nämlich dem in Abs. 1 genannten Konzentrationszweck, kann der Richter alle geeigneten Anordnungen treffen, insbesondere die in Abs. 2 aufgeführten. Der Gesetzestext stellt den Zusammenhang richtig dar; - "nur" zu diesem Zwecke, muß man ergänzen, weil darin der einzige Sinn einer "Vorbereitung" der mündlichen Verhandlung liegen kann.[39)]

Aus dem provisorischen Charakter der Aufklärungsmaßnahmen folgt, daß bei Zweifeln über die Zulässigkeit einer Maßnahme zunächst zu fragen ist, inwieweit sie der definitiven Klärung des Sachverhalts *in der mündlichen Verhandlung* dient.

---

38) Kommissionsbericht zu § 501 ZPO Novelle 1909, Materialien 1909, S. 126; vgl. auch Bruns, Zivilprozeßrecht, § 16 I 2 S. 113; - Den Zusammenhang zwischen systematischer Vorbereitung der mündlichen Verhandlung und einer Aufwertung der Mündlichkeit aufgezeigt *und* in der Praxis *erprobt* zu haben, ist insbesondere das Verdienst von Bender (siehe oben S. 62).

39) Auch Baur (Vorbereitung, S. 212), der den Grundsatz der Mündlichkeit "entscheidend durchbrochen" sieht (a.a.O. S. 215), stellt heraus, daß § 272 b ZPO "entscheidend auf die Gestaltung der mündlichen Verhandlung abstellt" (a.a.O. S. 212), und daß die Durchführung der Beweisaufnahme ebenso wie die Herbeischaffung der Beweismittel nur *provisorischen* Charakter hat (a.a.O. S. 218, Hervorhebung hier vom Verfasser).

2.3.2 Rechtliches Gehör und richterliche Hinweispflicht

Wenn die vorbereitende Sachaufklärung auf die mündliche Verhandlung ausgerichtet ist, dann muß sie auch im Auge behalten, daß die Gewährung des rechtlichen Gehörs in der durch die mündliche Verhandlung gewährleisteten Art und Weise gesichert ist. Damit könnte allzu perfekte Vorbereitung, mit der sich das Gericht sehr früh auf eine bestimmte "Richtung" des Prozesses festlegt, unvereinbar sein. Werden die Parteien schon zu Beginn der mündlichen Verhandlung vor vollendete Tatsachen gestellt, so ist ihr Recht auf Gehör womöglich verkürzt. Es ist zu erwägen, den Parteien schon im "Vorverfahren"[40] nach § 272 b ZPO schriftlich Gehör zu gewähren, um ihnen im r i c h t i g e n Z e i t p u n k t Einfluß auf die Sachaufklärung einzuräumen. Einer "Überspielung" der Parteien durch vorgreifende richterliche Aufklärung würde aber vielleicht auch schon die Ausdehnung der richterlichen Hinweispflicht auf das Vorverfahren genügend entgegenwirken.[41]

2.3.3 Wahrheitsfindung

Umfang und Intensität der vorbereitenden richterlichen Aufklärungsmaßnahmen müssen wesentlich beeinflußt werden von der Tendenz der ZPO, dem Urteil möglichst den wahren Sachverhalt zugrunde zu legen. Diese Tendenz ist oben (S. 30 f.) aus dem Prozeßzweck abgeleitet worden. Sie wird durch die Wahrheits- und Vollständigkeitspflicht der Parteien belegt. Richterliche Sachaufklärung muß danach grundsätzlich über ein Aufrütteln bzw. Aufhelfen der nachlässigen oder unfähigen Partei hinausgehen und sich an dem Z i e l orientieren, wenn nicht die Wahrheit, so doch einen relativ hohen Annähe-

---

40) Vgl. Baur, Vorbereitung, S. 211.

41) Näher unten S. 92 ff.

rungswert davon als Entscheidungsgrundlage herauszuarbeiten. Dies wirkt sich restriktiv gegenüber einem Bestreben der Parteien aus, dem Gericht einen verkürzten oder manipulierten Sachverhalt vorzutragen.[42]

Zwar kann auch Richteraktivität auf Wahrheitsbeschneidung hinauslaufen[43]; doch soll im folgenden diejenige richterliche Vorbereitungstätigkeit untersucht werden, die der Wahrheitsfindung den Vorrang vor der Beschleunigung einräumt.[44] Dies ist die nach dem heute ausprobierten Stuttgarter Modell im Vorbereitungsstadium typische Intention. Erst später, in der mündlichen Verhandlung, kann diese evtl. in ein rigoroses Beschneiden des Parteivortrages (Präklusion) umschlagen.

2.3.4 Abgrenzung der Funktionen von vorbereitendem Richter und Kollegium

Im Kollegialgericht bereitet e i n Mitglied des Kollegiums die mündliche Verhandlung vor (§§ 272 b Abs. 1; 349 Abs. 1; 542 Abs. 2 ZPO; §§ 56; 58 Abs. 1 ArbGG). Unbeschadet der Unterschiede in der Einzelausgestaltung[45] ist da-

---

42) Näher oben S. 39 f,

43) E. Schneider, MDR 1968, 725; Kubisch, NJW 1965, 1315; vgl. auch oben S.4.

44) Diese Priorität entspricht der heute ganz h. M.: Stein-Jonas-Pohle, § 139 Anm. I 2; Baumbach-Lauterbach, § 138 Anm. 5 B: "Prozeßbeschleunigung auf Kosten des Rechts ist Unfug"; Merkel, AnwBl. 1969, 275 ff., insbesondere 278 f; E. Schneider, MDR 1968, 725; Vollkommer, ZZP 81, 107-110, mit rechtshistorischen Nachweisen; Bernhardt, Aufklärung, S. 10 f; Redeker-Seliger, ZRP 1969, 108; Peters, Freibeweis, S. 112; - And. Ans. in letzter Zeit vornehmlich Habscheid, ZZP 81, 188 ff, insbes. S. 192; dagegen polemisch Lancelle, NJW 1968, 1959 ff; dazu wiederum Habscheid, NJW 1969, 496. Der ZPO-Reformgesetzgeber von heute betont ebenfalls mehr den Gesichtspunkt der Beschleunigung (Begründung Vereinfachungsnovelle, S. 3 ff, 20 f; ähnlich Kommissionsbericht 1961, S. 178 f, 194 f. und Begründung Vereinfachungsnovelle S.24 f.).

45) Die weiteste Regel enthält § 272 b ZPO, die engste § 56 ArbGG (hierzu Dersch-Volkmar, § 56 Rdn. 5 - 11).

bei problematisch, ob und inwieweit der vorbereitende Richter das Kollegium schon festlegen darf.[46] Bei energischem Richter kann nämlich die Vorbereitung leicht so "vollkommen" geraten, daß das Kollegium sich in seiner Entscheidungsfreiheit beengt fühlt. Wäre das unzulässig, müßte § 272 b ZPO im Kollegialgericht restriktiv gehandhabt werden. Diese Folgerung zieht der Bundesgerichtshof:[47] der vorbereitende Richter müsse es "tunlichst vermeiden", der Entscheidung des Kollegiums vorzugreifen, denn es sei grundsätzlich Aufgabe des voll besetzten Gerichts, nach mündlicher Verhandlung über die Beweisbedürftigkeit von Behauptungen zu entscheiden. Vorbereitungsmaßnahmen nach § 272 b ZPO kommen deshalb nach Ansicht des Bundesgerichtshofes in aller Regel nur in Betracht, wenn durch einzelne Beweismittel bestimmte klar hervortretende Streitpunkte in der mündlichen Verhandlung geklärt werden können.[48]

---

46) Die Verfassungsmäßigkeit des § 272 b ZPO ist neuerdings von P. Müller (ZRP 1972, 256) mit der Begründung bezweifelt worden, der Vorsitzende ermächtige nach seinem freien, Willkür nicht ausschließenden Ermessen fallweise sich selbst oder einen von ihm auszuwählenden Beisitzer zu vorbereitenden Anordnungen und damit zu Sachentscheidungen (vgl. auch Bender, ZRP 1972, 258; Hinz, ZRP 1975, 156). Die Frage kann hier dahinstehen (nach BVerfGE 18, 345, 352 wäre ein Verstoß gegen Art. 1 Satz 2 GG wohl zu verneinen). In meinem Text geht es darum, daß der vorbereitende Richter nicht diejenigen Grenzen überschreiten darf, die sich aus der ihm nach § 272 b ZPO zugewiesenen Funktion ergeben. Dem funktionalen Verhältnis zwischen Vorbereitung der mündlichen Verhandlung und der mündlichen Verhandlung selbst entspricht notwendig das Verhältnis der Zuständigkeit von "Einzel"-Richter und Kollegium. Bei Überschreitung der Kompetenz des vorbereitenden Richters liegt ein Verfahrensverstoß, kein Verfassungsverstoß vor. Denn Art. 101 Abs. 1 S. 2 GG ist - wenn man eine Verletzung überhaupt in Betracht zieht - nur verletzt bei willkürlicher Entziehung, nicht bei Maßnahmen, die auf irrtümlichen Erwägungen des Gerichts beruhen (BVerfG NJW 1956, 545 und ständig; Nachweise in BVerwG NJW 1974, 1885).

47) LM § 272 b ZPO Nr. 9.

48) BGH a.a.O. bestätigt in BGH NJW 1975, 1744; 1745; zustimmend Baumbach-Lauterbach, § 272 b Anm. II A; Thomas-Putzo, § 272 b Anm. 1; Zöller-Stephan, § 272 b Anm. I.

Das Problem soll hier nicht weiter vertieft werden[49], weil seine Lösung nicht Voraussetzung der hier behandelten Frage ist. Jedenfalls ist es, wie nach dem Stuttgarter Modell gehandhabt[50], zulässig, die Vorbereitungsmaßnahmen nach Vorberatung im voll besetzten Kollegium zu treffen. Die Problematik Richtermacht-Parteiherrschaft bei der Verhandlungsvorbereitung bleibt dabei aber die gleiche. Im folgenden wird daher unterstellt, daß die Vorbereitungsmaßnahmen in einer der Funktionenteilung zwischen den einzelnen Kollegiumsmitgliedern entsprechenden Weise vorgenommen werden.

---

49) Bedenklich scheint mir an der Argumentation des Bundesgerichtshofes vor allem der Ausgangspunkt, daß es im pflichtgemäßen E r m e s s e n des vorbereitenden Richters liege, o b er vorbereitende Maßnahmen treffe. Sodann unterstellt der Bundesgerichtshof, was zu begründen wäre, daß nämlich mit § 272 b ZPO k e i n e Funktionenteilung im Kollegialgericht in Richtung auf die Ermöglichung einer "Hauptverhandlung" geregelt ist. Unhaltbar dürfte es sein, von der angeblichen Unzulässigkeit umfassender Bereitstellung von Beweismitteln auf eine generelle restriktive Auslegung des § 272 b ZPO zu schließen, wie es der Bundesgerichtshof tut. In der neuen Entscheidung (NJW 1975, 1744) versucht der Bundesgerichtshof unter ausdrücklicher Aufrechterhaltung seines früheren Ausgangspunktes, die Folgen seiner Auslegung des § 272 b ZPO etwas herunterzuspielen. Die Gefahr, daß der Entscheidung des Kollegiums vorgegriffen würde, dürfe nicht überschätzt werden. Der vorbereitende Richter prüfe nur die etwaige Erheblichkeit eines Vorbringens, letztlich entscheide das Kollegium. Unnötige Zeugenladungen müßten in Kauf genommen werden, weil sonst der Zweck des § 272 b - Erledigung in e i n e r mündlichen Verhandlung - unerreichbar sei. "Käme es immer nur auf die Ansicht des Kollegiums an, hätte diese Vorschrift beim Kollegialgericht keinen Sinn" (a.a.O. S. 1745). Die Grenze zieht der Bundesgerichtshof (a.a.O.) aber nach wie vor dort "wo es nicht mehr um einzelne klar hervortretende Streitpunkte geht".Eine Begründung hierfür wird nicht gegeben. Die umfassende Vorbereitung einer Art Hauptverhandlung durch ein Mitglied des Richterkollegiums ist danach jedenfalls unzulässig.

50) Bender, JA 1971, 690.

2.3.5 Richterliche Unparteilichkeit

Nicht erst in der mündlichen Verhandlung, sondern auch schon und gerade im Vorbereitungsstadium setzt die Unparteilichkeit der richterlichen Aktivität Grenzen. Während sich in der mündlichen Verhandlung alles unter den Augen beider Parteien abspielt, jede Partei damit sofort gegen Bevorzugung der anderen remonstrieren, notfalls einen Befangenheitsantrag stellen kann, unterliegt die vorbereitende Aufklärung nicht einer derartigen unmittelbaren Kontrolle. Die Benachrichtigung der Parteien von jeder Anordnung (§ 272 b Abs. 4 S. 1 ZPO) ist keine sichere Gewähr, denn sie kann nach schwer nachprüfbarem richterlichen Ermessen[51] unterbleiben (§ 272 b Abs. 4 S. 2 ZPO). BAUR[52] sieht hierin eine "bedenkliche Durchbrechung des Grundsatzes der Parteiöffentlichkeit, von der am besten kein Gebrauch gemacht werden sollte". Wenn es danach die prozessuale Fairness[53] verbietet, die Parteien in der mündlichen Verhandlung mit dem Ergebnis vorbereitender richterlicher Initiative zu überraschen[54], so verlangt darüber hinaus der Grundsatz der richterlichen Unparteilichkeit im Vorbereitungsstadium eine starke Zurückhaltung bei erklärenden oder sonst unterstützenden Hinweisen gegenüber einer Partei. Hier, im Stadium der Schriftlichkeit, die "Waffengleichheit kompensatorisch" herzustellen versuchen, würde häufig eben jene Waffengleichheit gefährden, weil der Gegner der

---

51) Formal ist eine Nachprüfung praktisch ausgeschlossen. In den seltenen Fällen, in denen Parteien nach Anordnungen forschen, von denen sie keine Mitteilung erhalten haben, bleibt ihnen als Angriffsmittel nur die Dienstaufsichtsbeschwerde.

52) Vorbereitung, S. 221.

53) Jeder Beteiligte hat ein Recht auf ein faires Verfahren, das zu den wesentlichen Grundsätzen eines rechtsstaatlichen Verfahrens gehört (BVerfG NJW 1975, 103).

54) So Baur, a.a.O.; § 273 Abs. 4 S. 1 EZPO schreibt die Benachrichtigung zwingend vor.

unterstützten Partei notgedrungen passiv bleiben muß. Das soll nicht heißen, der Richter müsse in bedingungsloser Gleichheit nach beiden Seiten erstarren. Aber er muß sich dort zurückhalten, wo in mündlicher Verhandlung eine sofortige Reaktion der anderen Partei zu erwarten wäre. Im übrigen spielt das Problem im Vorbereitungsstadium des Parteiprozesses keine große Rolle, weil die schriftliche Vorbereitung hier ohnehin stark zurücktritt.[55)]

2.3.6 Prozeßökonomie

Schließlich sind prozeßökonomische Gesichtspunkte für die Abgrenzung der Richterbefugnisse nach § 272 b ZPO von Belang. Wenn die Prozeßökonomie vielfach als allround-Argument herhalten muß[56)], so ist das sicher mit daraus zu erklären, daß es schlicht vernünftig ist, die Kräfte im Prozeß so ökonomisch wie möglich einzusetzen[57)], Prozeßökonomie mit anderen Worten nur eine spezifische Ausprägung allgemeiner Rationalität ist. Für die Vorbereitung folgt daraus namentlich ein sparsamer Umgang mit Auflagen zu schriftsätzlichem Vorbringen. Eine noch so sorgfältige Vorbereitungsarbeit kann das mündliche Vorbringen in den seltensten Fällen ersetzen. Immer neue Nachfragen, vor allem nach Einzelheiten, führen zu einer Schriftsatzflut, die keine Klarheit bringt, sondern das gegenseitige Verständnis in der mündlichen Verhandlung nur erschwert.

---

55) Näher hierzu unten S. 101 ff.

56) Zur Kritik vgl. E. Schmidt, Zweck des Zivilprozesses, insbesondere S. 114 ff.

57) Vgl. Jonas, DR 1941, 1968: "Kräfteökonomie".

4. TEIL

DIE EINZELNEN RICHTERLICHEN VORBEREITUNGSMAßNAHMEN

1. Kapitel: Ergänzung und Erläuterung der vorbereitenden Schriftsätze

§ 11 Inhaltliche Steuerung des Parteivorbringens bei der rechtlichen Aufbereitung des Tatsachenstoffes

1. Die Intentionen des Richters bei der Sachaufklärung

Daß die Einflußnahme des Richters auf die inhaltliche Gestaltung des Parteivorbringens ebenso wie sein Dringen auf Vollständigkeit den Parteien herkömmlich vorbehaltene Bereiche und damit die Verhandlungsmaxime berühren kann, wurde oben (S. 67) bereits kurz angedeutet. Diese Problematik muß verdeutlicht werden. Dabei ist vorweg darauf hinzuweisen, daß bei der Sachaufklärung zwei verschiedene Intentionen des Richters wirksam werden, die freilich zumeist nicht deutlich voneinander geschieden sind, sondern sich regelmäßig gegenseitig durchdringen. Die eine Intention ist auf die r e c h t l i c h e Aufbereitung des Tatsachenstoffes, die andere Intention auf die Ermittlung des w a h r e n Sachverhalts gerichtet.[1] Die eine Intention bewirkt, daß der Richter den Sachaufklärungsvorgang systematisch auf Grund materiellrechtlicher Überlegungen steuert, die andere, daß er auf innere Folgerichtigkeit, Glaubwürdigkeit und Vollständigkeit der Tatsachenschilderung bedacht ist und deren Verifizierung oder Falsifizierung vorbereitet. Diesen beiden Intentionen entspricht ein ihnen jeweils zugeordne-

---

1) Vgl. auch Eb. Schmidt, Lehrkommentar, Rdn. 472, der eine "Intention auf Wahrheit" und eine "Intention auf Gerechtigkeit" unterscheidet.

ter mittelbarer Zwang der Parteien zum Sachvortrag, der auf der Behauptungslast und auf § 286 ZPO beruht.[2)]

2. Abgrenzung zu Streitgegenstandsfragen

Für das hier untersuchte Problem spielt es keine Rolle, ob und inwieweit der Richter über § 139 ZPO auf die Bestimmung des Streitgegenstandes durch die Parteien Einfluß nehmen darf bzw. muß. Diese Problematik, die sich in so umstrittenen Formeln widerspiegelt wie: "Das Gericht muß nicht auf eine Änderung des Streitgegenstandes hinwirken"[3)], bleibt daher unerörtert. Im weiteren Sinne betrifft sie zwar auch die Parteiherrschaft und -verantwortlichkeit, jedoch in ihrer Ausprägung als Dispositionsmaxime.[4)] Die hier untersuchten Fragen der Verhandlungsmaxime stellen sich nur in den Grenzen eines zunächst einmal kraft Parteidisposition festgelegten Streitgegenstandes.[5)] Zwar sind Überschneidungen zwischen der Einflußnahme des Richters auf die Streitgegenstandsbestimmung und die Tatsachenbestimmung durchaus gegeben.[6)] Doch bietet die hier gewählte Beschränkung auf die Problematik der Verhandlungsmaxime den Vorzug einer klaren Abgrenzung.

Nicht untersucht wird weiter die Frage, wie weit der Richter im Rahmen der §§ 272 b Abs. 2 Nr. 1; 139 ZPO bei unschlüssigem bzw. unsubstantiiertem Parteivorbringen gehen m u ß. Auch hierzu gibt es Formeln wie z.B.: die richterliche Aufklärung habe einer Klage nicht erst den Boden zu be-

---

2) Hierzu oben 67 f.

3) Vgl. RGZ 106, 115 (119); 109, 69 (70); 158, 40 (48); BGHZ 7, 208 (211 f); 24, 269 (278 f); Kuchinke, JuS 1967, 298; - ferner: "das Gericht ist nach § 139 ZPO nicht verpflichtet, die Parteien zu veranlassen, ihrem Wesen nach andere, auf anderen Anspruchsgrundlagen beruhende Anträge zu stellen" (BGHZ 7, 208, 211 f.).

4) Vgl. hierzu oben Einleitung S. 1.

5) Vgl. Brüggemann, Judex, S. 371.

6) Vgl. Baur, Vorbereitung, S. 210 Fn. 3.

reiten, auf dem sie Aussicht auf Erfolg haben könnte[7]; das Gericht sei nicht dazu da, den Parteien zur Schlüssigkeit ihres Tatsachenvortrags zu verhelfen.[8] Hier wären sicher weitere Untersuchungen über die richterliche Fragepflicht speziell im Vorbereitungsstadium nützlich. Doch geht es darum nicht in der vorliegenden Untersuchung. Die richterliche Hinweispflicht wird nur insoweit näher erörtert, als dies für die Abgrenzung des richterlichen Einflußbereichs nötig ist. Die Parteiherrschaft wird aber so weit zurückgedrängt, wie der Richter gehen d a r f. Daß er auch bei unschlüssigem bzw. unsubstantiiertem Vorbringen weitgehend helfen m u ß, wird dabei mit der heute h. M.[9] unterstellt.

3. Der Zusammenhang zwischen Sachaufklärung und Rechtsanwendung

3.1 Tatsachenselektion durch rechtliche Aufbereitung des Sachverhalts

Zur r e c h t l i c h e n Aufbereitung des Tatsachenstoffs zergliedert der Richter diesen nach einem Schema materiellrechtlicher Ansprüche und Einwendungen, um festzustellen, ob die Behauptungen der Parteien die von ihnen begehrte Rechtsfolge rechtfertigen. Die Parteien tragen einen Lebenssachverhalt mehr oder weniger rudimentär, jedenfalls selten umfassend zur Begründung ihrer Anträge vor. Der Richter mustert die in Frage kommenden Anspruchsgrundlagen und Einwendung darauf durch, ob sie "passen", und veranlaßt sodann die Parteien, das von ihm vorläufig entworfene Schema

---

7) RGZ 91, 265 (268); Thomas-Putzo, § 139 Anm. 2.

8) Leonardy, NJW 1965, 2192; dazu Schneider MDR 1968, 722.

9) RGZ 139, 208 (213); 145, 322 (324); BGH NJW 1967, 57 (58); BAG NJW 1967, 1631; Peters, JW 1938, 1433 f; Kuchinke, JuS 1967, 298 f; Schneider, MDR 1968, 722 f; Baumbach-Lauterbach, § 139 Anm. 2 A; Wieczorek, § 139 Rdn. B III a 2; Blomeyer, Erkenntnisverfahren, § 19 I 2.

ergänzend mit Tatsachen auszufüllen. Es liegt auf der Hand, daß dies nicht nur Erwägung von Rechtsanwendung auf vorgetragene Behauptungen, sondern ebensowohl Tatsachenselektion im Hinblick auf ins Auge gefaßte Rechtsanwendung ist. Indem der Richter seine vorbereitenden Aufklärungsmaßnahmen nach dem Ergebnis seiner - im Laufe des Vorbereitungsstadiums eventuell korrigierten[10)] - Prüfung ausrichtet, breitet er im Geiste ein Netzwerk von Gedankenlinien über dem Tatsachenmaterial aus und determiniert so nicht nur die Einordnung des bereits schriftsätzlich Vorgebrachten, sondern auch die - von ihm so gesehene - Notwendigkeit weiteren Sachvortrags. Je strenger der Richter an dem einmal angelegten Konzept festhält, desto mehr gleicht sein Gedankenschema einem Magnetfeld, in das sich die Einzelbehauptungen nur nach festliegenden Feldlinien einordnen können. Sind sie dafür nicht geeignet, so können sie für den Richter keine sinnvollen Rechtsfiguren mehr ergeben, sondern fallen bedeutungslos aus dem angelegten Schema heraus.[11)]

In einfach gelagerten Fällen ist diese Entwicklung des Rechtsstreits ebenso unausweichlich wie einsichtig.[12)] Werden die Rechtsfragen jedoch schwieriger, wird insbesondere der Sachverhalt komplexer, so kann ein derartiges Vorgehen des Richters möglicherweise mit Sinn und Zweck des § 272 b ZPO kollidieren. Die Vorbereitung kann die eigentlich entscheidende Rolle im Verfahrensgang übernehmen, ohne daß den

---

10) Siehe oben S. 67..

11) Es muß wiederholt darauf hingewiesen werden, daß sich diese Vorstellung am energischen, seine Befugnisse aus §§ 272 b, 139 ZPO voll ausschöpfenden Richter orientiert. Wie weit dieser gehen kann, soll geprüft werden.

12) Freilich gehören gerade die "unerheblichen" Fakten nach dem Parteiverständnis meist durchaus "zur Sache", nämlich zum Lebenssachverhalt im naiv anschaulichen Sinne. Hier deutet sich schon das Bedürfnis für ein V e r - s t ä n d l i c h m a c h e n der Selektionskriterien des Richters gegenüber den Parteien an. Siehe im übrigen unten S. 107 ff.

Parteien die mit der Mündlichkeit gewährleisteten Mitwirkungsrechte gesichert wären.[13]

3.2 Die Rechtsanwendungsproblematik

Hierzu ist das allgemeine Problem der Rechtsanwendung durch den Richter angesprochen. Nach der hier (S. 10) zugrundegelegten, zunächst einmal rein empirisch abgeleiteten Vorstellung sind Sachaufklärung und Rechtsanwendung zwei sich gegenseitig beeinflussende Prozesse. Daraus entsteht die Frage, ob denn die Parteien durch eine so betriebene Vorbereitung nicht überspielt werden. Das aber wäre ein Scheinproblem, wenn Rechtsanwendung sich im wesentlichen in syllogistischer Subsumtion erschöpfte.[14] Dann wird mit Maßnahmen nach § 272 b ZPO der Sachverhalt aufgeklärt und sonst nichts. Ebenso wenn Rechtsanwendung "konditional programmiertes Entscheiden"[15] ist:

$$\text{wenn } T_1 + T_2 - \text{ dann } R.$$

Der Richter hat dann ausschließlich die Richtigkeit der Subsumtion, das "Feststellen von Begriffen und Fakten als so und nicht anders"[16] zu verantworten.[17] Es ist hier nicht

13) Hierzu oben S. 74 f.

14) Vgl. Enneccerus-Nipperdey, § 51 I S. 311 - 314: "Es ist daher zunächst der Lebenstatbestand (der Sachverhalt) festzustellen. Hierüber sind im Prozeßrecht Grundsätze enthalten. Alsdann gilt es, um die richtige Subsumtion vorzunehmen, die maßgebenden Rechtsnormen zu finden und ihren Sinn zu bestimmen." Vgl. schon Gönner, Handbuch I, S. 180: "Recht besteht in der Übereinstimmung mit dem Gesetze, folglich muß dem Schutze des Staates eine Untersuchung vorausgehen, welche aus zwei Theilen besteht, erstens: welches die eigentlichen Merkmale des Factums sind, über welche der Richter die Rechte unter den streitenden Theilen bestimmen soll; zweytens ob diese Merkmale identisch seyen mit den Merkmalen des im Gesetze entschiedenen Falles."

15) Luhmann, Legitimation, S. 129 ff, 131.

16) Luhmann, Legitimation, S. 132.

17) Luhmann, Legitimation, S. 134.

der Ort, die Rechtsanwendungsproblematik näher zu erörtern. Aber der Zusammenhang mit dem Thema zwingt doch zu einer, wenngleich thesenhaften Erläuterung der eigenen Prämisse.[18) Die beiden skizzierten Vorstellungen von Rechtsanwendung entsprechen nicht der Wirklichkeit. Sie setzen eine Norm wie einen "Zollstock"[19) und einen bestimmten, fest umrissenen und dazu "passenden" Sachverhalt voraus.[20) An beidem fehlt es in der Regel. Die Prämissen bedürfen vielmehr sowohl auf der Tatbestands(=Norm-)seite wie auf der Sachverhaltsseite der "Zurichtung".[21)

Dies geschieht, für die vorbereitende Sachaufklärung besonders signifikant, "in Richtung aufeinander zu". Der Sachverhalt wird aufgeklärt und festgestellt im Hinblick auf die Rechtssätze, nach denen er beurteilt werden soll; diese ihrerseits werden im Hinblick auf den zu beurteilenden Sachverhalt umgeformt zu einer hinreichend konkretisierten[22) Norm. Diese Entwicklung sich wechselseitig bestimmender Faktoren des Verstehens ist eine Erscheinungsform des "hermeneutischen Zirkels".[23)

Die hermeneutische Problematik bei der Rechtsanwendung wird von LUHMANN ignoriert.[24) ESSER hat darauf aufmerksam

---

18) Oben Einleitung S. 8.

19) Larenz, Methodenlehre, S. 189.

20) Larenz, a.a.O.; Esser, Vorverständnis, S. 74.

21) Esser, Vorverständnis, S. 53 - 56.

22) Larenz, (Methodenlehre, S. 191) bezeichnet die Überbrükkung des Abstandes zwischen der notwendigen Allgemeinheit der Norm und der Besonderheit des Einzelfalles im Anschluß an Gadamer (Wahrheit und Methode, S. 312) als "Leistung produktiver Rechtsergänzung".

23) Gadamer, Wahrheit und Methode, S. 250 ff; 275 ff; Larenz, Methodenlehre, S. 183 ff; 264 f; vgl. weiter Esser, Vorverständnis, S. 68; Engisch, Logische Studien, S. 14 f; Scheuerle, Rechtsanwendung, S. 23; Döhring, Erforschung des Sachverhalts, S. 14 f, 19.

24) Hierzu eingehend Esser, Vorverständnis, S. 210 f: "Das komplexe richterliche Tatsachenverständnis und das dazu notwendige Vorverständnis bleibt für das Systemprogramm im Sinne Luhmanns schlicht eine unbekannte oder sogar eine irrationale und daher verwerfliche Erscheinung und

gemacht, daß LUHMANN sich ganz am Zivilprozeß älterer Prägung orientiert, da die "unbestimmte Komplexität aller Möglichkeiten" durch "selektive Entscheidungen der Beteiligten" in eine bestimmte greifbare Problematik verwandelt wird.[25] E. SCHMIDT[26] weist mit Recht auf die Diskrepanz zwischen der LUHMANNschen Vorstellung von der "Faktensammelei" des Richters und der Realität "justizförmiger Arbeit" hin.[27] Mit LUHMANNs konditional programmiertem Entscheiden ist eine engagierte, zielstrebige Aufklärungsarbeit des Richters, wie sie seit mindestens 90 Jahren diskutiert wird, unvereinbar.[28] Zwar ist es auch von seinem Konzept einer "Legitimation durch Verfahren"[29] effektiver, mit den Parteien ein Gespräch zu führen, als ihnen "nur einige noch fehlende In-

---

24) (Forts.)
Entscheidungsgröße (Esser, a.a.O. S. 211).

25) Luhmann, Legitimation, S. 40; dazu Esser (Vorverständnis, S. 209): "Man sieht ..., wie ausschließlich Luhmann seine Vorstellungen am älteren Zivilprozeß, insbesondere an der Verhandlungsmaxime entwickelt ... Dieses Abstellen übersieht nun, daß tatsächlich *die selektive Leistung* nicht von den Parteien vollbracht wird, sondern *vom Richter*, der sein Bild von der rechtlichen Relevanz der Tatsachen auf eigene Verantwortung ins Spiel zu bringen hat. Damit sich die 'Komplexität aller Möglichkeiten in eine bestimmte greifbare Problematik verwandelt', ist eben normative Selektion aus dem Rechtsverständnis nicht der Parteien, sondern des Gerichts erforderlich, und dieses Rechtsverständnis ist seinerseits keine tatsachenfremde Systemfunktion, sondern ist angewiesen auf ein vorsystematisches, also seinerseits komplexes Interessenverständnis." (Hervorhebung vom Verfasser).

26) Zweck des Zivilprozesses, S. 18.

27) Hierzu auch Esser, Vorverständnis, S. 210 unten, 213.

28) Vgl. hierzu Esser, Vorverständnis, S. 209 unten, 210.

29) Auf eine Darstellung muß hier verzichtet werden; vgl. dazu Esser, Vorverständnis, S. 205 - 216; E. Schmidt, Zweck des Zivilprozesses, S. 16 - 18; kritisch zum Terminus "Legitimation" i.S. Luhmann: Larenz, Methodenlehre, S. 176 - 178.

formationen" abzuverlangen.[30] Aber ein echtes Rechtsgespräch ist ebensowenig wie richterliche Ermittlungstätigkeit mit der "Weisheit der Beschränkung des Rechts auf konditionale Programme"[31] vereinbar.

Nach der tagtäglich erfahrbaren Realität der Rechtsanwendung ist ferner die in der Vorstellung vom konditionalen Entscheidungsprogramm enthaltene Prämisse unhaltbar, daß die Subsumtion ein im wesentlichen logischer Vorgang sei.[32] Tatsächlich stehen Wertungen im Mittelpunkt der Auslegung und Anwendung der Normen[33], gleichviel ob diese am Normzweck orientierten[34] Wertungen nun Nachvollzug oder Weiterentwicklung der im Gesetz angelegten Ordnung[35] sind, oder ob der Richter selbst den materialen Zweck setzt.[36] Allemal ist die Vorstellung, der Richter entnehme "sein Urteil dem geschriebenen Recht, in dem definiert ist, welche Tatsachen in welchem Sinne für die Entscheidung relevant sind ...", allzusehr vereinfacht.[37] "Die stereotype Behauptung, der Richter müsse nur richtig subsumieren, um ein korrekter Rechtsanwender zu sein, erweist sich als eine der verfänglichsten Verschleierungen wirklich relevanter Urteilsvorgänge. Die Richtigkeit der Subsumtion hängt von der Richtigkeit der Obersatzbildung und der Sachverhaltswürdigung ab, und keines der beiden Urteile kann vom Gesetzgeber vorfabriziert

30) Luhmann, Legitimation, S. 115.

31) Luhmann, Legitimation, S. 135.

32) Esser, Vorverständnis, S. 54 m. N.; Schwerdtner, JuS 1972, 358; Larenz, Methodenlehre, S. 191 f.

33) Esser, Vorverständnis, S. 49 f, 54 ff, 62, 102 ff, 106; Larenz, Methodenlehre, S. 192 ff.

34) Esser, Vorverständnis, S. 49 f, 55 ff.

35) BVerfGE 34, 269 (292).

36) So E. Schmidt, Normzweck und Zweckprogramm, S. 145; vgl. auch Esser, AcP 172, 112: "Die Programmierung des Norminhaltes ist nicht ausschließlich Sache des Gesetzgebers, sondern eine Kooperationsfrage von Textformulierung und Textverständnis im Lichte der aktuellen Problemsicht."

37) Luhmann, Legitimation, S. 64.

zur Verfütterung an eine Datenverarbeitungsmaschine angeboten werden."[38]

Für die hier interessierende t a t r i c h t e r l i c h e Arbeit scheint nun charakteristisch zu sein, daß nicht etwa von Fall zu Fall jede Norm neu "verstanden" werden muß. Der Richter hat vielmehr durch Doktrin und höchstrichterliche Rechtsprechung anerkannte "vorfabrizierte Qualifikationen" und "Formeln als Fertigteile"[39] in reichlicher Anzahl zur Hand, die ihn von den eigentlichen Auslegungsproblemen teilweise entlasten. Folglich werden viele Begriffe, Rechtsfiguren und Lösungsmuster unreflektiert nachvollzogen.[40] Rein faktisch folgen die Instanzgerichte, ohne daß eine rechtliche Bindung vorliegt, den höchstrichterlichen Präjudizien schon aus Praktikabilitätsgründen. Nicht zuletzt hierdurch wird eine gewisse Gleichmäßigkeit der Rechtsprechung gewährleistet[41] und der Gefahr der Rechtsunsicherheit vorgebeugt, die mit der "Offenheit" der Normsprache[42] anstelle verbindlicher Konditionalprogramme notwendig einhergeht.

Andererseits ist die so garantierte Gleichmäßigkeit der Rechtsprechung aber auch nicht allzu groß. Zwar liefern Lehre und Rechtsprechung zu den zahlreichen wertausfüllungsbedürftigen Begriffen, Tatbeständen und Generalklauseln Maßstäbe für die Ausfüllung im Einzelfall.[43] Dasselbe gilt für gesetzlich nicht oder unvollständig geregelte Ansprüche und Rechtsfiguren wie z.B. den Schmerzensgeldanspruch bei Verletzungen des allgemeinen Persönlichkeitsrechts, die Produzentenhaftung, das Streikrecht und die Schadenshaftung im nicht kodifizierten Arbeitsrecht. Aber einmal werden auch hier ebensowenig wie durch das Gesetz selbst eindeutige,

38) Esser, Vorverständnis, S. 63.

39) Esser, Vorverständnis, S. 56.

40) Esser, Vorverständnis, S. 57, 194.

41) Larenz, Methodenlehre, S. 192, 424.

42) Esser, Vorverständnis, S. 50, 137.

43) Vgl. Esser, Vorverständnis, S. 56.

einem Konditionalprogramm gleichkommende Muster zur Verfügung gestellt. Zum anderen gibt es in der täglichen Rechtsanwendung immerfort Fälle, die sich der glatten Einpassung in die bisherigen Lösungsschemata entziehen. Gerade die höchstrichterliche Rechtsprechung der letzten Jahre enthält reichhaltige Belege dafür, wie soziale Konflikte aufgrund alten Rechts neu gelöst werden.[44)]

Diese Konflikte beschäftigen aber den nachdenklichen Instanzrichter, lange bevor höchstrichterliche Entscheidungen dazu vorliegen. Vor allem in den M a s s e n prozessen auf den vom Sozialschutz wesentlich mitbestimmten Rechtsgebieten des Arbeitsrechts, des Mietrechts und des Abzahlungskaufrechts machen laufende gesetzliche Neuregelungen[45)] schon in den Tatsacheninstanzen die normzweckgerechte Erarbeitung von Einzelergebnissen unausweichlich. Die "gesicherten Ergebnisse" von Rechtsprechung und Wissenschaft zu dem bisherigen Recht sind dabei nur Elemente des richterlichen Vorverständnisses.[46)]

Man mag einwenden, diese Schwierigkeiten seien jeweils nur für eine Übergangszeit vorhanden, bis sich wieder eine gefestigte Meinung gebildet habe. Jedoch kann sich neues Recht unter den gegenwärtigen Bedingungen schwerlich zu einem gesicherten Bestand auf dem Boden einer ständigen Rechtsprechung konsolidieren. Gerade auf den erwähnten Gebieten elementarer individueller und gesellschaftlicher Bedürfnisse findet ebenso wie auf dem Feld des Wirtschaftsrechts ein unentwegter dynamischer Prozeß von Interessenkämpfen statt, der nicht zuletzt den "Erwartungshorizont" und damit die

---

44) E. Schmidt, Normzweck und Zweckprogramm, S. 143 f mit zahlreichen Beispielen.

45) Vgl. nur: Zweites Wohnraumkündigungsschutzgesetz vom 18.12.1974; Betriebsverfassungsgesetz vom 15.1.1972; §§ 1 a - 1 d AbzG i.d.F. des Änderungsgesetzes vom 15.5.72; § 1 KSchG i.d.F. des Änderungsgesetzes vom 15.1.1972.

46) Esser, Vorverständnis, S. 10, 13; Larenz, Methodenlehre, S. 185 ff.

"Sinnerwartung" des einzelnen Richters, sein Vorverständnis bestimmt.[47]

So bleiben bei näherer Betrachtung als Entlastung des Instanzrichters die - in ihrer praktischen Bedeutung allerdings nicht zu unterschätzenden - begrifflichen Vorprägungen für bestimmte Tatbestandsmerkmale, die Maßstäbe für wertausfüllungsbedürftige Begriffe und die höchstrichterliche Entscheidungen zu grundsätzlichen Wertungs- und Konstruktionsfragen im weitesten Sinne. Wird dadurch auch die Rechtsanwendung in der Praxis beträchtlich erleichert, so bleibt das hier untersuchte Problem der Vor-Entscheidung durch richterliche Tatsachenselektion doch bestehen.[48]

4. Richterliche Hinweispflicht

Wie können die mit der ratio des § 272 b ZPO gegebenen ver fahrensrechtlichen Wertungen mit der beschriebenen Tatsachenselektion vereinbart werden? Eine Synthese erscheint denkbar und realisierbar, wenn der Richter den Parteien rechtliche Hinweise über die von ihm eingeschlagene "Richtung" der Sachaufklärung gibt. Damit wird die vorbereitende richterliche Sachaufklärung für die Parteien einsichtig. Dies zwingt den Richter wiederum zu gründlicher Arbeit, die einem kritischen gedanklichen Nachvollzug standhält. Den Parteien wird im richtigen Zeitpunkt klargemacht, daß die Sachaufklärung in bestimmter Weise eingeschränkt bzw. ausgedehnt wird. Sie können sich darauf einstellen, können aber auch der rechtlichen Intention des Richters widersprechen und danach andere Sachverhaltsvarianten zur Aufklärung vor-

---

47) Näher Esser, Vorverständnis, S. 140; vgl. auch Kaiser, NJW 1975, 2237 f, zur aktuellen Problematik "Raucher als Störer".

48) Vgl. Esser, Vorverständnis, S. 58: "... in der Vorbereitung liegt schon die Entscheidung, und in Erwägung dieser Entscheidung und ihres Ergebnisses wurde das betreffende Urteil über die Reichweite des hier kritischen Begriffs im Obersatz oder im Untersatz abgegeben."

schlagen, insbesondere ihren Vortrag entsprechend ergänzen. Der Richter kann dem nicht ausweichen. Das dient der Verfahrenskonzentration; der Richter kann sich darauf einstellen, daß die Parteien seine Aufklärungsintention akzeptieren bzw. nicht akzeptieren. Er braucht, wenn ersteres der Fall ist, in der Regel nicht damit zu rechnen, daß später andere, vorher nicht schriftsätzlich diskutierte Sachverhaltsvarianten zur Sprache kommen. Andererseits kann es auch zweckmäßig sein, die Aufklärung einer Sachverhaltsvariante von vornherein mit der Maßgabe vorzubereiten, evtl. auf andere bestimmte Sachverhaltsvarianten zurückzugreifen. Auch hier muß dann der Richter entsprechend hinweisen, müssen die Parteien sich entsprechend erklären.

4.1 Zulässigkeit rechtlicher Hinweise durch den Richter

Tatsächlich wird die Hinweispflicht im Stuttgarter Verfahren praktiziert: "Den Anwälten werden rechtliche Hinweise gegeben, was die Kammer von der Sache hält."[49] Dieser Satz bezieht sich auf das Vorbereitungsstadium, genauer: auf die Maßnahmen nach der "Vorberatung". Die damit angesprochenen Hinweise erfassen sachlich auch die oben im Text vorgeschlagenen. Sie werden offenbar in der Praxis des Stuttgarter Verfahrens aus den angegebenen Gründen als zweckmäßig angesehen. Sie sind auch nach allgemeiner Meinung[50] zulässig.

49) Bender, JA 1971, 690 (in Benders Aufsatz DRiZ 1968, 163 war davon noch nicht die Rede); Baumgärtel, JR 1973, 312; Strohm, AnwBl 1969, 422. Die Vereinfachungsnovelle 1974 sieht eine gesetzliche Festlegung dieser Hinweispflicht nicht vor (vgl. §§ 139; 270 Abs. 1; 272 Abs. 2, 4; 277 Abs. 1 EZPO); aus der Begründung der Novelle läßt sich nicht entnehmen, ob das Problem übersehen oder eine entsprechende Vorschrift für überflüssig erachtet wurde. Siehe auch unten S. 99 Fn. 75.

50) Stein-Jonas-Schumann-Leipold, § 272 b Anm. III 1 a; Baumbach-Lauterbach § 272 b Anm. 3 A; Schönke-Schröder-Niese, § 54 II 1 a; Rosenberg-Schwab, § 84 II 2.

Damit ist aber noch nicht gesagt, daß den Richter auch insoweit eine Hinweis p f l i c h t trifft.

4.2 Rechtspflicht zu rechtlichen Hinweisen

Eine Verpflichtung des Richters zu solchen Hinweisen könnte sich einmal aus § 139 ZPO ergeben. Wäre das zu verneinen, käme ein Rückgriff auf das "Prozeßgrundrecht" des rechtlichen Gehörs[51] in Frage, bei dessen Verletzung die Verfassungsbeschwerde gegeben wäre (§ 90 BVerfGG). Wenn aber schon § 139 ZPO die Hinweispflicht begründet, kommt die Anwendung von Art. 103 Abs. 1 GG nicht in Betracht. Denn § 139 ZPO stellt neben anderen ZPO-Bestimmungen (etwa §§ 136, 137, 510 c, 579 Abs. 3)[52] die spezifisch zivilprozessuale Ausgestaltung des allgemeinen Grundsatzes des rechtlichen Gehörs dar[53], der dort eine rechtsstaatlichen Forderungen genügende Konkretisierung erfahren hat[54], wenn sich die Bedeutung der Vorschrift auch nicht darin erschöpft.[55] Nur soweit das Zivilprozeßrecht das rechtliche Gehör nicht sichert, gilt Art. 103 Abs. 1 GG unmittelbar auch im Zivilprozeß.[56]

4.2.1 Übertragung einer Hinweispflicht aus § 139 ZPO auf das Vorbereitungsverfahren

§ 139 ZPO bezieht sich nach seiner systematischen Stellung im Gesetz eindeutig auf die mündliche Verhandlung. Aber § 272 b Abs. 2 Nr. 1, 1. Fall ZPO, in dessen Rahmen die Frage

---

51) BVerfGE 29, 191 (193).

52) Vgl. RGZ 81, 316 (324); BGH LM § 548 ZPO Nr. 2.

53) RGZ 81, 316 (324); 160, 157 (162; das Reichsgericht führte den Grundsatz des rechtlichen Gehörs jedoch auf die Verhandlungsmaxime zurück, was der heute h. M. widerspricht - vgl. nur BVerfGE 7, 53 (57 f.); Zeuner, Rechtliches Gehör, S. 1014 - 1016; wie das Reichsgericht aber noch BGH LM § 548 ZPO Nr. 2); BVerfGE 9, 89 (95); Stein-Jonas-Pohle, vor § 128 Anm. XI 1; Lent-Jauernig, § 25 XI.

54) BVerfGE 9, 89 (95); vgl. ferner etwa Grunsky, Grundlagen, S. 178; Thomas-Putzo, Einleitung I 4.

allein akut ist, stellt eine Ausgestaltung der richterlichen Aufklärungspflicht aus § 139 ZPO für das Vorbereitungsstadium dar.[57] Es liegt daher, vor allem wegen des aufgezeigten funktionalen Zusammenhangs zwischen § 272 b ZPO und der mündlichen Verhandlung nahe, auch die richterliche Hinweispflicht auf das Vorbereitungsstadium zu erstrecken. Wenn es der Sinn einer systematisch vorbereiteten Sachaufklärung ist, den Tatsachenstoff ordnend für eine auf e i n e n Termin konzentrierte Hauptverhandlung zu sammeln, so wäre es offenbar sinnwidrig, erst i n der mündlichen Verhandlung die erforderlichen rechtlichen Hinweise zu geben, die den Parteien das Verständnis für die richterlichen Aufklärungsmaßnahmen erschließen. Daher wird denn auch in der Literatur zu § 139 ZPO überwiegend darauf hingewiesen, daß die Aufklärungsmaßnahmen nach § 139 ZPO vor der mündlichen Verhandlung gemäß § 272 b ZPO schriftlich zur Vorbereitung der mündlichen Verhandlung vorzunehmen sind.[58]

Falls daher die hier untersuchte Hinweispflicht i n der mündlichen Verhandlung besteht, muß sie grundsätzlich auch im Vorbereitungsverfahren gegeben sein.

4.2.2 Begründung der richterlichen Pflicht zu rechtlichen Hinweisen aus § 139 ZPO

Inhalt und Umfang der richterlichen Aufklärungspflicht i n der mündlichen Verhandlung sind nach wie vor in der Litera-

---

55) Siehe Zeuner, Rechtliches Gehör, S. 1023 f.; Blomeyer, Erkenntnisverfahren, § 19 I S. 85.

56) BVerfG a.a.O.; Stein-Jonas-Pohle a.a.O.; Grunsky, Grundlagen, S. 232.

57) Siehe oben S. 69.

58) Blomeyer, Erkenntnisverfahren, § 19 II; sinngemäß ferner Zöller-Stephan, § 139 Anm. I; Stein-Jonas-Pohle, § 139 III 2; Baumbach-Lauterbach, § 139 Anm. 1 A ("entsprechend"); Thomas-Putzo, § 139 Anm. 1.

tur und Rechtsprechung außerordentlich stark umstritten.[59] Rechtsprechung und Praktikerkommentare[60] tendieren deutlich zu einer engen Begrenzung der Richterpflicht zu rechtlichen Hinweisen[61], was sich nicht zuletzt in der zurückhaltenden bzw. ablehnenden Haltung zum Rechtsgespräch zeigt.[62]

Beträchtlichen Raum bei der Erörterung einer rechtlichen Hinweispflicht nimmt der Gesichtspunkt ein, daß die Parteien vor Überraschungsentscheidungen durch das Gericht zu schützen sind. Insofern stimmen Rechtsprechung und Literatur im Ergebnis überein, daß eine Hinweispflicht besteht, wenn anders die Parteien "durch die Gedanken des Gerichts über-

---

59) Vgl. die Nachweise bei Spohr, Richterliche Aufklärungspflicht; Schmidt-Hieber, Richtermacht und Parteiherrschaft über offenkundige Tatsachen, S. 101 - 116; Rosenberg-Schwab, § 78 III 1; Henckel, Prozeßrecht und materielles Recht, S. 127 - 133; Kasuistik der Rechtsprechung bei Zöller-Stephan, § 139 Anm. II 1 - 3.

60) Aber nicht etwa nur diese, vgl. insbesondere Grunsky, Grundlagen, S. 178.

61) Vgl. etwa Baumbach-Lauterbach, § 139 Anm. 2 A - E; Stein-Jonas-Pohle, § 139 II 1 und III 1; Thomas-Putzo, § 139 Anm. 3 a.

62) BGHZ 24, 269 (278: Keine Offenlegung der Rechtsansicht des Gerichts zur Begründetheit der Klage); BGHZ 31, 43 (46: Keine Verpflichtung zum Rechtsgespräch für Schiedsgerichte, jedoch dahingestellt, ob für ordentliche Gerichte); BayVerfGH NJW 1960, 1051 (1052: Keine generelle Rechtspflicht zum Rechtsgespräch aus § 139 ZPO; keine Rechtspflicht zum Rechtsgespräch aus Art. 103 Abs. 1 GG); BayVerfGH JZ 1963, 63 (64: Einfaches Verfahrensrecht, u.a. § 139 ZPO, fordert Erörterung der Rechtslage, nicht aber Art. 103 Abs. 1 GG); weitere Literaturhinweise zum Rechtsgespräch bei Stein-Jonas-Pohle, vor § 128 Anm. IX 2 c Fn 96 ff.; - Stein-Jonas-Pohle (§ 139 Anm. III 1) begründen hingegen eingehend, warum es z w e c k m ä ß i g ist, die wesentlichen rechtlichen Gesichtspunkte mit den Parteien zu erörtern. - Für eine Rechtspflicht zum Rechtsgespräch u.a.: Lehmann, RheinZ 13, Sonderheft S. 44; Pawlowski, ZZP 80, 359; Arndt, NJW 1959, 8, 1297 ff.; Kuchinke, JuS 1967, 301, Kalthoener, DRiZ 1975, 204 f.

rascht werden".[63] Gewiß kann dieses Überraschungsmoment auch bei der rechtlichen Aufbereitung des Tatsachenstoffes, wie sie hier untersucht wird, auftreten. Doch darf die Frage nach der richterlichen Hinweispflicht auf diese Überraschungsfälle nicht beschränkt werden. Ebensowenig wird das hier interessierende Teilproblem durch die von niemandem bezweifelte Erkenntnis bereinigt, daß der Richter auf eine mögliche rechtliche Beurteilung hinweisen muß, wenn seine Fragen sonst für die Parteien nicht verständlich wären.[64] Denn die hier interessierenden Fragen des Richters nach tatsächlichen Zusammenhängen werden für die Partei meist durchaus verständlich sein. Es geht hier um etwas anderes, und zwar um die Information der Parteien darüber, daß der Richter aus bestimmten rechtlichen Erwägungen bestimmten tatsächlichen Fragen nachgehen möchte. Das ist weniger als ein auf das Vorbereitungsstadium übertragenes Rechts"gespräch", nämlich nur ein rechtlicher Hinweis, welcher die Konsequenz aus der Interdependenz von rechtlicher Würdigung und Sachverhaltsaufklärung[65] zieht. Er ermöglicht die Verständigung zwischen Gericht und Parteien[66] und leistet diesen die erforderliche Hilfestellung dazu, die richterliche Intention bei der Sachaufklärung nachzuvollziehen und sich darauf einzustellen. Dies entspricht dem Zweck des § 139 ZPO, gleich-

63) RG Recht 1918 Nr. 256; OLG Kassel NJW 1949, 232; BGH VersR 1963, 1149; BGH GRUR 1967, 592 (593); BAG AP § 139 ZPO Nr. 1 und 2; Rosenberg-Schwab, § 78 III 1 c; Baumbach-Lauterbach, § 139 Anm. 2 E; Wieczorek, § 139 Rdn. A. - Vielfach wird in der Unterlassung eines Hinweises in diesen Fällen eine Verletzung des rechtlichen Gehörs gesehen; vgl. Rosenberg-Schwab a.a.O.; Stein-Jonas-Pohle, vor § 128 Anm. IX 2 c.

64) RG Gruchot 60 (1916) Nr. 78, S. 875 (877); Nr. 85, S. 994 (998 f.); Wieczorek, § 139 Rdn. A II a; ferner Schneider, MDR 1968, 725.

65) Vgl. außer den Nachweisen oben S. 87 ff.etwa Zeuner, Rechtliches Gehör, S. 1024; Henckel, Prozeßrecht und materielles Recht, S. 129 ff, Kuchinke, JuS 1967, 301.

66) Vgl. Rosenberg-Schwab, § 78 III 3 c; Wieczorek, § 139 Rdn. A; Spohr, Richterliche Aufklärungspflicht, S. 152 ff. ("Verständigungsfunktion").

gültig ob man diesen mehr in der umfassenden definitiven Streitbereinigung[67] oder in einer Hilfestellung für die Parteien[68] erblickt.

Zieht man weiter das in § 139 ZPO steckende Element des rechtlichen Gehörs in Betracht - ohne den Unterschied zwischen Art. 103 Abs. 1 GG und § 139 ZPO aus dem Auge zu verlieren - [69], so ergeben sich zusätzliche Argumente für eine Bejahung der Hinweispflicht. Einer der Grundgedanken des Grundsatzes des rechtlichen Gehörs ist es, die Verfahrensbeteiligten vor einer Objektstellung zu bewahren und sie in einer der Würde des Menschen entsprechenden Weise im Verfahren zu Wort kommen zu lassen, damit sie auf dessen Ergebnis aktiv Einfluß nehmen können.[70] Dieser Gedanke bleibt illusorisch, wenn den Parteien nicht von einem die Sachaufklärung in die Hand nehmenden Richter rechtliche Hinweise für seine Tatsachenselektion erteilt werden. So ergibt sich aus der Gehör-Idee die scheinbar paradoxe Notwendigkeit, eine Partei m i t bestimmung gegenüber einer richterlichen Aufklärungsmacht zu behaupten, die als Regulativ in eine ursprünglich auf nahezu ausschließliche Parteiherrschaft angelegte Verfahrensordnung eingebaut wurde.

Der Grundsatz des rechtlichen Gehörs hat ferner eine Garantiefunktion für eine richtige und damit gerechte Entschei-

---

67) Blomeyer, Erkenntnisverfahren, § 19 I unter Bezugnahme auf BGHZ 3, 206 (213), wo dies aber nicht als Kriterium der Aufklärungspflicht, sondern der Sachdienlichkeit des Klageantrags bezeichnet wird; ferner Schneider, MDR 1968, 724.

68) Henckel, Prozeßrecht und materielles Recht, S. 132; Grunsky, Grundlagen, S. 178; Stein-Jonas-Pohle, § 139 Anm. I; Rosenberg-Schwab, § 78 III; vgl. auch Motive, Hahn S. 214, 215.

69) Hierzu Maunz-Dürig, Art. 103 Abs. I Rdn. 28; Zeuner, Rechtliches Gehör, S. 1023; Blomeyer, Erkenntnisverfahren, § 19 I S. 85; BayVerfGH NJW 1960, 1051 f; Kuchinke, JuS 1967, 299 f.

70) BVerfGE 9, 89 (95); aus der Literatur siehe vornehmlich Zeuner, a.a.O. S. 1014 ff; Maunz-Dürig, Art. 103 Abs. I Rdn. 5, 6; kritisch hierzu Kollhosser, Verfahrensbeteiligte, S. 91 f; Blomeyer, Erkenntnisverahren, § 16 I 2.

dung.[71] Näher konkretisiert heißt das: seine Gewährung wirkt als Abwehrmittel gegen das stets akut durch Richterirrtum drohende Unrecht.[72] D a r u m k a n n den Parteien das Recht zum Tatsachenvortrag nicht durch ein bestimmtes rechtliches Richterkonzept verkürzt und auf - nach Richtermeinung - "objektiv" erhebliche Tatsachen beschränkt werden; es erstreckt sich vielmehr auf alle p o t e n t i e l l erheblichen Tatsachen.[73] Darum muß der Richter bei einer Verfahrensgestaltung, die ihm die Leitung und Steuerung des Sachaufklärungsvorgangs weitgehend überantwortet, die Parteien auf seine Selektionskriterien hinweisen. Dies umso mehr, als § 139 ZPO die im Gehörgrundsatz nur allgemein angelegte Schutz- und Garantiefunktion in konkrete verfahrensrechtliche Richterpflichten ausformt, insbesondere in Richtung auf eine gründliche Sachaufklärung.[74]

4.3 Praktikabilität rechtlicher Hinweise im Vorbereitungsstadium

Ist danach eine Verpflichtung des Richters zu rechtlichen Hinweisen über die Grundlagen seiner Tatsachenauswahl nach § 139 ZPO zu bejahen[75], so ist doch vor einer Übertragung dieser Hinweispflicht auf das Vorbereitungsverfahren noch zu erwägen, ob dies überhaupt praktikabel ist. Denn es ist of-

71) BVerfGE 9, 89 (95); Blomeyer, Erkenntnisverfahren, § 16 I 1; Arndt, NJW 1959, 1300.

72) Vgl. Kollhosser, Verfahrensbeteiligte, S. 93.

73) Kollhosser, Verfahrensbeteiligte, S. 87 und 93 f; Maunz-Dürig, Art. 103 Abs. I Rdn. 42, 43; einschränkend Stein-Jonas-Pohle, vor § 128 Anm. IX 2 c.

74) Vgl. Kuchinke, JuS 1967, 301.

75) So schon K. Schneider, Richterliche Ermittlung, S. 111; dagegen Stein-Jonas-Pohle, § 139 Anm. II 1 c; Der Referentenentwurf zur ZPO-Novelle 1924 sah folgende Fassung des § 139 Abs. 1 S. 2 ZPO vor: "Er hat zu diesem Zweck ... Fragen zu stellen und die r e c h l i c h e Beurteilung des Sachverhalts, von dem das Gericht ausgeht, bekanntzugeben". (Nachweis bei Damrau, Entwicklung einzelner Prozeßmaximen, S. 315; Hervorhebung hier vom Verfasser).

fenbar ausgeschlossen, die Parteien durch schriftliche Hinweise an jenem komplizierten Verstehensprozeß voll teilnehmen zu lassen, den die Erarbeitung von Norm und Sachverhalt darstellt. Dies würde, von der reflektorischen Bewußtmachung bis zur Verdeutlichung gegenüber den Parteien, den Richter vollkommen überfordern und ist ganz undiskutabel. Überdies ist das vom Sinn der Hinweispflicht her nicht nur nicht zu verlangen, sondern anzulehnen. Die Parteien würden nämlich nicht aufgeklärt, sondern irritiert. Der Sinn der Hinweispflicht verlangt nur, daß den Parteien die "Richtung" der Sachaufklärung klargemacht wird. Sie müssen erfahren, daß sich die vorbereitende Aufklärung auf diese und jene Umstände erstreckt, während sie bestimmte andere zunächst vernachlässigt. Sie müssen ferner über die rechtlichen Erwägungen, welche dieser Richtungsbestimmung zugrundeliegen, in groben Zügen informiert werden.[76] Schließlich darf der deutliche Hinweis auf den vorläufigen Charakter dieser Richtungsbestimmung nicht fehlen. Dies läßt sich alles schriftlich ohne allzu große Schwierigkeiten erledigen, was selbstverständlich voraussetzt, daß der Richter sich von dem herkömmlichen S c h e m a formalisierter Aufklärungsbeschlüsse freimacht, das sich ganz an dem schulmäßigen Beweisbeschluß (§ 359 ZPO) orientiert.

Es ist zuzugeben, daß dennoch die Anforderungen an den Richter hierbei hoch sind; indessen nicht höher, als es der mit § 272 b ZPO gegebene Machtzuwachs verlangt. Kann der Richter mit quasi determinierender Wirkung Sachverhaltsvarianten fallen lassen bzw. Sachverhaltsausschnitte auswählen und innerhalb des gewählten Ausschnitts ergänzend aufklären, so muß dem ein adäquater Verantwortungszuwachs als Ausgleich gegenüberstehen. Das kann, wenn kein autoritär geführter Richterprozeß entstehen soll, nur O f f e n h e i t gegenüber den Parteien und deren Einladung zur Mitwirkung heißen. Qualitativ mangelhafte Vorbereitung darf nicht durch mangel-

76) Der Richter muß sein "Fallverständnis aufdecken" (E. Schmidt, Zweck des Zivilprozesses, S. 23).

hafte Offenlegung der Richterkonzeption kaschiert werden. Wenn die Umstände - mangelnde Zeit, mangelnde Gerichtsausstattung, bedingt gute Richterqualität - ein volles Ausschöpfen der prozessualen Möglichkeiten des § 272 b ZPO nach dessen Sinn und Zweck nicht erlauben, dann ist es unzulässig, die Vorschrift, wie meist bisher geschehen, h a l b anzuwenden. Die Bestimmung war von Beginn und ist heute im Gewand der §§ 272, 277 Abs. 1 EZPO eine Reformbestimmung und wird auch in der Praxis vornehmlich mit Reform-Engagement angewandt. Daher müssen die Konsequenzen einer strengen sinn- und zweckgemäßen Anwendung uneingeschränkt gezogen werden. Ein Verfahren im herkömmlichen Stil, d.h. ohne intensivere Vorbereitung der ersten mündlichen Verhandlung, wäre daher immer noch einem Verfahren vorzuziehen, in dem der Richter nach § 272 b ZPO ohne die hier geforderten Grenzen und damit in einem wichtigen Verfahrensabschnitt letztlich willkürlich und autoritär schalten und walten würde.

Zweifellos ist jedoch eine solche Hinweispflicht auf den Anwaltsprozeß zugeschnitten, wie ja auch das Stuttgarter Modell, in dem die Hinweispflicht praktiziert wird, für den Anwaltsprozeß konzipiert wurde. Im Parteiprozeß entstehen dagegen Schwierigkeiten, weil die Parteien den Hinweisen des Richters selten werden folgen können und so gut wie niemals imstande sind, mit eigenen Vorstellungen und Vorschlägen darauf zu reagieren. Richterliche Hinweise können aber niemals als tote Floskeln, um dem Gesetz Genüge zu tun, wie reine Formalitäten "abgespult" werden. Das widerspricht dem Geist der richterlichen Aufklärungspflicht. Fehlt, wie im Parteiprozeß, nach Lage der Dinge die Aufnahmefähigkeit für richterliche Hinweise, so sind diese unangebracht und tun dem Gesetz eben nicht Genüge.

Den Parteien können aber, weil sie schwächer und damit der richterlichen Hilfe bedürftiger sind als anwaltlich vertretene, nicht weniger Rechte hinsichtlich der Sachaufklärung zustehen. Aber aus ihrer andersartigen Stellung im Vergleich zum Anwaltsprozeß folgt notwendig eine Modifizierung ihrer Aufklärung über die Stoffsammlung durch den Richter. Diese kann, weil der rechtskundige Mittler in Person des Rechtsanwaltes fehlt, sinnvoll nur mündlich im ersten Verhandlungstermin versucht werden, wobei der Richter sich, so gut es geht, auf den Empfängerhorizont der Partei einstellen muß.

Dieses, die Durchführung der mündlichen Verhandlung betreffende Ergebnis besagt für das hier behandelte Vorbereitungsstadium, daß eine so weitgehende "Festlegung" des Richters wie im Anwaltsprozeß nicht zulässig ist. Die praktischen Folgen dieser Einschränkung sind jedoch nicht groß. Im amtsgerichtlichen Verfahren kann ein erster Verhandlungstermin ohnehin nur selten erschöpfend gemäß § 272 b ZPO vorbereitet werden.[77)] Ohne mündliche Hinweise des Richters sind die Parteischriftsätze fast stets mangelhaft.[78)] Die Eigenart des amtsgerichtlichen Verfahrens legt daher einen ersten Verhandlungstermin ähnlich dem arbeitsgerichtlichen Gütetermin nahe.[79)] Im arbeitsgerichtlichen Verfahren werden die Verständigungsschwierigkeiten weitgehend durch die verbreitete Vertretung der Parteien durch sachkundige Verbandsvertreter (vgl. § 11 ArbGG) ausgeschaltet. Wo es aber an einer solchen oder einer Anwaltsvertretung fehlt, wäre eine schriftliche Vorbereitung eines ersten Verhandlungstermins - also ohne vorherigen Gütetermin - praktisch undurchführbar. Ähnliches möchte ich für das amtsgerichtliche Verfahren behaupten.

Wenn der Richter demnach im Parteiprozeß seine Hinweise erst in der mündlichen Verhandlung zu geben hat, so kann er seine Pflicht durch schriftliche Hinweise nicht erfüllen.[80)] Ist nur e i n e Partei anwaltlich vertreten - was im

---

77) Siehe oben S. 64.

78) Kurz und treffend beschreibt Mohr (DRiZ 1972, 418) die praktischen Schwierigkeiten. In diesem Punkt wird er auch von Kotthaus (DRiZ 1973, 164) nicht widerlegt.

79) Siehe oben S. 65.

80) Praktisch wird ohnehin kein Richter diese überflüssige Arbeit leisten.

Amtsgerichtsprozeß gelegentlich vorkommt -, so kann diese nicht etwa vor, die andere Partei aber erst in der mündlichen Verhandlung unterrichtet werden. Der Richter würde damit einer Partei einen "Informationsvorsprung" geben, sie damit bevorzugen und seine Neutralität ebenso wie den Grundsatz der Gleichbehandlung verletzen. Die für den Parteiprozeß gesetzlich geduldete Waffenungleichheit[81] darf der Richter nicht noch verstärken.

4.4 Vorwegnahme der mündlichen Verhandlung durch rechtliche Hinweise

Ein zweites Bedenken ist genereller Natur: Wird durch eine mehr oder weniger genaue schriftliche Festlegung des Richters im Vorbereitungsstadium nicht eben jene Gefahr heraufbeschworen, die vermieden werden soll, nämlich die einer Vorwegnahme der mündlichen Verhandlung?[82] Wenn die vorbereitende Sachaufklärung r i c h t i g in dem hier gemeinten Sinne gem. § 272 b ZPO vor sich geht, besteht in Wirklichkeit keine ernsthafte derartige Gefahr. Die provisorische Natur der Vorbereitung muß eben, bis sich das - noch immer - neue Verfahren eingebürgert hat, immer wieder - auch ausdrücklich - in den prozeßleitenden Verfügungen hervorgehoben werden. M.E. sind hier die aus der herkömmlichen Zurückhaltung des Richters rührenden psychologischen Hemmungen der wahre Grund der Bedenken. Der Richter, der die Konzeption seiner Sachaufklärung offenlegt, setzt sich natürlich im Anwaltsprozeß der Gefahr aus, Irrtümer eingestehen zu müssen. Wem das - im Gegensatz zu verborgen bleibenden Richterirrtümern - schaden soll, ist nicht ersichtlich.[83] Wenn Vorläufigkeit der Maßnahmen und offene richterliche Hinweise Selbstverständlichkeiten im Vorbereitungsstadium

81) Abgeschwächt durch § 11 a ArbGG.

82) Vgl. R. Schmidt, ZZP 61, 273.

83) Vgl. hierzu etwa Schneider MDR 1968, 723.

werden, entfallen derartige Hemmungen. Dann könnte eine intensive Vorbereitung nach § 272 b ZPO erst ihren Sinn erfüllen und möglicherweise jene freimütigere Atmosphäre im Gerichtssaal entstehen, deren Fehlen heute vielfach als bedrückend empfunden wird.[84)]

5. "Geheimhaltungsinteressen" der Parteien

Die Aufklärungsintention des Richters kann mit Geheimhaltungsinteressen von Prozeßparteien kollidieren. Dies geschieht typischerweise bei solchen Aufklärungsmaßnahmen, die der Intention des Richters nach v o l l s t ä n d i g e r Sachaufklärung entspringen[85)] und wird daher unten (S. 110 ff.) näher im einzelnen untersucht. Ausnahmsweise können Prozeßparteien aber auch die Sachaufklärung aus r e c h t l i c h e n Gründen beschneiden wollen und geraten dann mit dem r e c h t l i c h e n Aufbereitungskonzept des Richters in Konflikt. Charakteristisch dafür sind zwei Fallgruppen: erstens die Tatsachenmanipulation zu sozial nicht billigenswerten Zwecken (z.B. Prozeß zu Lasten Dritter) und zweitens die Tatsachenmanipulation zwecks "Verfügung mittels Richterspruchs" (z.B. Titelbeschaffung bei fehlendem Verpflichtungsgrund).[86)] Zur deutlicheren Kennzeichnung spricht man in beiden Fällen besser nicht von Geheimhaltungsinteressen, sondern von Parteiinteressen zur Unterdrückung von Tatsachen, bzw. zur Beschneidung des Sachverhalts.

In beiden Fällen stößt der normalerweise hinter der richterlichen Aufklärungsmaßnahme stehende Druck[87)] ins Leere. Soweit er auf dem Behauptungslastschema beruht, werden die Parteiziele hier nicht nur nicht behindert, sondern gefördert.

---

84) Vgl. zum Problem: Hartnack, Gehemmte Justiz, insbes. S. 78 ff. 96 ff.

85) Vgl. oben S. 82 ff.

86) Überschneidungen zwischen beiden Fallgruppen sind möglich.

87) Oben 67 f.

Die Parteien wollen ja gerade die aus dem Nichtvortrag sich ergebende Rechtsfolge. Soweit der Druck auf § 286 ZPO beruht, fehlt in diesen Fällen jeglicher Hebelansatz; denn was die Parteien vortragen w o l l e n , tragen sie vollständig vor.

Ein ebenso starker, wenn nicht wirksamerer Druck könnte allerdings auf die Parteien ausgeübt werden, wenn sie bei Nichtbeantwortung entweder mit Amtsermittlung oder mit Prozeßurteil rechnen müßten. Ersteres wurde vornehmlich in der nationalsozialistischen Zeit für die Fälle vorgeschlagen, in denen Anhaltspunkte für eine Wahrheitspflichtverletzung vorliegen, Feststellungen im öffentlichen Interesse zu treffen sind, die Gefahr eines Scheinprozesses zum Nachteil Dritter besteht[88], oder wo ganz allgemein der Verdacht "asozialer Rechtsverwirklichung" vorliegt.[89] Daß dies mit dem geltenden Zivilprozeßrecht nicht vereinbar ist, hat bereits BERNHARDT[90] hervorgehoben. Die Amtsermittlung für derartige Fälle wird heute mit Recht auch nicht mehr de lege ferenda ernsthaft diskutiert. Dagegen ist der Gesichtspunkt mißbräuchlicher Inanspruchnahme prozessualen Rechtsschutzes[91] durchaus aktuell und der oben (S. 39) erwähnten Grundtendenz zur Einschränkung der Parteidisposition über Tatsachen adäquat. Daß kein Rechtsschutzinteresse besteht[92] für manipulierte Musterprozesse und sonstige Prozesse zur Schädigung Dritter oder der Allgemeinheit[93], scheint mir kaum zweifelhaft.[94]

---

88) Lent, Wahrheitspflicht, S. 86 f.

89) Maurach, DGWR 1936, 124.

90) Aufklärung, S. 49.

91) Von Hippel, Wahrheitspflicht, S. 71-74, für das hier einschlägige Phänomen des Scheinprozesses, mit zahlreichen Beispielen aus der höchstrichterlichen Rechtsprechung.

92) Von möglichen anderen rechtlichen Hinderungsgründen abgesehen; hierzu von Hippel, Wahrheitspflicht, S. 73 f.

93) Vgl. auch die Beispiele bei Weyers, Verhandlungsmaxime, S. 203.

94) Vgl. RGZ 155, 72 (75); BGHZ 54, 181 (184); and. Ans.

Aber der vorbereitende Richter kann dies kaum erkennen, da die Parteien in den in Frage kommenden Fällen allen Grund haben, sich "konspirativ" zu verhalten. Damit reduziert sich die praktische Relevanz der Frage auf die sehr seltenen Fälle, in denen der Richter greifbare Anhaltspunkte für einen Mißbrauch der Institution des Zivilprozesses hat.[95)] Solche Anhaltspunkte können sich aus dem Parteivortrag (selten), aus anderen Gerichtsakten, aber auch aus Veröffentlichungen in den Medien ergeben. Der Richter hat die Parteien sodann nach § 139 Abs. 2 ZPO[96)] auf die gegen das Rechtsschutzinteresse bestehenden Bedenken aufmerksam zu machen. Nach den für die Prüfung von Amts wegen geltenden, im wesentlichen unbestrittenen Grundsätzen muß sich der Richter auf der Grundlage des Parteivorbringens[97)] und ohne Geltung der Beweisersatzlagen die volle Überzeugung verschaffen, daß das Rechtsschutzinteresse gegeben ist.[98)] Andernfalls ist die Klage als unzulässig abzuweisen.

Da der Richter nach der hier zugrunde gelegten Auffassung von der rechtlichen Hinweispflicht[99)] die Parteien auf diesen Zusammenhang hinweisen muß, wird seiner ursprünglichen, von den Parteien nicht beantworteten Frage mittelbar Nachdruck verliehen. Die Parteien sind genötigt, die Bedenken des Richters durch Beantwortung der Frage oder durch ande-

---

94) (Forts.)
Schmidt Hieber, Richtermacht und Parteiherrschaft über offenkundige Tatsachen, S. 88 ff.

95) Richtig Bernhardt, Aufklärung, S. 49: "... wenige Ausnahmen".

96) Die Bestimmung gilt auch im Vorbereitungsstadium, vgl. Rimmelspacher, Amtsprüfung, S. 150.

97) Nach ganz h. M. gilt für die Amtsprüfung nicht die Untersuchungsmaxime; vgl. Rimmelspacher, Amtsprüfung, S. 150 f; Baumbach-Lauterbach, Grundzüge vor § 128 Anm. III H, beide mit eingehenden Nachweisen auch über die abweichenden Ansichten.

98) Baumbach-Lauterbach, a.a.O.; - wobei nach umstrittener Ansicht (BGH LM § 56 ZPO Nr. 1; and. Ans. Thomas-Putzo, § 282 Anm. 1 c; umfassende Nachweise bei Rimmelspacher, Amtsprüfung, S. 34) Freibeweis gelten soll.

99) Oben S. 99.

ren Sachvortrag auszuräumen. Ist dies auch eine Einschränkung der Parteiherrschaft, so entspringt sie doch nicht eigentlich der richterlichen Aufklärungsinitiative, sondern der Abwehr prozessualen Rechtsmißbrauchs. Diese wird nur a n l ä ß l i c h der vorbereitenden Sachaufklärung aktualisiert, weil die Zurückhaltung der Parteien beim Sachvortrag und weitere Umstände auf Mißbrauch hindeuten.

Liegen keine Anhaltspunkte für einen prozessualen Rechtsmißbrauch in dem angegebenen Sinne vor, so muß der Richter im Vorbereitungsstadium die Passivität der Parteien gegenüber seinen Fragen ebenso hinnehmen, wie ihn das schriftsätzliche Zugestehen von Behauptungen an Beweisvorbereitungen hindert. Bei der Tatsachenmanipulation zwecks "Verfügung mittels Richterspruchs" kann das Rechtsschutzinteresse ebenfalls mit guten Gründen bezweifelt werden, auch wenn eine an sich erlaubte Privatrechtsgestaltung gewollt ist.[100] Denn nach der hier gewählten Prozeßzweckprämisse und ihren Implikationen ist die Benutzung des Zivilprozesses zu privatrechtlichen Dispositionen kein selbstverständliches Recht der Parteien. Doch würde ein richterliches Eingreifen hier meist nur "in harmlosen Fällen zu unnötigen Komplikationen führen".[101] Der Frage, ob ein Rechtsschutzinteresse in solchen Fällen verneint werden kann, soll daher nicht näher nachgegangen werden, zumal es sich um kein spezifisches Problem der vorbereitenden Sachaufklärung handelt.

---

100) Von Hippel, Wahrheitspflicht, S. 74, spricht an Hand von Beispielen von "erlaubter Selbstschlichtung".

101) So richtig Weyers, Verhandlungsmaxime, S. 204.

§ 12 Inhaltliche Steuerung des Parteivorbringens durch vollständige Sachaufklärung

1. Richterliche Beeinflussung des Parteivorbringens bei der Vervollständigung des Tatsachenmaterials im allgemeinen

Zeitlich und sachlich parallel neben der Aufbereitung des Tatsachenstoffs nach seiner versuchsweise ins Auge gefaßten rechtlichen Qualifikation verfolgt der Richter seine auf Ermittlung des wirklichen Sachverhalts gerichtete Intention.[1] Vereinfacht gesprochen, entwickelt der Richter im Vorbereitungsstadium unter rechtlichen Gesichtspunkten die Vorstellung davon, auf welche tatsächlichen Umstände es ankommt, auf welche nicht. Diese Umstände in ihrem wirklichen Zusammanhang zu erkennen und als einen "runden" Lebenssachverhalt herauszuarbeiten, ist seine zweite Intention.

Ist die Tatsachenauswahl unter rechtlichen Gesichtspunkten zunächst einmal, wenn auch keineswegs ausschließlich, eine negative Selektion, so tendiert die auf den wahren Sachverhalt gerichtete Aufklärung mehr zu einer *ergänzenden* Stoffsammlung. Der Richter sucht zu erreichen, daß sämtliche für die von ihm erwogenen Lösungsmuster in Betracht kommenden Tatsachen vollständig vorgebracht werden. In der Regel kommt dies den Parteiintentionen entgegen, die gerade im Beschneiden des Sachverhaltsbildes auf das rechtlich Wesentliche häufig ein lebensfremdes Element der Rechtsprechung erblicken. Man könnte daher meinen, daß es eher Richteraufgabe sei, eine allzu üppig wuchernde Geschichtserzählung der Parteien einzudämmen als dergleichen anzuregen. Dies mag, jedenfalls zum Teil, für die mündliche Verhandlung zutreffen; für das Vorbereitungsstadium ist es nicht charakteristisch. Hier wird dem Richter fast stets ein nur kärgli-

---

1) Siehe hierzu oben S. 82.

licher Rohsachverhalt geschildert. Für diese Situation ist also gerade typisch, daß der Richter den Parteien mehr Behauptungen und insbesondere mehr Einzelheiten abverlangt, als die Parteien von sich aus vortragen.[2]

Das Aufklärungsinteresse des Richters konzentriert sich, nachdem er in der oben beschriebenen Weise selektiv tätig geworden ist, auf bestimmte Lebensvorgänge, zum Beispiel die generelle Organisation der Operationsvorbereitungen in einer bestimmten Klinik und die Vorbereitung und Ausführung einer bestimmten einzelnen Operation in dieser Klinik. Der Richter nimmt im Vorbereitungsstadium nicht nur eine rechtliche Würdigung vorweg, sondern er wägt auch die Beweismöglichkeiten ab. Dabei spielen die Zusammenhänge der wirklichen Lebensvorgänge eine erhebliche Rolle, da nur sie in der Regel eine zuverlässige tatrichterliche Beurteilung ermöglichen.[3] Ein genaues Eingehen hierauf bereits im Vorbereitungsstadium hilft im Entscheidungsstadium den Rückzug auf formelhafte Begründungen vermeiden. Wenn sich der Richter aber in die Lebensvorgänge hineindenkt und hineinversetzt, gehen ihm nicht selten Tatsachenkombinationen auf, stellen sich ihm Fragen nach Tatsachenverkettungen, für die die Parteischriftsätze nichts hergeben. Diese Vorstellungen des Richters, es könnte so oder so gewesen sein, entspringen häufig seiner Berufskenntnis und -erfahrung aus ähnlichen, bereits von ihm entschiedenen Fällen.

So ergibt es sich bei dieser Aufklärungsmethode häufig,

---

2) Es handelt sich aber hier nicht darum, dem Kläger zur Schlüssigkeit, dem Beklagten zur Erheblichkeit seines Sachvortrags zu verhelfen. Soweit es sich nur um den Kernbereich der hierfür notwendigen Tatsachen handelt, wird das Parteiinteresse an ihrem Vortrag durch die Feststellungslast gesteuert. Die im folgenden behandelten Probleme der unzulänglichen Information des Richters durch die Parteien treten hierbei nicht auf. Sie ergeben sich nur bei der hier untersuchten Abrundung des Sachverhaltsbildes.

3) Hierbei ist häufig sachverständige Hilfe vonnöten, etwa im obigen Operationsbeispiel; dazu unten S. 172 ff.

daß der Richter nach Tatsachen fragt, welche die Parteien nicht vortragen w o l l e n . Es fragt sich, inwieweit dadurch im einzelnen die Bestimmung der Parteien über die Tatsachengrundlage des Urteils beeinträchtigt wird.

2. Gründe für die Zurückhaltung von Prozeßstoff durch die Parteien

Bei den Gründen, die eine oder beide Parteien zur Nichtbeantwortung von Richterfragen bewegen können, kann man grob drei Fallgruppen unterscheiden:[4)]

Zur ersten Gruppe (im folgenden Motivgruppe 1 genannt) zählen die Prozesse, welche die mannigfaltigen Grauzonen der halben oder perfekten Wirtschaftkriminalität berühren, ohne jedoch selbst unmittelbar oder mittelbar kriminelle oder asoziale Ziele zu haben. Hier werden, ebenso wie bei Verletzungen öffentlichrechtliche Bestimmungen jeglicher Art, die an sich zum Sachverhalt gehörenden "anrüchigen" Fakten verschwiegen. Auch gibt es eine Art stillschweigenden Ehrenkodex, was Steuerangelegenheiten angeht. Daran rührt auch der sog. kleine Mann ungern.[5)]

Die zweite Gruppe (im folgenden Motivgruppe 2 genannt) betrifft Angelegenheiten, welche die Parteien aus erlaubten Gründen geheimhalten möchten, insbesondere Betriebsgeheimnisse technischer oder wirtschaftlicher Art, aber auch Angelegenheiten der privaten Lebensführung, soweit sie nicht zur Motivgruppe 3 zählen.

4) Eine vierte Gruppe, Scheinprozesse und sonstige auf einen sozial mißbilligenswerten Zweck angelegte Prozesse, ist bereits oben (S. 104) behandelt worden. Darauf wird verwiesen. Nicht hierher gehören die oben (S. 107) ebenfalls behandelten Fälle der Privatrechtsgestaltung mit Hilfe des Richterspruchs. Für diese Art ist typisch, daß die Parteien nicht einzelne Tatsachen verschweigen, sondern Tatsachengruppen, die bestimmte rechtliche Tatbestände oder Merkmale ausfüllen. Überschneidungen mit den hier behandelten Fällen sind allerdings möglich.

5) Ein mehr oder weniger unverhohlenes Drohen, das Finanzamt zu informieren, ist allerdings häufig zu beobachten.

Zur dritten Gruppe (im folgenden Motivgruppe 3 genannt) zählt alles, was man unter dem Stichwort "Privatsphäre" zusammenfassen kann.

3. Notwendigkeit der Bildung von Fallgruppen

Es führt nun zur Beantwortung der Ausgangsfrage[6] nicht weiter, abstrakt zu untersuchen, ob und inwieweit der Richter zur Fragestellung, die Parteien zur Nichtbeantwortung berechtigt sind. Vielmehr muß dies jeweils im Zusammenhang mit der für das Vorbereitungsstadium typischen Situation geprüft werden.

3.1 Der Richter fragt nach Einzelheiten, bevor eine Partei erklärt hat, hierzu solle nichts vorgetragen werden

Es kommt nur selten vor, daß die Parteien von sich aus zu Beginn eines Rechtsstreits erklären, zu diesen oder jenen Punkten solle nichts vorgetragen werden. Gewöhnlich ist der Richter ganz ahnungslos, was Parteien unberührt lassen möchten. Es wäre abwegig, von vornherein zu unterstellen, was nicht vorgebracht sei, solle nicht vorgetragen werden. Einen derartigen Erfahrungssatz gibt es nicht. Als normal kann der Richter vielmehr für gewöhnlich annehmen, daß der Sachverhalt in dem von den Parteianträgen gesteckten Rahmen vollständig aufgeklärt werden solle.[7] Sobald der Richter aber einmal bestimmte Fragen gestellt hat, setzt er die Parteien dem erörterten mittelbaren Zwang aus, entweder seine Fragen zu beantworten oder aber in Kauf zu nehmen, daß die Nichtbe-

---

6) S. 110.

7) Vgl. hierzu nur Lent-Jauernig, § 25 VIII 2; Grunsky, Grundlagen, S. 184: "Nur eine vollständige Sachverhaltsdarstellung gibt nämlich ein richtiges Bild"; ferner Klein, Die Lüge im Prozeß, S. 128, 129: "... solcher gerechten - soweit Menschenwitz dies vermag - Entscheidung erste Bedingung ist die wahrheitsgemäße Feststellung der Urteilsgrundlagen"; zit. nach K. Schneider, Richterliche Ermittlung, S. 110.

antwortung zu ihrem Nachteil ausschlägt. Geht e i n e Partei auf die Fragen des Richters ein, so wird der Zwang für die andere Partei infolge der Regelung des § 138 Abs. 2 - 4 ZPO zu einem "unmittelbaren". Schweigt diese Partei weiter, so wird nicht mehr nur die Nichtbeantwortung der Frage, sondern die vom Gegner behauptete Tatsache selbst gegen sie verwandt.

Ganz allgemein kommt im Anwaltsprozeß das psychologische Moment hinzu, daß auf eine reibungslose Zusammenarbeit beiderseits Wert gelegt wird. Viele Anwälte enttäuschen deshalb ungern die Aufklärungserwartungen eines engagiert vorbereitenden Richters.[8)]

3.1.1 Parteien beantworten die Richterfragen, obwohl sie Gründe hätten zu schweigen

Bei Abwägen des Für und Wider wird sich manche Partei entschließen, zur Vermeidung der befürchteten Nachteile die Fragen des Richters zu beantworten, vor allem wenn sie mit Sachvortrag der Gegenpartei hierzu rechnen muß. Das Ergebnis ist das gleiche, ob nun eine Partei vorträgt, oder ob es beide tun. Man wird annehmen dürfen, daß sich auf diese Weise ein Großteil der Fälle, in denen Parteien von sich aus manches beiseite lassen möchten, ohne jedes Aufsehen, ja vom Richter unbemerkt erledigen. Eine nur geringfügige Beeinträchtigung der Parteiherrschaft über den Tatsachenstoff kann man darin nicht sehen. Doch kann ein Interesse, welches sich nicht zur Geltung bringt, auch nicht berücksichtigt werden, sofern eine Berücksichtigung sich nicht von selbst versteht. Das ist hier aber nicht der Fall. Aus der Tendenz der Zivilprozeßordnung, einen möglichst hohen Annäherungswert an die Wahrheit zu erzielen, folgt eine gleichgerichtete In-

---

8) Vgl. K. Schneider, Richterliche Ermittlung, S. 160: "... die Parteien setzen sich durch Nichtbefolgung richterlicher Wünsche nicht gern in ein ungünstiges Licht ..."; hierzu für die zweite Instanz aufschlußreich Brüggeman, Judex, S. 344.

tention richterlicher Sachaufklärung. Da die Parteien aber in aller Regel den Sachverhalt zunächst nur rudimentär vortragen[9], ist eine auf Effizienz bedachte Vorbereitung der mündlichen Verhandlung ohne ergänzende, ausdehnende Sachaufklärung in dem hier diskutierten Sinne normalerweise gar nicht möglich. Sie wird daher ebenfalls als Regel von der Konzeption der ZPO, insbesondere von der ratio des § 272 b ZPO mitumfaßt. In dem vom Streitgegenstand gesteckten Rahmen ist daher das Aufsuchen des wirklichen Lebenssachverhalts durch Fragen nach weiteren Einzelheiten und nach neuen, bisher noch nicht behaupteten Tatsachen regelmäßig zulässig Der sich daraus zweifellos für die Parteien ergebende mittelbare Zwang wird vom Gesetzessinn sanktioniert.

3.1.2 Beide Parteien erklären auf die Frage des Richters, sich nicht äußern zu wollen

Beispiel 1 (Motivgruppe 1):

In einem Arbeitsgerichtsprozeß trägt der Kläger zur Unterstützung seiner Kündigungsklage (§ 1 KSschG) u.a. vor, er habe im Betrieb eine Reihe von Arbeitsunfällen erlitten, auch deshalb sei die Kündigung sozial ungerechtfertigt. Auf die schriftliche Anfrage des Richters nach Zeitpunkten, Art und Umständen der Arbeitsunfälle weisen die Parteien nur darauf hin, diese Unfälle seien unbestritten, auf die Einzelheiten komme es sicher nicht an. - Diesem Schweigen liegt die Tatsache zugrunde, daß die Arbeitsunfälle auf Vernachlässigung der Unfallverhütungsvorschriften für bestimmte Maschinen zurückzuführen waren, was aber der zuständigen Berufsgenossenschaft nicht gemeldet worden war. Da Betriebsrat und Arbeitgeber sich über den notwendigen Unfallschutz inzwischen einig sind und die Sache nicht mehr aufrollen möchten, will auch der Kläger, der Gewerkschaftsmitglied ist, nichts dazu sagen.

Beispiel 2 (Motivgruppe 2):

Kläger verlangt wegen ernsthafter und endgültiger Erfüllungsverweigerung Schadensersatz wegen Nichterfüllung und erwähnt in der Klageschrift beiläufig die Liquiditätsschwierigkeiten des Beklagten. Auf näheres

---

9) Oben S. 108 f.

> Befragen des Gerichts lehnen die Parteien Angaben hierzu mit dem Hinweis ab, darauf solle nicht näher eingegangen werden. Der Grund hierfür liegt darin, daß dem Beklagten inzwischen von einem in Geschäftsverbindung mit dem Kläger stehenden Unternehmen aufgeholfen worden war, Kläger daher die wieder erstarkende Kreditwürdigkeit des Beklagten nicht durch Vorbringen von Wechselprotesten gefährden wollte.
>
> Beispiel 3 (Motivgruppe 3):
>
> Kläger verlangen Ausschluß des Beklagten aus der OHG wegen persönlicher Unzuverlässigkeit bei der Geschäftsführung. Sie berufen sich auf die Vorwürfe in einem "Kündigungsschreiben", in dem u.a. von "exzentrischen Eskapaden" die Rede ist. Der Richter verlangt hierzu nähere Erläuterung, die Parteien wollen darauf aber nicht eingehen, weil es sich um Liebschaftsangelegenheiten des Beklagten handelt, die sie vor Gericht nicht ausbreiten möchten.

Damit ist nach dem unbestrittenen Kern der Verhandlungsmaxime die Information des Richters über die fraglichen Tatsachen gesperrt. Eine eigene Ermittlungstätigkeit des Richters scheidet aus[10], gleichgültig, ob man in diesem Verhalten der Parteien einen Verstoß gegen die Wahrheits- und Vollständigkeitspflicht erblickt oder nicht. Letzteres wird richtig sein, da die Parteien einverständlich und o f f e n sowohl gegeneinander als auch gegenüber dem Gericht Tatsachen weglassen.[11] Für die Frage aber, inwieweit sich das einmal geäußerte Aufklärungsverlangen des Richters trotz dieser wirksamen Sperre als Druck auf die Parteien auswirkt, muß noch untersucht werden, ob der Richter die T a t s a - c h e d e r W e i g e r u n g später verwerten darf.

Vorweg ist zu bedenken, daß der Richter seine Frage infolge der Informationsverweigerung der Parteien ja nicht aus seinem Bewußtsein verbannt. Er wird sie vielmehr, je nach der rechtlichen oder tatsächlichen Bedeutung, die er ihr beigemessen hat, mehr oder weniger stark

---

10) Eine Substitution der durch B e w e i s a u f n a h m e zutage geförderten und von den Parteien nicht vorgetragenen Tatsachen befürwortete Bernhardt (Aufklärung, S. 34 f); dagegen Stein-Jonas-Pohle, § 138 Anm. I 1 c.

11) Nikisch, Zivilprozeßrecht, § 53 IV 2.

bei der Beurteilung des gesamten Falles in Betracht ziehen. Er weiß z.B. (Beispiel 1), daß über die näheren Umstände von Arbeitsunfällen häufig aus Gründen geschwiegen wird, wie sie hier - für ihn allerdings unbekannt - tatsächlich vorliegen. Diese Vorstellung kann seine Meinungsbildung über die gesamten betrieblichen Umstände und damit letztlich das Ergebnis des Kündigungsschutzprozesses wesentlich beeinflussen. Dabei spielt es keine Rolle, ob der Richter dies reflektiert oder nicht. Ähnlich macht der Richter sich natürlich im Beispiel 3 seine Gedanken über die "exzentrischen Eskapaden" des Beklagten. Dessen Verhalten wird möglicherweise hierdurch, in Verbindung mit dem persönlichen Eindruck in der mündlichen Verhandlung, in bestimmter Weise vorbewertet. So fließen in die richterliche Meinungsbildung unkontrollierbar Elemente ein, welche die Parteien durch ihren Nichtvortrag vielleicht gerade ausschalten wollten. Hatten sie auch primär andere Motive, so könnten sie sich doch durch dies unkalkulierbare Risiko der Informationssperre veranlaßt sehen, von eben dieser Sperre keinen Gebrauch zu machen.

Mittelbar wirkt sich die Unterlassung der Parteien ferner aus bei der Bewertung der "Anknüpfungstatsachen", die dem Richter Veranlassung zu seiner Frage boten. Anknüpfungstatsache wäre im obigen Beispiel 1 der Umstand, daß der Kläger mehrere Arbeitsunfälle im Betrieb erlitten hatte. Infolge der unterbliebenen Aufklärung erhalten diese Tatsachen ein undeutliches Gewicht. Hinter ihnen kann sich Bedeutendes und Unerhebliches verbergen. Ob und wie der Richter sie in Verbindung mit dem anderen Prozeßstoff wertet, ist für die Parteien völlig ungewiß. Möglicherweise bleiben sie wegen Unsubstantiiertheit ganz außer Betracht; möglicherweise wirken sie mitentscheidend. In dem Zusammenhang gewinnt übrigens die Frage praktische Bedeutung, ob ein Verstoß gegen die Wahrheitspflicht vorliegt, - was aus den oben angeführten Gründen zu verneinen ist. Denn ein Verstoß gegen die Wahrheitspflicht bei der einen Behauptung kann bei der Beweiswürdigung hinsichtlich der anderen Behauptungen derselben Partei gewürdigt und d.h. regelmäßig zu ihrem Nachteil verwertet werden.[12] Würde ein Richter jeden erklärtermaßen unvollständigen Parteivortrag als Wahrheitspflichtverletzung ansehen und dies den Parteien auch unter Hinweis auf § 286 ZPO eröffnen, so käme das praktisch einem Zwang zum vollständigen Parteivortrag sehr nahe.

Hiernach haben die Parteien, wenn sie schon entgegen mancherlei möglichen Bedenken das Aufklärungsverlangen des Richters ablehnen, ein dringendes Interesse, daß ihre Verweigerung nicht verwertet werden darf. Diese Frage ist, soweit ich sehe, bisher in der Literatur nicht behandelt worden. Vielmehr wird allgemein[13] undifferenziert die Parteiunterlassung für verwertbar gehalten.

3.1.2.1 Die Parteien geben keine Begründung für ihren Nichtvortrag

In diesem Fall gibt es keinen Grund, die Unterlassung des Parteivortrags nicht zu berücksichtigen. Eines Grundes bedarf aber nicht die Berücksichtigung, sondern die Nichtberücksichtigung von Prozeßstoff. Denn grundsätzlich ist der g e s a m t e Inhalt der mündlichen Verhandlung Entscheidungsgrundlage, und dazu gehört eben auch die Unterlassung der Beantwortung von Richterfragen. Soll etwas außer Betracht bleiben, so kann dies nur aufgrund einer Güter- und Interessenabwägung nach dem Höherwertigkeitsprinzip geschehen. Grundlage dafür muß der Prozeßzweck des Schutzes der subjektiven Privatrechte im sozialen Rechtsstaat sein, der grundsätzlich keine Indifferenz gegenüber der materiellen Wahrheitsfindung verträgt.

Nun ist freilich als Ausgangspunkt für die Prozeßzweckbestimmung hier die Erwartung der Parteien auf Rechtsverwirk-

---

12) Stein-Jonas-Schumann-Leipold, § 286 Anm. II 1.

13) Nachweise oben S. 68 Fn. 7 ff.

lichung angenommen worden.[14] Diese Erwartung baut sich auf einem einverständlich und offen verkürzten Sachverhalt auf. Wieso soll dann noch die Tatsache, d a ß der Sachverhalt verkürzt vorgetragen wurde, in der einen oder anderen, jedenfalls schwer vorhersehbaren Weise verwertet werden? Die Antwort ergibt sich aus der oben erörterten Grundtendenz der Zivilprozeßordnung gegen beliebige Sachverhaltsmanipulationen durch die Parteien, welche mit der Sozialbindung des Privatrechtsschutzes im sozialen Rechtsstaat nicht vereinbar ist. Eine totale Verwertungssperre selbst noch hinsichtlich der Tatsache des Nichtvortrages kann daher nur in Betracht kommen, wenn eine "beliebige" Sachverhaltsmanipulation ausscheidet. Das ist, wenn beide Parteien über ihre Gründe schweigen, nicht der Fall. Es kann daher auch nicht ausschlaggebend sein, ob dem Schweigen der Parteien ein Prozeßvertrag[15] zugrundeliegt oder nicht. Vom Ergebnis her wird die Richtigkeit dieser Einschätzung durch die Überlegung unterbaut, daß die Gründe der Parteien in derartigen Fällen meist in die Motivgruppe 1 fallen werden. Die Wahrheitspflicht ist freilich dann auch deshalb nicht verletzt, weil keine Partei Tatsachen vorzutragen braucht, die ihr zur Unehre gereichen oder sie der Gefahr strafgerichtlicher Verfolgung aussetzen würden.[16] Aber diese Rücksicht gibt ebensowenig wie bei der Zeugnisverweigerung nach § 384 Nr. 2 ZPO Veranlassung, die Tatsache der Nichtaussage selbst nicht zu verwerten.[17] Schließlich grenzen die hier fraglichen Fälle nicht selten an die oben behandelten Prozesse mit krimineller oder sonst sozial mißbilligenswerter Zielrichtung. Um so weniger hat der Richter Grund, das Schweigen

15) Hierzu unten S. 123 und S. 202 f.

16) H.M. im Anschluß an RGZ 156, 265 (269); siehe Thomas-Putzo, § 138 Anm. I 2 d bb.

17) Zur Verwertung bei § 384 Nr. 2 ZPO siehe BGHZ 26, 391 (399 f).

der Parteien noch durch vollkommenes Ausklammern aus dem Prozeßstoff prozessual abzusichern.

Man könnte einwenden, es sei den Parteien doch ein leichtes, einen Grund vorzuschieben. Selbst wenn dem so wäre, gäbe es keinen vernünftigen Anlaß, die Angabe eines Grundes der Nichtangabe gleichzustellen. Aber so einfach ist es gar nicht, einen plausiblen Grund zu erfinden. Im obigen Beispiel 1 würden die Parteien den Richter mit Hinweisen auf Betriebsgeheimnisse oder Privatsphäre schwerlich überzeugen können. Der Gesamtzusammenhang spricht häufig eine deutliche Sprache.

Es bleibt zu überlegen, ob der Richter die Parteien zur Angabe von Gründen auffordern muß oder soll. Eine Hinweispflicht besteht nicht. Denn daß die Unterlassungen nach § 286 ZPO berücksichtigt werden, ist der normale prozessuale Verlauf. Gegen eine Hinweispflicht sprechen vor allem praktische Erwägungen. Der Richter wird in der mündlichen Verhandlung im Gespräch mit den Parteien eher Aufschluß über die wirklichen Gründe erlangen als durch schriftliche Anfragen. Deshalb dürfte eine schriftliche Aufforderung nicht angebracht sein.

3.1.2.2 Die Parteien begründen ihren Nichtvortrag

Es liegt auf der Hand, daß Motivgruppe 1 hier ausscheidet. Allein im Falle der Motivgruppen 2 und 3 können die Parteien unter Wahrung ihrer Geheimhaltungsinteressen eine Begründung liefern. Im obigen Beispiel 2 trägt der Kläger etwa auf die Frage des Richters vor, auf die Liquiditätsschwierigkeiten des Beklagten wolle man im Interesse des Beklagten nicht näher eingehen.[18] Der Beklagte schweigt hierzu, womit er sein Einverständnis mit dieser Erläuterung des Klägers deutlich genug zum Ausdruck bringt. In Beispiel 3 würde ein Hinweis des Klägers bzw. beider Parteien genügen,

18) Siehe auch das Beispiel 1 bei Nikisch, Zivilprozeßrecht, § 50 II 2.

daß es sich bei den "exzentrischen Eskapaden" um Angelegenheiten des Privatlebens handele, die man im Prozeß nicht ausbreiten wolle. Das Interesse der Parteien an der Nichtberücksichtigung der Tatsache des Nichtvortrags ist bei dieser Gestaltung eher zu berücksichtigen, als wenn sie keine Begründung angeben. Die von den Parteien in den Motivgruppen 2 und 3 verfolgten Ziele erscheinen schutzwürdig. Bei der Motivgruppe 2 wollen die Parteien rechtlich anerkannte Rechtsgüter aus dem Bereich ihrer kaufmännischen, technischen, wissenschaftlichen oder künstlerischen Betätigung geheimhalten, was jedermann freisteht. Soweit es sich um kaufmännische Betätigung handelt, kommt in den unten (S. 146) behandelten §§ 45, 46 HGB die Schutzwürdigkeit des Geheimhaltungsinteresses gegenüber Prozeßgegner und Gericht zum Ausdruck. Grundsätzlich ist den Geheimhaltungsinteressen aus den verschiedensten Lebensbereichen im Gerichtsverfassungsgesetz (§ 172 in der ab 1.1.1975 geltenden Fassung) und in Art. 6 Abs. 1 MenschRKonv. sogar gegenüber dem elementaren Prozeßrechtsgrundsatz der Öffentlichkeit der Verhandlung Vorrang eingeräumt worden. Selbst der Wahrheitsfindung geht dieses Interesse beim Zeugenbeweis vor (§§ 383 Abs. 1 Nr. 5; 385 Abs. 2; 384 Nr. 3 ZPO), wobei die Interesseninhaber keineswegs mit den Parteien identisch zu sein brauchen. Wenn aber das Geheimhaltungsinteresse Dritter dem Wahrheitsinteresse der Parteien vorgezogen wird, so muß erst recht der übereinstimmende Wille der Parteien respektiert werden, die Wahrheitsfindung in ihrer eigenen Sache aus billigenswerten Geheimhaltungsgründen einzuschränken.

Solche billigenswerten Geheimhaltungsgründe sind auch in den Fällen der Motivgruppe 3 anzuerkennen. Auch hier kann zunächst wieder auf Vorschriften über die Öffentlichkeit der Verhandlung verwiesen werden. Werden "Umstände aus dem persönlichen Lebensbereich eines Prozeßbeteiligten oder Zeugen erörtert" (§ 172 Nr. 2 GVG; siehe schon § 61 Abs. 1 Satz 2 SGG), oder verlangt es der "Schutz des Privatlebens der Prozeßparteien" (Art. 6 Abs. 1 MenschRKonv.), so kann die Öffentlichkeit ausgeschlossen werden. Im Beweisrecht fehlt allerdings eine den angeführten Vorschriften vergleichbare Bestimmung für den Schutz der Privatsphäre, wenn auch die hier in Frage kommenden Dinge gelegentlich unter § 383 Abs. 1 Nr. 4 und 5 ZPO fallen. Aber hier greift der Schutz des allgemeinen Persönlichkeitsrechts gemäß Art. 2 Abs. 1; Art. 1 Abs. 1 S. 1 GG ein, zu dessen Kernbereich ein Grundrecht auf Achtung der ureigensten Privatsphäre gehört.[19] Dieses Recht impliziert auch den Schutz der persönlichen Angelegenheiten vor staatlichen Inquisitionen.[20] Eine staatliche Inquisition im weitesten Sinne stellt es aber dar, wenn der Richter die von den Parteien verweigerten Einzelheiten des Privatlebens zwar nicht selbst ermittelt, jedoch die Weigerung der Parteien in der einen oder anderen Weise bei der Entscheidung des Rechtsstreits verwertet. Hierzu könnte der Richter in den Fällen der Motivgruppen 2 und 3 nur dann berechtigt sein, wenn überwiegende Interessen der Allgemeinheit[21] dies erforderten und der Eingriff seiner Intensität nach nicht außer Verhältnis zur Bedeutung der Sache stünde.[22] Doch ist das aus der Sozialbindung des Zivilprozesses folgende Streben nach materieller Wahrheitsfindung nach dem Gesagten nur mit b e l i e b i g e r Sachverhaltsmanipulation durch die Parteien unvereinbar. Eine solche scheidet aber hier aus. Daher genügt zwar nicht die Angabe irgendeines Grundes, - ein "beliebiger" Grund würde auf "beliebige" Sachverhaltsmanipulation, evtl. sogar auf einen Scheinprozeß hindeuten. Der Grund muß sich vielmehr in das Gesamtbild des

19) BVerfGE 6, 32 (41); BVerfG NJW 1970, 555; Maunz-Dürig, Art. 1 Abs. 1 Rdn. 37. Siehe auch Art. 8 MenschRKonv., nach dem jedermann Anspruch auf Achtung seines Privat- und Familienlebens hat.

20) Redeker, DÖV 1954, 110.

21) Interessen einzelner bestimmter Dritter sind hier nicht beteiligt. Wenn eine Schädigung Dritter in Frage kommt, gilt das oben (S. 104) für Rechtsstreite mit sozial nicht billigenswerten Zwecken Ausgeführte.

22) BVerfGE 16, 194 (202); BVerfG NJW 1970, 555.

sonstigen Prozeßstoffs plausibel einfügen, was in den angeführten Beispielen 2 und 3 ohne weiteres, im Beispiel 1 dagegen nicht angenommen werden könnte. Hier ist es einmal angebracht, auf die richterliche Lebenserfahrung und seinen gesunden Menschenverstand zu verweisen. Man darf, ohne daß damit eine abweichende Beurteilung im Einzelfall ausgeschlossen werden soll, annehmen, daß in Fällen der Motivgruppen 2 und 3 eine beliebige Sachverhaltsmanipulation i.a. nicht naheliegt.

Demnach besteht in diesen Fällen ein totales Verwertungsverbot auch hinsichtlich der Tatsache des Nichtvortrags selbst. Das heißt, daß außer dem mit dem einmal geäußerten Aufklärungsverlangen des Richters unvermeidbar gegebenen psychologischen Druck keine konkrete unmittelbare oder mittelbare Zwangslage für die Parteien besteht.

3.1.3 E i n e Partei verweigert die Aufklärung

Gibt die nichtvortragende Partei hierfür keine Begründung, dann ist nach dem oben Ausgeführten jedenfalls die Tatsache der Weigerung zu verwerten. Beantwortet nun die Gegenpartei ihrerseits die Richterfrage, so gerät damit die verweigernde Partei in den Zugzwang nach § 138 Abs. 2 - 4 ZPO. Sie hat nur noch die Wahl, sich in irgendeiner Form zu den Behauptungen der Gegenseite, und sei es durch Bestreiten, zu äußern oder diese gegen sich gelten zu lassen. Widerspricht die Gegenpartei, ohne selbst vorzutragen, dem Nichtvortrag, so sind sowohl die Verweigerung als auch der Widerspruch verwertbar. Anlaß, die nicht aufklärungsbereite Partei nach den Gründen ihrer Verweigerung zu befragen, hat der Richter im Vorbereitungsstadium aus den oben (S. 118) angeführten Gründen nicht.

Gibt die nicht aufklärungsbereite Partei Gründe an, so kommen hier ebenso wie oben praktisch nur solche der Motivgruppen 2 und 3 in Betracht. Sofern die Gegenseite nun ihrerseits vorträgt, greift wieder die Regelung des § 138 Abs. 2 - 4 ZPO ein. Daß die nicht aufklärungsbereite Partei an sich billigenswerte Geheimhaltungsinteressen hat, ist hier grundsätzlich unbeachtlich. Es spielt insbesondere keine Rolle, ob die Wahrheits- und Vollständigkeitspflicht eine Erklärung bestimmten Inhalts und Umfangs verlangt, oder ob, wie bei ehrenrührigen Tatsachen, das Geheimhaltungsinteresse Vorrang hat. Denn hier (§ 138 Abs. 2-4 ZPO) handelt es sich nicht um die Frage, was die Partei vortragen d a r f oder nicht, was sie verschweigen d a r f oder nicht. Es geht vielmehr um die prozessuale L a s t der Partei, sich bei Vermeidung der gesetzlich festgelegten prozessualen Nachteile in bestimmter Weise zu Behauptungen des Gegners zu äußern. Ob sie sich mit ihrer Erklärung oder deren Unterlassung im Rahmen der Wahrheitspflicht hält, kann nicht die Rechtsfolgen berühren, die ihr mit dieser Last zwangsläufig überbürdet sind.

Trägt die widersprechende Partei selbst - mangels Infomation über die betreffende Frage oder aus prozeßtaktischen Erwägungen - nichts vor, so sind ebenso wie in dem besprochenen Fall der Weigerung ohne Grundangabe sowohl die Weigerung als auch der Widerspruch verwertbar.[23] Ein totales Verwertungsverbot kommt hier nicht in Frage, weil dafür nach dem oben Ausgeführten die Parteiübereinstimmung in rechtlich anerkannten Geheimhaltungsinteressen Voraussetzung ist. Wo nur eine Partei dieses Interesse hat, muß dieser Gesichtspunkt daher versagen. Das Interesse der anderen Partei an Aufklärung des gesamten Sachverhalts, das sich mit dem aus dem Prozeßzweck folgenden Gebot materieller Wahrheitsfindung in Übereinklang befindet, hat Vorrang. Es könnte nur ausnahmsweise zurücktreten müssen, wenn die Partei gerade gegenüber der anderen Partei in dem speziellen Einzelpunkt

23) Der Fall, daß die eine Partei eine ihr günstig erscheinende Tatsache verschweigt und die andere widerspricht, kommt praktisch nicht vor und wird daher vernachlässigt. Da das Interesse der Gegenpartei nicht entgegensteht, müßten hier berechtigte Geheimhaltungsinteressen zum Verwertungsverbot führen (zu dem Parallelfall bei der Zurückhaltung von Urkunden siehe unten S. 142).

rechtswirksam darauf verzichtet hätte und übergeordnete Gesichtspunkte nicht entgegenstünden.[24]

Auch wenn sich die befragte Partei ausnahmsweise in allgemeiner Form auf Gründe aus der Motivgruppe 1 beriefe, könnte nichts anderes gelten. Zwar erstreckt sich die Wahrheitspflicht nicht auf die betreffenden Tatsachen, weil sie der Partei zur Unehre gereichen oder der Gefahr strafgerichtlicher Verfolgung aussetzen würden.[25] Dies kann aber nicht zu einer Verwertungssperre hinsichtlich der Tatsache der Weigerung führen. Denn der Grund für die Ausnahme von der Wahrheitspflicht ist wie bei dem entsprechenden Zeugnisverweigerungsrecht darin zu sehen, daß die wahrheitsgemäße Selbstbezichtigung die moralische Kraft normalerweise übersteigt und der Wahrheitsgehalt einer dennoch herbeigeführten Aussage deshalb sehr zweifelhaft ist. Daraus ergibt sich jedoch keinerlei innere Rechtfertigung für eine Benachteiligung des Gegners. Die Tatsache der Weigerung selbst muß also verwertbar sein.

Außer der Tatsache des Nichtvortrags und des Widerspruchs der Gegenpartei hat der Richter ferner die für den Nichtvortrag und den Widerspruch angeführten Gründe zu würdigen. Sie gehören ebenfalls zum "gesamten Inhalt der Verhandlung" im Sinne des § 286 Abs. 1 ZPO. Auch nach §§ 446, 453 Abs. 2 ZPO sind bei der verweigerten Parteivernehmung und beim verweigerten Parteieid die für die Weigerung vorgebrachten Gründe bei der Beweiswürdigung mitzuberücksichtigen.[26] In den hier besprochenen Fällen geht es zwar nicht darum, ob Behauptungen bewiesen sind, sondern darum, wie unterlassene

---

24) Zur Zulässigkeit von Prozeßverträgen siehe unten S. 202f. m. N. Eine Vereinbarung, bestimmte Tatsachen im Rechtsstreit auszuklammern, dürfte grundsätzlich zulässig sein. Die von der Rechtsprechung gezogenen Grenzen (§§ 134, 138 BGB) reichen aber nach dem hier eingenommenen Standpunkt nicht aus, um einer unzulässigen Sachverhaltsmanipulation vorzubeugen.

25) Nachweise siehe oben S. 117 Fn. 16

26) Ebenso kommt es in den Fällen von Beweisvereitelung für die Bewertung der Verweigerung darauf an, ob die von der

Behauptungen bei der anderweitigen Beweiswürdigung und Entscheidung zu verwerten sind. Dabei sind aber die in §§ 446, 453 ZPO und den angeführten Grundsätzen zum Ausdruck kommenden Gedanken zu beachten, daß den vorgebrachten Gründen, soll die Verwertung nicht willkürlich sein, Gewicht zukommt. Dasselbe muß auch für die dawider vorgebrachten Gegengründe gelten. Da eine Beweisaufnahme hierüber nicht in Betracht kommt, ist am Ende entscheidend, welche Partei ihre Darstellung vom Vorhandensein bzw. Fehlen von Gründen in der mündlichen Verhandlung am überzeugendsten darstellen kann. Vage genug bleibt dieses Moment in der richterlichen Überzeugungsbildung allemal. Doch ist der Umstand, daß es vorhanden und schwer kalkulierbar ist, ein Druckmittel für den engagiert vorbereitenden Richter und ein Grund für die Parteien, zurückhaltend mit der Zurückhaltung von Prozeßstoff zu sein.

3.2 Parteien erklären von vornherein, zu einem bestimmten Punkt nicht vortragen zu wollen

Wer etwas verschweigen will, deutet nicht mit dem Finger darauf. Es kommt daher selten vor, daß die Parteien ungefragt im Vorbereitungsstadium schriftsätzlich vortragen, sie möchten diesen oder jenen Punkt ausklammern. Auf diese Situation soll daher nur kurz eingegangen werden.

Der einzige, freilich wesentliche Unterschied zu den unter Nr. 3.1 (S. 111) behandelten Fällen besteht darin, daß den Parteien mangels einer richterlichen Frage auch kein Hinweis erteilt worden ist, nach Ansicht des Gerichts werde der betreffende Punkt möglicherweise von Bedeutung sein. Nun

---

26) (Forts.)
Partei vorgebrachten Gründe die Weigerung nach Treu und Glauben berechtigt erscheinen lassen (BGH NJW 1960, 821, für Augenschein; zustimmend Baumbach-Lauterbach, Übersicht vor § 371 Anm. 3 B; Stein-Jonas-Schumann-Leipold, vor § 371 Anm. V 3 b; and. Ans. Gerhardt, AcP 169, 289, 309; weitere Nachweise bei Peters, ZZP 82, 212).

liegt es auf der Hand, daß die Überlegungen der Parteien, ob sie etwas vortragen wollen oder nicht, gründlicher und sorgfältiger ausfallen, wenn auf den Punkt durch eine richterliche Frage schon ein gewisser Nachdruck gelegt worden ist. Wenn sie sich trotz einer solchen Frage entschließen, auf die richterliche Aufklärungsintention nicht einzugehen, so bedarf es dazu der Überwindung mancherlei nicht von der Hand zu weisender Bedenken.[27] Es erscheint daher im Interesse der Parteiaufklärung, also unter dem Gesichtspunkt der rechtlichen Hinweispflicht, ebenso wie im Interesse der Wahrheitsfindung geboten, die Parteien über die richterliche Vorstellung von der Relevanz der zurückgehaltenen Tatsachen bereits im Vorbereitungsstadium zu informieren.

Hierbei ist danach zu unterscheiden, ob sich bereits aus dem Parteivorbringen das Vorliegen einer totalen Verwertungssperre ergibt oder nicht. Im ersteren Fall ist lediglich ein richterlicher Hinweis zu erteilen, daß es auf den betreffenden Umstand aus diesen oder jenen Gründen ankommen könnte. Der Hinweis darf keinerlei insistierendes Moment enthalten, da jede Ausübung von mittelbarem Druck hier unzulässig wäre. Haben die Parteien dagegen keine oder eine für ein Verwertungsverbot nicht ausreichende Begründung gegeben, so ist eine derartige Zurückhaltung nicht angebracht. Der Richter hat daher unter Hinweis auf die bisher fehlende bzw. unzureichende Begründung für ein Verwertungsverbot seine Frage so zu formulieren, wie wenn die Parteien ein Sperrbegehren nicht geäußert hätten.

Für die Fälle einseitiger Parteierklärung, zu einem bestimmten Punkt nichts vortragen zu wollen, ergeben sich keine ins Gewicht fallenden Unterschiede zu der obigen Darstellung.

---

27) Hierzu oben S. 114 f.

§ 13 Die Ergänzung des Beweismaterials

Für die Ergänzung des Beweismaterials (§§ 272 b Abs. 2 Nr. 1; 130 Nr. 5 ZPO) gilt nichts Besonderes, soweit der Richter sich darauf beschränkt, für die Einhaltung des Gebots der Beweisverbindung (§ 282 ZPO) zu sorgen. Der aktive, den Sachaufklärungsvorgang gezielt steuernde Richter orientiert sich mit den Beweisauflagen an der von ihm vorgenommenen Tatsachenselektion. Probleme können sich jedoch beim Zeugenbeweis ergeben. Entsprechend der "Substantiierung" der Behauptungsauflagen kann der Richter im Drange nach Perfektion so weit gehen wollen, den Parteien die Benennung bestimmter Zeugen in den Mund zu legen.[1] Dies vor allem deshalb, weil es in Verfahren mit einer umfassend vorbereiteten "Hauptverhandlung" besonders mißlich ist, wenn ein Beweisantrag nachträglich gestellt wird und der Richter sich vor die ungute Alternative Vertagung oder Präklusion gestellt sieht. Schon eine einzige Vertagung vereitelt ja den eigentlichen Zweck der umfassenden Vorbereitung: die Entscheidung aufgrund e i n e r mündlichen Verhandlung.

> Beispiel:
>
> Die Parteien schildern detailliert Verhandlungen über Abschluß, Änderung oder Beendigung eines Vertrages, benennen aber eine bestimmte, dabeigewesene Person nicht als Zeugen. Kann der Richter fragen, ob der Zeuge benannt wird? Kann er aufgeben, den Zeugen zu benennen, anheim stellen, ihn zu sistieren?

Ähnlich, aber noch weitergehend würde der Richter aufklären, wenn er sich bei den Parteien erkundigte, ob nicht für bestimmte vorgetragene Begebenheiten gewisse, von den Parteien namentlich gar nicht erwähnte Personen als Zeugen benannt werden sollen. Ebenso wie Indizien kann der Richter natürlich auch Zeugen "erahnen", weil ihr Vorhandensein sich nach den Umständen anbietet.

---

1) Bei den anderen Beweismitteln ist hierfür wegen der Möglichkeit amtswegiger Bereitstellung kein Bedürfnis vorhanden.

Beispiele:

Sekretärin bei protokollierten Vertragsverhandlungen; Monteur bei fehlerhafter Kraftfahrzeugreparatur.

Schließlich läge es nahe, wenn der Richter Fragen nach nicht vorgetragenen Tatsachen, insbesondere den oben (S. 109) besprochenen, vom Richter durch Vertiefung in den Fall erwogenen Zusammenhängen mit Fragen nach den nicht erwähnten Beweismitteln verbinden würde.

Für eine derartige Ausdehnung der Richterbefugnisse könnte man sich auf die mehrfach erörterte Tendenz der ZPO zur Wahrheitsfindung berufen. Wenn der Richter schon den wirklichen Lebenssachverhalt durch Nachfragen aufklären soll, ist es dann nicht auch sinnvoll, einen möglichst lückenlosen Zeugenbeweis zu sichern? So kann der Richter nach § 183 Abs. 1 Nr. 4 ÖZPO "Personen, von denen nach der Klage oder dem Gange der Verhandlung Aufklärung über erhebliche Tatsachen zu erwarten ist, als Zeugen laden". Nur bei übereinstimmendem Widerspruch der Parteien darf dies nicht geschehen (§ 183 Abs. 2 ÖZPO). Dagegen beläßt es § 272 Abs. 2 Nr. 5 EZPO bei der bisherigen Regelung des § 272 b Abs. 2 Nr. 4, 1. Fall ZPO.

Gegen eine Ausdehnung der richterlichen Befugnisse über die bisherige Regelung hinaus sprechen folgende Bedenken. Das Streben nach erschöpfender Sachaufklärung, also auch nach erschöpfender Darlegung des Sachverhalts durch die Parteien, kann als normal angesehen werden, weil es der Grundtendenz zur Wahrheitsfindung genau entspricht. Vom Zeugenbeweis läßt sich dagegen nicht sagen, daß seine volle Ausschöpfung generell der vollständigen Sachaufklärung und damit der Wahrheitsfindung dient. Das lapidare Verdikt "Zeugenbeweis ist ungewisser, schlechter Beweis"[2] ist Ausdruck eines tiefsitzenden, auf Erfahrung beruhenden Mißtrauens gegen den Beweiswert der Zeugenaussage. Mag der Zeuge als Beweismittel auch unentbehrlich sein, niemand würde wohl mit

---

2) Baumbach-Lauterbach, Übersicht vor § 373 Anm. 1 C.

Aussicht auf Praktikerkonsens die These wagen wollen: Je mehr Zeugen, desto größer der Wahrheits-Annäherungswert. Eher ließe sich wohl das Gegenteil vertreten. Die Heranziehung aller zur Verfügung stehenden oder gar sämtlicher in Betracht kommenden Zeugen wäre zudem offensichtlich unökonomisch, könnte wegen des Zeit- und Kostenaufwandes für Zeugen, Gericht und Parteien ernsthaft nicht erwogen werden. Das Mißtrauen gegen die Zuverlässigkeit des Zeugenbeweises ist auch bei den rechtsuchenden Parteien verbreitet. Hinzu kommen mancherlei Bedenken, Rücksichten und Vorbehalte, welche die Parteien oftmals bei der Zeugenbenennung Zurückhaltung üben lassen. Dies mag auf persönliche Bindungen oder auf sachlich orientierten Beziehungen aus dem Wirtschafts- und Arbeitsleben beruhen.

Die beschränkte objektive Brauchbarkeit des Zeugenbeweises, prozeßökonomische Erwägungen und subjektive Vorbehalte der Parteien gegenüber Zeugenbenennungen sind hinreichende Gründe, die Parteien nicht durch die aufgezeigten richterlichen Maßnahmen unter Druck zu setzen. Diese Maßnahmen sind also mit Sinn und Zweck des § 272 b ZPO nicht in Einklang zu bringen und daher unzulässig. Der Richter muß sich vielmehr im Vorbereitungsstadium grundsätzlich damit begnügen, zur Beweisverbindung anzuhalten. Ob die Parteien Zeugen benennen wollen, ist ihrer durch richterliche Fragen nicht zu beeinflussenden Entscheidung zu überlassen. Ausnahmen können sich aus der Verständigungs- und Hilfeleistungsfunktion des § 139 ZPO[3] ergeben. Wenn Beweisanträge unklar formuliert sind, wenn ein Versehen des Anwalts oder im Parteiprozeß Unsicherheit oder Irrtum der Parteien naheliegt[4], muß der Richter aufklären bzw. helfen.

---

3) Vgl. oben S. 97.

4) Die Partei schreibt z.B.: "Leider habe ich hierfür keine Zeugen, da nur meine Frau dabei war".

§ 14 Adressaten der Aufklärungsauflagen

Nach dem mit der Verhandlungsmaxime untrennbar verbundenen System der Behauptungs- und Beweislastverteilung[1] hat der Richter sich mit seinen Aufklärungsauflagen an diejenige Partei zu wenden, welche für die betreffende Tatsache die Behauptungs- und Beweisführungslast trägt. Bei den aus den rechtlichen Vorüberlegungen entspringenden Auflagen ist das klar. Der Bereicherungskläger, nicht sein Gegner, muß diejenigen Vor- und Nachteile darlegen, die erst in ihrer Gesamtheit die erforderliche Saldierung ermöglichen.[2]

Bei den Auflagen, die der Intention nach vollständiger Sachaufklärung entspringen, ist das jedoch nicht immer so eindeutig.

> <u>Beispiele</u>:
>
> Kläger verlangt Schadensersatz, weil ihn der Beklagte bei einer Auseinandersetzung geschlagen habe. Beklagter bestreitet die Auseinandersetzung nicht, wohl aber den Schlag. Kläger verlangt Schadensersatz, weil ihn der Beklagte mit dem Fahrrad angefahren habe. Beklagter behauptet, Kläger sei ihm vor das Rad gelaufen.

Ist wie in derartigen Fällen von vornherein klar, daß beide Parteien aus eigener Anschauung heraus eine detaillierte Schilderung des maßgebenden Vorfalls geben können, - und müssen (§ 138 Abs. 1 und 4 ZPO), so ist die Aufforderung nur einer Partei zur Einzeldarstellung vermeidbarer Zeitverlust. Streng genommen ist es zwar ein Unterschied, ob eine Partei eine eigene ausführliche Schilderung eines Vorgangs gibt, oder ob sie zu der Schilderung der Gegenseite Stellung nimmt und dabei ihre eigene Darstellung gibt. Wahrheitsfindung und Beschleunigung gebührt aber der Vorrang vor einem ausschließlich taktischen Interesse der Parteien. Daher ist in solchen Fällen die Auflage, den Vorgang im ein-

---

1) Oben S. 36.

2) Vgl. BGHZ 53, 144 (145).

zelnen darzustellen, sofort an beide Parteien zu richten.

Im übrigen ist in derselben Aufklärungsverfügung, mit der eine Partei zu Einzelschilderungen aufgefordert wird, der anderen Partei eine detaillierte Stellungnahme zu der zu erwartenden Schilderung aufzugeben. Schwierigkeiten können sich dabei ergeben, wenn nicht ohne weiteres klar ist, welche Partei die Behauptungslast trifft. Soll der Richter dann seine Auflagen vorsorglich an beide Parteien richten, oder soll er sich an diejenige Partei wenden, die er nach seinem, dem jeweiligen Verfahrensstadium entsprechenden Rechtsverständnis für behauptungs- und beweisführungsbelastet hält?

Die letztere Möglichkeit brächte die größten Nachteile. Die angesprochene Partei würde sich auf die Belastung, die Gegenpartei auf Entlastung einstellen. Da in solchen Fällen die Entscheidung wesentlich von der Verteilung der Behauptungs- und Beweislast abhängt - wie das Beispiel der Produzentenhaftung zeigt - , vermag ein rechtlicher Hinweis auf die Unsicherheit der Rechtslage allein wenig auszurichten. Es wäre für die angesprochene Partei dabei ganz unverständlich, warum die womöglich prozeßentscheidende Auflage gerade an sie erging. Ist also im Vorbereitungsstadium ein Schlüssigwerden über die Behauptungs- und Beweislastfrage noch nicht möglich[3)], so hat der Richter wie folgt vorzugehen: erstens muß er den Parteien einen rechtlichen Hinweis auf die Ungewißheit der Last-Frage erteilen. Zweitens hat er die aufklärungsbedürftigen Punkte zu bezeichnen und den Parteien anheimzustellen, schon vor der mündlichen Verhandlung hierzu schriftsätzlich Stellung zu nehmen. Dieses Vorgehen wird dem Konzentrationszweck des § 272 b ZPO gerecht, ohne der erst später möglichen Entscheidung der Last-Frage vorzugreifen oder die Parteien in vermeidbare Unsicherheit über ihre prozessuale Situation zu versetzen.

---

3) was insbesondere auf der Notwendigkeit vorheriger Klärung gewisser tatsächlicher Fragen beruhen kann (vgl. oben S. 86 ff.

2. Kapitel: Beiziehung von Unterlagen

§ 15 Beiziehung von Parteiunterlagen

1. Abgrenzung von Behauptungsauflagen

Der wesentliche Unterschied zwischen den besprochenen Behauptungsauflagen und der Aufforderung zur Vorlage von Unterlagen besteht darin, daß sich bei letzterer Tatsachenergänzung und Bereitstellung der Beweismittel kaum trennbar mischen.[1] Der Richter, der eine Urkunde, z.B. eine schriftsätzlich bereits wörtlich wiedergegebene Quittung anfordert, kann diese einzig als Beweisstück bereitstellen und sich vor der mündlichen Verhandlung ein Bild davon machen wollen. Fordert er dagegen den Grundriß von Geschäftsräumen an, etwa in einem Streit um eine Feuerversicherungssumme, so liegt darin zunächst einmal konkludent das Verlangen, die Behauptungen über die Belegenheit der Räume zu präzisieren, gleichzeitig aber auch die Vorbereitung einer etwa hierüber erforderlichen Beweisaufnahme.[2] Derartige Fälle sind unproblematisch, da Inhalt und Zielrichtung der richterlichen Aufklärung auch der naiven Partei unmittelbar evident werden und der Richter keine versteckten Aufklärungsabsichten verfolgt.

Anders kann es bei umfangreichen Urkunden liegen, deren Inhalt die Parteien schriftsätzlich nicht bereits wörtlich wiedergegeben haben, insbesondere bei Schriftwechsel und Akten. Hier werden dem Richter fast regelmäßig durch das Studium der eingereichten Unterlagen Tatsachen bekannt, welche die Parteien bis dahin noch nicht behauptet haben. In der Praxis besonders häufig vorkommende Beispiele sind Vertragsurkunden und Briefwechsel über Zustandekommen, Abände-

---

1) Vgl. Baur, Vorbereitung, S. 215.

2) Vgl. Baur, a.a.O.

rung, Aufhebung oder Auslegung von Verträgen. Der Richter fragt hier, im Unterschied zu den Behauptungsauflagen, nicht ausdrücklich nach diesen bisher nicht behaupteten Tatsachen. Diese werden ihm vielmehr "mitgeliefert", womit er aus Berufserfahrung generell rechnet. Häufig zielt er gerade darauf ab.

Da die Parteien den Sachverhalt schriftsätzlich in der Regel nur rudimentär vortragen, ist die Herbeiziehung der sich auf das streitige Rechtsverhältnis beziehenden Urkunden für den Richter ebenso regelmäßig das nächstliegende und geeignetste Mittel, sich genauer ins Bild zu setzen. Im allgemeinen gibt ihm erst die Gesamtheit der getroffenen Vereinbarungen, etwa über Kauf, Gesellschaft oder Arbeitsverhältnis, die Möglichkeit, die strittigen Fragen zutreffend zu beurteilen.[3] Das ist so normal, daß man - eben für den Normalfall - ohne weiteres die prozessuale Bereitwilligkeit der Parteien unterstellen darf, dem Richter das in den Urkunden enthaltene Material zur Aufklärung des Sachverhaltes zu unterbreiten.[4] Mit der Einreichung der Unterlagen sind auch die bis dahin nicht vorgetragenen Tatsachen von den Parteien behauptet.[5] Mag dies auch auf "Ermittlung" des Richters beruhen, so war doch d i e s e Einschränkung der Verhandlungsmaxime bereits in der ursprünglichen Konzeption der ZPO enthalten. Die heutigen §§ 142, 143 ZPO über die Anordnung der Vorlage von Urkunden und Akten nach mündlicher Verhandlung standen bereits als §§ 131, 134 in der ZPO von 1877. Der Unterschied der späteren Regelung in § 272 b ZPO liegt allein darin, daß das Erfordernis der Bezugnahme (§ 142 ZPO) wegfiel und die Anordnung bereits zur Vorbereitung der mündlichen Verhandlung möglich wurde. An der Zulässigkeit dieser Art richterlicher "Ermittlung" ist denn auch, soweit ich

---

3) Vgl. Levin, Richterliche Prozeßleitung, S. 137.

4) Vgl. hierzu auch oben S. 108 f.

5) Genauer: vorbereitend schriftsätzlich vorgetragen, da die Behauptungen ja erst in der mündlichen Verhandlung aufgestellt werden.

sehe, nie gezweifelt worden. Der sich mit der Urkundenanforderung für die Parteien ergebende mittelbare Zwang zum Mietvertrag bisher nicht behaupteter Tatsachen ist aus den oben (S. 113) angeführten Gründen von der ratio des § 272 b ZPO gedeckt.

Soweit sich aus dem vervollständigten Tatsachenstoff erst die Aufklärungsrichtung oder eine andere als die ursprünglich absehrbare Aufklärungsrichtung ergibt, müssen den Parteien die oben (S. 100) erörterten Hinweise gegeben werden.

2. Zurückhaltung von Unterlagen durch die Parteien

Aus den schon besprochenen Gründen (oben S. 110 ff.) kommt es allerdings nicht eben selten vor, daß Parteien Fakten aus den beigebrachten Unterlagen dem Gericht oder der Gegenpartei oder beiden nicht zur Kenntnis bringen möchten. Die sich daraus für die Einschränkung der Parteiherrschaft ergebende Problematik soll im Vergleich zur obigen Darstellung über die Zurückhaltung von Prozeßstoff auf Richterfrage behandelt worden. Wie dort (S. 110) sind auch hier vorweg die Fälle auszuscheiden, in denen Anhaltspunkte für einen Prozeß mit krimineller oder sonst asozialer Zielrichtung, insbesondere einen "Prozeß zu Lasten Dritter" vorliegen. Bei solchen Fallgestaltungen muß der Richter in der beschriebenen Weise vorgehen. Im übrigen können auch hier die oben (S. 110f.) unterschiedenen Motive für das Zurückhalten von Urkunden oder Urkundenteilen vorliegen.

2.1 Zurückhaltung oder Veränderung von Unterlagen durch b e i d e Parteien

2.1.1 Beispiele und Fragestellung

<u>Beispiel 1</u> (Motivgruppe 1, oben S. 110)

In einem Vertragsbriefwechsel befinden sich Hinweise auf steuerliche Manipulationen, an deren Geheimhaltung beide Parteien interessiert sind. Die Parteien schwärzen die betreffenden Stellen und legen den Briefwechsel mit dem - zutreffenden - Hinweis vor, die geschwärzten Stellen hätten keinerlei Bezug zu dem Rechtsstreit.

Beispiel 1 a (Motivgruppe 1)

In dem Beispiel 1 (S. 113) hatte der Kläger zunächst gemäß § 3 KSchG Einspruch gegen die Kündigung beim Betriebsrat eingelegt. Dieser hatte in seiner Stellungnahme u.a. die wirklichen Gründe für die Arbeitsunfälle erwähnt. Der Kläger legt daher diese Stellungnahme aus den oben angegebenen Gründen auf Verlangen des Richters (vgl. § 4 Satz 3 KSchG) vor, schwärzt aber die betreffenden Stellen und erklärt bei Vorlage, diese Stellen beträfen eine Auseinandersetzung mit einem am Prozeß nicht beteiligten Dritten.

Beispiel 2 (Motivgruppe 2)

Die Parteien streiten um die Auslegung eines Unternehmensveräußerungsvertrages. In der vom Richter angeforderten Korrespondenz über die Vertragsvorbereitung befinden sich Ausführungen über die künftige Konzernpolitik der einen Partei. Die betreffenden Stellen werden unleserlich gemacht und gegenüber dem Gericht zutreffend als unerheblich bezeichnet.

Beispiel 2 a (Motivgruppe 2)

In dem Beispiel 2 (oben S. 113) befinden sich in einem Mahnschreiben Hinweise auf Wechselproteste. Diese will der Kläger aus den genannten Gründen nicht erwähnen. Er macht die betreffenden Stellen unleserlich und erklärt bei der Vorlage, diese Stellen beträfen "hier nicht interessierende Interna aus dem Unternehmen des Beklagten".

Beispiel 3 (Motivgruppe 3)

In einem Rechtsstreit über die Auseinandersetzung unter Gesellschaftern wird ein Briefwechsel über gewisse Sonderleistungen vorgelegt, die einem Gesellschafter auf seine Bitten hin gewährt worden waren. In den Briefen sind auch Einzelheiten über gesundheitliche Leiden des betreffenden Gesellschafters geschildert, welche beide Seiten im Prozeß nicht bekanntgeben wollen. Die betreffenden Teile der Korrespondenz werden daher wie in den obigen Beispielen unter entsprechendem Hinweis an das Gericht unleserlich gemacht.

Beispiel 3 a (Motivgruppe 3)

In dem Beispiel 3 (oben S. 114) ist in einem Brief ausgeführt, wie sich auch die "Abenteuer" des Beklagten abträglich auf seine geschäftliche Zuverlässigkeit ausgewirkt haben. Die Parteien schwärzen diese Stellen und erklären gegenüber dem Gericht, daß diese Stellen Privatangelegenheiten beträfen, über die man nicht sprechen möchte.

Ergänzend ist zu allen Beispielen zu sagen: Unter dem hier behandelten Aspekt eines mittelbaren Zwanges zu bestimmtem Parteivortrag bereiten die Fälle keine Schwierigkeiten, in denen die Parteien diejenigen Urkunden unbemerkt beiseite lassen können, in denen sich die fraglichen Tatsachen befinden. Wenn es ihnen z.B. nur darauf ankommt, einen einzigen Satz aus einem einzigen Brief einer umfangreichen Korrespondenz unerwähnt zu lassen, so legen sie den betreffenden Brief, sofern der Rest dadurch nicht zusammenhanglos wird, eben nicht vor und erwähnen ihn gar nicht. Damit entfällt irgendeine mögliche Reaktion des Gerichts und damit auch jedwede Drucksituation für die Parteien.

Ebenso ist es, wenn die Parteien auf die Urkunden bereits von sich aus in vorbereitenden Schriftsätzen Bezug nehmen und dabei gem. § 131 Abs. 1, 2 ZPO einen Urkunden a u s - z u g beifügen. Gibt sich das Gericht damit zufrieden, was es nicht muß (§ 272 b Abs. 2 Nr. 1; § 134 Abs. 1 ZPO)[6], so entstehen keine Probleme. Doch das sind Ausnahmen, die in diesem Zusammenhang nicht interessieren. Hier soll für den Regelfall untersucht werden, ob oder ob nicht vom Gericht die Tatsache, daß die Parteien eine Urkunde in gekürzter Fassung vorlegen, verwertet werden kann. Für die Behauptungsauflagen wurde oben die Frage der Verwertung bei übereinstimmendem Schweigen je nach der von den Parteien angegebenen Begründung entschieden. Ob diese Differenzierung für die hier behandelten Fallgruppen übernommen werden kann, erscheint fraglich.

2.1.2 Vorlage veränderter Unterlagen

Wie die Beispiele 1, 2 und 3 zeigen, ist für die Urkundenbeiziehung nach § 272 b ZPO typisch, daß die Parteien nolens

6) Wieczorek, § 131 Rdn. B II.

volens auch Tatsachen offenbaren, die mit dem Rechtsstreit gar nichts zu tun haben. Das kann ihnen bei den Behauptungsauflagen nicht ohne weiteres passieren. Wenn der Richter dort einmal nach Dingen fragt, die keinen Bezug zum Prozeß haben, so können sie das Erhebliche vorbringen, das Unerhebliche aber, evtl. mit Begründung, beiseite lassen. Die Stringenz eines Vorbringens wird dadurch nicht beeinträchtigt. Wird aber z.B. ein teilweise geschwärzter Brief vorgelegt, so ergeben sich unabhängig von etwaigen dafür gegebenen Erklärungen sogleich Assoziationen zu "Manipulation", "Täuschung", "Tatsachenunterdrückung" und ähnlichen negativen Qualifizierungen.

Es liegt schon aus psychologischen Gründen nahe, daß diese negativen Bewertungen in kaum kontrollierbarer Form auf die Beurteilung des anderen Prozeßstoffes durchschlagen und die eine oder andere Partei benachteiligen. Der offen und einverständlich verkürzte Sachvortrag ist etwas wesentlich anderes als eine offen und einverständlich veränderte Urkunde. Diese dient nach allgemeinem Rechtsverständnis in erster Linie der Konstitution eines Rechtsaktes oder dem Beweis von rechtlich erheblichen Vorgängen. Sie verträgt daher keine beliebige Veränderung von Form und Inhalt, weil das ihre eigentümliche Funktion, ihren "objektiven Spurenwert"[7] (Ur-kunde) notwendig beeinträchtigt.

Hier wirkt sich freilich die zu ungenau bestimmte Funktion der Urkundenanforderung nach § 272 b ZPO nachteilig aus. Denn soweit die Urkundenvorlage mittelbar Tatsachenvortrag ist und als solcher auch vom Richter bewußt herbeigeführt wird, würde die vorzulegende Urkunde eine Inhaltsverkürzung aus den bereits erörterten Gründen durchaus vertragen. Hinzu käme noch der kaum zu bezweifelnde Grund, daß es den Parteien unbenommen sein muß, nicht zur Sache Gehörendes aus dem Spiel zu lassen. Wenn also beide Parteien einig sind (obige Beispiele S. 113 f.), könnte man meinen, daß eine

7) Bruns, JZ 1957, 490.

Veränderung des Urkundeninhalts wie die Auslassung von Parteivortrag zu behandeln sei. Nach § 419 ZPO beurteilt das Gericht ja nur die Beweiskraft einer veränderten oder sonst mangelhaften Urkunde nach freier Überzeugung; um Beweis handelt es sich aber nicht, soweit der Richter nur Material sammeln will.

Indessen läßt sich im Vorbereitungsstadium eine scharfe Trennung zwischen Bereitstellung von Beweismitteln und Ergänzung des Tatsachenstoffs nicht durchführen.[8] Erst am Schluß der mündlichen Verhandlung kann die Funktion der vorgelegten Unterlagen, insbesondere ihre Bedeutung im Rahmen der "Verhandlungswürdigung" (§ 286 Abs. 1 ZPO) eindeutig bestimmt werden. Die Frage des vom Richter ausgehenden Drucks zur vollständigen Urkundenvorlage kann aber für das Vorbereitungsstadium eben nur für den Zeitraum dieses Stadiums gestellt werden. Also darf die Möglichkeit, daß die Urkunde auch als Beweismittel nach § 286 ZPO Berücksichtigung findet, nicht außer Betracht bleiben. Es kommt hinzu, daß diese Doppelfunktion der Urkunde bei der Sachaufklärung sich auf ihre Einordnung nach dem allgemeinen Rechtsverständnis bisher überhaupt nicht ausgewirkt hat und dies auch vermutlich wegen der tiefen Verwurzelung der Urkundenfunktion (Beweisfunktion) im Rechtsbewußtsein der Menschen in absehbarer Zeit nicht tun wird. Von dieser Einordnung nach dem allgemeinen Rechtsverständnis kann aber das Prozeßrecht nicht absehen. Die in der Sache wurzelnde negative Vorbewertung einer veränderten Urkunde darf daher nicht ignoriert werden.

Die Parteien können daher im Vorbereitungsstadium nicht davon ausgehen, daß sich der Richter bei der Vorlage veränderter Urkunden schlicht mit der Berufung auf Gründe der Motivgruppen 2 und 3 (oben S. 110f.) oder auf Unerheblichkeit zufrieden gibt. Er hat ja, was weiter zu bedenken ist, im Gegensatz zur Situation bei den Behauptungsauflagen keine

8) Oben S. 131 Fn. 1.

halbwegs zuverlässige Möglichkeit, die angegebenen Gründe zu prüfen. Denn während er bei den Behauptungsauflagen bestimmte Fragen nach bestimmten tatsächlichen Zusammenhängen stellt, die angegebenen Gründe für verweigerte Antwort also zumindest einer Plausibilitätskontrolle nach gesundem Menschenverstand unterliegen, weiß der Richter im Falle der Urkundenanforderung gar nicht, was die Urkunde in ihrem ursprünglichen, unveränderten Zustand aussagte. Ein totales Verwertungsverbot hinsichtlich der Tatsache der Urkundenänderung liegt daher hier fern. Der für die Parteien gegebene Druck, auch bei Einverständnis keine veränderten Urkunden vorzulegen, liegt im Interesse der Einschränkung beliebiger Tatsachenmanipulation.

2.1.3 Zurückhaltung des gesamten Inhalts von Unterlagen

Die schutzwürdigen Geheimhaltungsinteressen der Parteien (Motivgruppen 2 und 3) können desungeachtet zur Geltung gebracht werden. Dasselbe gilt von dem keiner besonderen Rechtfertigung bedürfenden Bestreben, nicht zur Sache Gehörendes "draußen" zu lassen. Zunächst einmal können die Parteien unter Darlegung ihrer Interessen die Vorlegung vor der mündlichen Verhandlung ablehnen und die Vorlegung in der mündlichen Verhandlung ankündigen. Das Gericht hat keine Möglichkeit, die Vorlage zu erzwingen. Die Parteien sind zwar zu diesem Vorgehen nicht förmlich berechtigt. Aber die sonst bei Verletzung der Vorlegungspflicht zu befürchtenden Nachteile - kein Versäumnisurteil (§ 335 Abs. 1, 3 ZPO); Bestimmung einer Erklärungsfrist nach § 272 a ZPO; Präklusion (§ 283 Abs. 2 ZPO)[9] - haben bei der hier vorliegenden partiellen Einigkeit der Parteien kein so starkes Gewicht. Von den sonst noch drohenden Kostenmaßnahmen (§§ 95 ZPO; 47 GKG) wird das Gericht keinen Gebrauch machen, wenn es sich in der mündlichen Verhandlung von der Ernsthaftigkeit der Geheimhaltungsinteressen der Parteien überzeugt.

9) Baumbach-Lauterbach, § 134 Anm. 2, § 129 Anm. 2.

Sodann haben die Parteien die oben (S. 119) besprochene, freilich unzulängliche Möglichkeit, den Ausschluß der Öffentlichkeit zu beantragen. Schließlich bleibt bei unstreitigem Urkundeninhalt als sicherstes Mittel, die fraglichen Tatsachen überhaupt nicht mitzuteilen, das wörtliche Zitat sämtlicher einschlägiger Urkundenteile unter ausdrücklichem Hinweis darauf, daß das Vorgetragene unstreitiger Urkundeninhalt ist und weiteres nicht vorgetragen, die Urkunde selbst auch nicht vorgelegt werden soll.[9a] Allerdings braucht sich das Gericht damit nicht zufrieden zu geben[10], doch sind die den Parteien aus der Verwertung ihrer Weigerung drohenden Nachteile als relativ gering zu veranschlagen. Zwar ist nach h.M.[11] die Nichtbefolgung der Vorlegungsanordnung nach § 286 ZPO frei zu würdigen. Doch ist diese Ansicht unter dem Gesichtspunkt berechtigter Geheimhaltungsinteressen beider Parteien oder ihres Interesses, prozeßfremden Stoff wegzulassen, bisher, soweit ich sehe, noch nicht einmal überprüft worden. Die oben (S. 121) zum übereinstimmenden Nichtvortrag angestellten Überlegungen müssen hier zu einem totalen Verwertungsverbot führen.

2.2 Zurückhaltung von Unterlagen durch e i n e Partei

Diese Konstellation wird gekennzeichnet durch den Interessenwiderstreit der Parteien. Hierdurch werden die Motive der nicht vorlagebereiten Partei noch verstärkt. Sie kann schwerlich einsehen, dem Gegner bei Meidung von Prozeßnachteilen Material offenbaren zu müssen, das sie entweder für

---

9a) Auch bei "Plänen, Rissen und Zeichnungen" (§ 272 b Abs. 2 Nr. 1 ZPO) ist dies, freilich mit gewissen Schwierigkeiten, durch Herstellung eines Teilplanes usw. möglich.

10) Das OLG Köln (JMBlNW 1966, 285) hält eine Vorlageanordnung nach § 142 ZPO allerdings für unzulässig, wenn der wesentliche Inhalt der Urkunde unstreitig ist und von beiden Parteien vorgetragen wird (Leitsatz). Der Fall betraf aber gerade kein Parteieinverständnis über den näheren Unrkundeninhalt.

11) Nachweise unten S. 140 f. Fn. 12 ff.

prozeßfremd oder für geheimhaltungsbedürftig hält. Weiter mag sich die am "Prozeßkrieg"-Gedanken orientierte Partei dagegen sträuben, dem Gegner auf einfache prozeßleitende Verfügung des Richters hin ohne die Prozedur der §§ 421 ff ZPO das Beweismittel und dazu den darin womöglich enthaltenen Tatsachenstoff zur Verfügung zu stellen.

Der damit angedeuteten Problematik scheint mir der Diskussionsstand um die Verwertung der Parteiweigerung nicht ganz gerecht zu werden. Überwiegend wird, meist im Anschluß an eine zu § 142 ZPO ergangene Entscheidung des OLG Marienwerder[12] gesagt, die Nichtbefolgung der Anordnung zur Urkundenvorlage sei nach § 286 ZPO frei zu würdigen[13], bzw. § 427 ZPO sei anwendbar[14], was nach SIEGEL[15] in praxi zu dem gleichen Ergebnis führt. Demgegenüber vertritt WIECZOREK zu § 272 b und § 142 ZPO den Standpunkt, Folgerungen aus der Nichtvorlegung dürften nicht gezogen werden, weil diese nach § 427 ZPO nur hervorträten, wenn eine Partei auf Vorlage besteht.[16] Gleicher Ansicht ist BRÜGGEMANN[17], weil die einzelne Urkunde nicht der allgemeinen Unterrichtung des Gerichts diene, ein Beweisantrag erforderlich sei und bei Nichtvorlage die beweispflichtige Partei sich eben auf die Urkunde nicht berufen wolle, die Gegenpartei aber nach §§ 421 ff ZPO vorgehen könne. Auch BAUR[18] will eine Vorlageanordnung nur nach entsprechender Parteibehauptung und nur unter Beachtung der §§ 421 ff zulassen, weil es nicht Sinn des Vorverfahrens sei, die Stellung der beweisbelasteten

---

12) OLGE 3, 438.

13) Stein-Jonas-Schumann-Leipold, § 272 b Anm. III 1 b; Baumbach-Lauterbach, § 272 b Anm. 2 C; Thomas-Putzo, § 272 b Anm. 1; Sydow-Busch, § 272 b Anm. 1; Hoffmann DGWR 1936, 285; Siegel, Vorlegung von Urkunden, S. 97 - zu § 142 ZPO.

14) Zöller-Stephan, § 272 b Anm. II.

15) a.a.O.

16) Wieczorek, § 142 Rdn. A II; § 272 b Rdn. C I.

17) Judex, S. 354, 362 f.

18) Vorbereitung, S. 216.

Partei zu erleichtern. Also sollen sich die Folgen der Nichtvorlage nach Beweislastnorm (Beweisführer legt nicht vor) oder nach § 427 ZPO (Gegner legt nicht vor) richten.[19]

Dem Ausgangspunkt von BAUR und BRÜGGEMANN kann nicht gefolgt werden. Die Aufforderung zur Vorlage einzelner Urkunden gemäß § 272 b Abs. 2 Nr. 1 ZPO setzt keine beweisbedürftige Behauptung voraus, zu deren Nachweis eben diese Urkunde dienen soll. Vielmehr dient die Beiziehung der Unterlagen nach dem oben entwickelten Verständnis des § 272 b ZPO der vollständigen Sammlung des Prozeßstoffs u n d der Bereitstellung der Beweismittel, damit also auch und gerade der Ergänzung und Vervollständigung des Parteivorbringens.[20] Die Parteien erkennen das in der Regel als sinnvoll an und tragen mit der Urkundenvorlage konkludent die bisher nicht gebrachten Behauptungen vor (oben S. 132). § 272 b ZPO initiiert so die M ö g l i c h k e i t eines sinnvollen Zusammenwirkens[21] von Richter und Parteien bei der Sachaufklärung, wie die erfolgreich verlaufenen praktischen Versuche hinreichend belegen.[22] Der mit der Richterauflage eo ipso gegebene mittelbare Druck auf die Parteien ist von Gesetzessinn sanktioniert.

Nun hieße es aber auf halbem Wege stehenbleiben, wollte man die Anordnung ohne die Fesseln der §§ 421 ff ZPO, die Verwertung der Weigerung aber nur unter den engen Voraussetzungen des § 427 ZPO zulassen. Soll das Konzentrationsziel e i n e r mündlichen Verhandlung erreicht werden, so müssen alle erheblichen Urkunden von Amts wegen angefordert,

---

19) Baur, a.a.O. S. 218.

20) Brüggemann (a.a.O. S. 353) verneint die Notwendigkeit beweisbedürftiger Behauptungen für das Einfordern von Partei- und Behördenakten sowie von Handelsbüchern, sofern dies der "allgemeinen Unterrichtung" des Gerichts dient.

21) Zusammenwirken aber nicht im Sinne eines auch subjektiv bestimmten planvollen Miteinanderarbeitens (teamwork), sondern eines rein objektiven funktionalen Zusammenwirkens.

22) Vgl. zuletzt Kalthoener, DRiZ 1975, 201 f, der überaus

ihre Nichtvorlage sodann ipso jure gemäß § 286 ZPO gewürdigt werden können. Andernfalls müßte in der mündlichen Verhandlung, um zu einer Verwertung der Weigerung zu gelangen, das Verfahren nach §§ 421 ff ZPO ablaufen, was wiederum nach § 142 ZPO überflüssig wäre. Gegen BAURs Argumentation wäre von diesem Standpunkt aus zu sagen, daß es zwar nicht Sinn, aber Folge eines so gestalteten Vorbereitungsverfahrens ist, daß die Stellung der beweisbelasteten Partei erleichtert wird. Das bedeutet nicht Ignorierung der angeführten Interessen der nicht darlegungs- und beweisbelasteten Partei. Denn ihre für die Weigerung angegebenen Gründe gehören ebenso zum Inhalt der Verhandlung wie die Weigerung selbst und sind daher ebenfalls zu würdigen.[23)]

Der oben (S. 122) zum unterlassenen Parteivortrag ausgeklammerte Fall, daß eine Partei Urkunden aufgrund ihrer dringenden Geheimhaltungsinteressen zurückbehält, obwohl sie ausschließlich ihr günstig sind, bedarf hier der Erwähnung. Die betreffende Partei nimmt dann den Nachteil der Nichtberücksichtigung in Kauf. Führt das zum Prozeßverlust, ergeben sich keine weiteren Probleme. Hat aber die Partei noch andere Möglichkeiten des Beweises, so darf die Tatsache der Nichtvorlage nicht noch zusätzlich zu ihrem Nachteil verwertet werden. Das ergibt sich aus dem Gesichtspunkt der Güter- und Interessenabwägung. Da schutzwürdige Offenlegungsinteressen des Gegners ausscheiden[24)], fiele auf der anderen Seite allein das allgemeine Interesse an der Wahrheitsfindung ins Gewicht. Dies allein fordert aber keine Offenlegung von Angelegenheiten der Privatsphäre[25)], ebensowenig von Geschäfts- und ähnlichen Geheimnissen. Die

---

22) (Forts.)
positive Erfahrungen aus siebenjähriger konsequenter Anwendung des § 272 b ZPO mitteilt.

23) Oben S. 64 ff.

24) Ein nicht schutzwürdiges "hämisches" Interesse an Bloßstellung seines Gegners mag er schon haben.

25) Oben S. 120; hierzu eingehend Brüggemann, Judex, S. 172 f.

Wahrheitsfindung im Prozeß ist ja nicht Selbstzweck.[26] Wo sie, ohne Veranlassung durch den Interessenschutz der Gegenpartei, zur Inquisition von Privatangelegenheiten führt, verliert sie jeden sozialen Sinn und scheidet daher als Wegweiser für richterliche Arbeit aus. Man muß sogar noch weiter gehen. Ist eine Kontrolle durch gegenläufige Interessen gewährleistet, wie in diesen Fällen, so sind nur geringe Anforderungen an die Begründung der Partei für ihre Nichtvorlage zu stellen. Die Entscheidung, ob eine Partei den Nachteil des Prozeßverlustes oder auch nur der Verringerung der Erfolgschancen in Kauf nehmen will, kann man ihr im allgemeinen selbst überlassen. Wenn sich keine konkreten Anhaltspunkte für eine asoziale Prozeßführung[27] ergeben, sind die angeführten Gründe mit der Folge eines totalen Verwertungsverbotes im allgemeinen zu akzeptieren.

Was endlich die Vorlage von veränderten Urkunden angeht, so kann auf die o.a. Gesichtspunkte[28] verwiesen werden. Diese gelten bei einseitiger Urkundenveränderung noch in verstärktem Maße.

3. Beiziehung von Parteiakten

3.1 Anwendungsbereich und Auswirkung auf die Stoffsammlung

Nach § 143 ZPO kann das Gericht anordnen, daß die Parteien die in ihrem Besitz befindlichen Akten vorlegen. Diese Anordnung ist auch bereits im Vorbereitungsstadium gemäß § 272 b ZPO zulässig. Zwar ist in Nr. 1 der Vorschrift nur von "Urkunden" die Rede, und das Gesetz unterscheidet in §§

26) Zum Verhältnis der Wahrheitsfindung zu anderen Werten vgl. vor allem Sauer, Allgemeine Prozeßrechtslehre, S. 138; Habscheid, Persönlichkeitsrecht als Schranke der Wahrheitsfindung, S. 841, 851 f; E. Peters, ZZP 76, 148.

27) Oben S. 104.

28) S. 135 ff.

142, 143 ZPO durchaus Urkunden von Akten. Doch fällt die Anforderung von Parteiakten unter die "angebracht erscheinenden" Anordnungen im Sinne des § 272 b Abs. 1 ZPO, woran anscheinend niemand zweifelt.[29] Solche Zweifel wären auch unangebracht, da die zu einem Aktenstück zusammengefaßten Schriftstücke und sonstigen Unterlagen (z.B. Zeichnungen, Pläne und dergl.) ebenso wie einzelne Urkunden zur umfassenden Information des Gerichts über die Streitsache geeignet sind. Die sich andererseits sogleich anmeldenden Bedenken gegen eine damit gegebene weitgehende "Ausforschung" der Parteien durch das Gericht und untereinander werden stark gemildert, wenn man sich den wirklichen Anwendungsbereich der Vorschrift vergegenwärtigt.

Die erste und wichtigste Einschränkung besteht darin, daß nach heute allgemeiner Meinung die den Prozeß v o r b e r e i t e n d e n Akten nicht darunterfallen.[30] Damit können insbesondere vorprozessuale Korrespondenzen der Parteien untereinander und mit ihren Anwälten und Dritten, z.B. Gutachtern, zurückbehalten werden, ohne daß dies - nämlich die Tatsache der Zurückhaltung - vom Gericht verwertet werden kann.[31] Diese Einschränkung darf aber auch nicht dem Zweck des § 272 b ZPO zuwider dahin ausgedehnt werden, daß a l l e r vorprozessualer Schriftverkehr ausgeklammert wäre. Es ist überhaupt unangebracht, allzusehr auf den Wortlaut - "Verhandlung und Entscheidung" einerseits, "Vorbereitung" andererseits - abzustellen. Entscheidend muß vielmehr sein, daß die Verhandlungsvorbereitung der S a c h aufklärung, nicht der Aufklärung der Überlegungen, Absichten, Taktiken

29) Vgl. Baumbach-Lauterbach, § 272 b Anm. 2 B c.

30) Siehe nur Baumbach-Lauterbach, § 143 Anm. 1; and. Ans. war K. Schneider (Richterliche Ermittlung, S. 139), der aber mit der von ihm befürworteten Einsicht in die "oft lehrreichen Instruktionsschreiben der Parteien an ihre Vertreter" in diesem Punkt das richterliche Ermittlungsrecht übertrieben haben dürfte (so bereits zu Recht Levin, Richterliche Prozeßleitung, S. 138).

31) Vgl. Stein-Jonas-Pohle, § 143 Anm. I.

und Ziele der Parteien dient. So ist ein vorprozessualer Brief für die Sachaufklärung unentbehrlich, wenn er eine materiellrechtliche Erklärung oder die Bestätigung einer Tatsache enthält; er ist entbehrlich, wenn er die Vorstellungen einer Partei über den zukünftigen Gang der Sachaufklärung enthält. Bereits unter diesem Gesichtspunkt darf der Richter von der Befugnis, die Vorlage ganzer Akten von den Parteien zu verlangen, nur zurückhaltend Gebrauch machen, und er wird aus Gründen effektiver Arbeit in der Regel eher einzelne oder mehrere inhaltlich zusammenhängende Urkunden (insbesondere Schriftwechsel) anfordern als ganze Aktenstücke.

Damit ist die zweite, gleichfalls wesentliche Einschränkung dieser Aufklärungsmaßnahme angesprochen. Die Neigung des Zivilrichters, von Parteien eingereichte Akten durchzuarbeiten, ist schon angesichts der üblichen starken Arbeitsbelastung gering. Umgekehrt geht die Tendenz der auch anwaltlich vertretenen Partei häufig dahin, einen unzulänglich begründeten Anspruch durch Bezugnahme auf umfangreiche Privatakten abzustützen. Der Richter hat das Ansinnen, sich die Klagebegründung aus eingereichten bzw. in Bezug genommenem Aktenmaterial selbst zusammenzusuchen, zurückzuweisen und wird dies in der Regel auch tun. Die Partei ist aufzufordern, die Klage zu substantiieren.[32]

Man wird demnach die Beeinträchtigung der Parteiherrschaft über den Tatsachenstoff durch die Anforderung allgemeiner[33] Akten aus rechtlichen und praktischen Erwägungen als gering veranschlagen dürfen.

---

32) RGZ 1, 423 (424) - unvollständige Beweisführung mangels genauer Angabe der Beweisstellen in vorgelegten Handelsbüchern; BGH NJW 1956, 1878; Baumbach-Lauterbach, § 137 Anm. 3 b; Zöller-Stephan, § 253 Anm. 2 b) bb); § 137 Anm. 3.

33) im Gegensatz zu den besonderen Akten, den Geschäftsbüchern.

3.2 Die Regelung der §§ 45 bis 47 HGB

Diese Einschätzung wird durch die Tragweite der §§ 45 und 46 HGB bestätigt. Nach § 45 HGB kann das Gericht "im Laufe eines Rechtsstreits" unabhängig von den speziellen Voraussetzungen der §§ 421 ff. ZPO (§ 45 Abs. 2 HGB) auch von Amts wegen die Vorlegung der Handelsbücher einer Partei anordnen. § 46 HGB schränkt dies dahin ein, daß vom Inhalt der Handelsbücher unter Zuziehung der Parteien nur insofern Einsicht zu nehmen ist, als er den Streitpunkt betrifft. Der "übrige", also den Streitpunkt nicht betreffende Inhalt ist (n u r) dem Gericht offenzulegen, und zwar nur zwecks Prüfung der ordnungsmäßigen Führung.

Die Verwertung der Handelsbücher ist also einmal gegenständlich beschränkt, zum anderen in Bezug auf das Verfahren. Damit ist eine Tatsachenergänzung durch richterliche Inquisition praktisch ausgeschlossen, jedenfalls was das vorbereitende Verfahren angeht. Die Ordnungsmäßigkeit der Führung läßt der Richter in der Regel[34)] durch einen Sachverständigen feststellen. Neues Prozeßmaterial wird dabei kaum zutage gefördert; die Bücher dürfen nur unter dem Gesichtspunkt der ordnungsmäßigen Führung eingesehen werden. Soweit es um den Streitpunkt selbst geht, darf das Gericht nur unter Zuziehung der Parteien Einsicht nehmen, d.h. also im Verhandlungs- und Beweisaufnahmetermin. Dabei ist die Beschränkung auf konkret zu bezeichnende Streitpunkte im Interesse der berechtigten Geheimhaltungsbedürfnisse des betreffenden Kaufmanns zu beachten.[35)] Diese Interessen bestehen in erster Linie gegenüber dem Prozeßgegner, aber auch gegenüber dem Gericht.[36)]

---

34) Genügend eigene Sachkunde hat insoweit die Kammer für Handelssachen (§ 114 GVG).

35) Brüggemann in Großkomm. HGB, § 46 Anm. 1; Schlegelberger-Hildebrandt-Steckhan, § 46 Rdn. 1.

36) Brüggemann, a.a.O.

Ohne diese Einschränkungen kann das Gericht allerdings die Handelsbücher nach § 47 HGB bei Vermögensauseinandersetzungen anfordern, die mit einem Handelsunternehmen zusammenhängen. Hier wird die Vorlegung im Unterschied zu §§ 45, 46 HGB "zur Kenntnisnahme von ihrem ganzen Inhalt" angeordnet. Angesichts der klaren Differenzierung in den aufeinanderfolgenden Vorschriften (§§ 45, 46, 47 HGB) lassen sich die Restriktionen aus § 46 HGB keinesfalls in § 47 HGB hineininterpretieren. Damit ist in den in Betracht kommenden Rechtsstreiten Sachverhaltsergänzung durch den Richter ohne gezielte Fragestellung möglich. Ein Unterschied zur allgemeinen Urkundenanforderung verdient allerdings hervorgehoben zu werden. Die Handelsbücher - zu denen Inventare, Bilanzen und die Handelskorrespondenz n i c h t gehören, (§ 44 Abs. 1 HGB) - [37] haben einen sich aus ihrer Natur ergebenden, sachlich eng eingegrenzten Inhalt. Das kann man von Urkunden allgemein nicht sagen. So finden sich in letzteren private Mitteilungen und mancherlei über den eigentlichen sachlichen Gehalt hinausweisende Angaben, Vermerke und Ausführungen, in den - ordnungsmäßig geführten - Handelsbüchern dagegen nicht. Sie geben, vereinfacht gesagt, nichts wieder als eine Vermögensbewegung und -entwicklung[38], dies allerdings minuziös. Aus diesem Unterschied folgt, daß der Prozeßstoff durch die Handelsbücher kaum ausgeweitet, wohl aber vertieft wird, meist so sehr, daß der Richter ihn nur noch mit Sachverständigenhilfe begreifen kann.

3.3 Verwertung der Tatsache, daß Parteiakten ganz oder teilweise nicht vorgelegt werden

Soweit nach dem Vorstehenden überhaupt eine richterliche Ergänzung des Tatsachenstoffs durch Aktenbeiziehung in Be-

37) Vgl. hierzu Brüggemann in Großkomm. HGB, § 45 Anm. 2; § 38 Vorbem. 3.

38) Vgl. hierzu Brüggemann, a.a.O. § 38 Vorbem. 1.

tracht kommt, sind die oben (S. 121) getroffenen Abgrenzungen heranzuziehen. Bei übereinstimmendem Parteiwillen zur Zurückhaltung bestimmter Akten ist unter denselben Voraussetzungen wie bei der Zurückhaltung von Behauptungen und einzelnen Urkunden ein totales Verwertungsverbot eben auch hinsichtlich der Tatsache der Zurückhaltung anzunehmen.

Fraglich könnte sein, ob die Tatsache verwertbar ist, daß die Parteien übereinstimmend und offen[39] gewisse Akten-t e i l e weglassen, z.B. Briefe, die sich auf eine geplante Unternehmensgründung beziehen (s. obige Beispiele 1 bis 3 a, S. 134). Die für die Veränderung einzelner Urkunden getroffene Wertung paßt hier nicht; die negative Qualifizierung der Veränderung einer einzelnen Urkunde gilt nicht generell für die Veränderung von Privatakten durch Herausnahme einzelner Teile. Denn diese Bewertung knüpft gerade an die Verunklarung eines einzelnen Gedankens im weitesten Sinne, von der simplen Notiz bis zum umfangreichen Vertrag. Ein privates Aktenstück besteht aber eben aus einer Mehrheit solcher Gedankenverkörperungen. Im allgemeinen bleibt jede einzelne für sich in ihrem spezifischen Urkundengehalt unangetastet, wenn der Akte Einzelstücke entnommen werden. Zwar kann auch eine Akte als ganzes Beweiswert haben, doch gehört das bei Privatakten nicht zu ihrem Wesen.[40] Diese Unterscheidung dürfte unausgesprochen der in der Literatur zu § 143 ZPO vertretenen, m. E. zutreffenden Ansicht zugrunde liegen, daß die Parteien bei der Aktenvorlage Urkunden zurückbehalten dürfen, welche Privatgeheimnisse enthalten.[41]

---

39) Zum versteckten und vom Gericht nicht erkannten Verschweigen von Urkunden siehe oben S. 135.

40) Ausgenommen Handelsbücher; dazu sogleich unten im Text.

41) Stein-Jonas-Pohle, § 143 Anm. I; Sydow-Busch, § 143 Anm. 2; auch die Ausführungen von Wieczorek, § 143 Rdn. A I, und Levin, Richterliche Prozeßleitung, S. 138, auf die sich Pohle bezieht, sind m.E. in diesem Sinne zu verstehen. Außerdem beruht diese Ansicht natürlich auch auf der Anerkennung der Schutzbedürftigkeit und -würdigkeit der Privatsphäre.

Demnach ist die Tatsache einvernehmlicher unvollständiger Aktenvorlage nicht verwertbar, sofern Gründe der Motivgruppen 2 und 3 (oben S. 110 f.) dargetan werden. Wie sich schon aus vorstehender Begründung hierfür ergibt, kann dies für die Vorlage der Handelsbücher nach §§ 45 ff HGB nicht gelten. Diese stellen nämlich im Gegensatz zu gewöhnlichen Parteiakten eine Einheit dar. Sie "sollen gebunden und Blatt für Blatt oder Seite für Seite mit fortlaufenden Zahlen versehen werden" (§ 43 Abs. 2 HGB) und beziehen ihren spezifischen Beweiswert für die Vermögensentwicklung des Kaufmanns aus der kontinuierlichen Führung und vollständigen Erhaltung. Die Geheimhaltungsinteressen der Kaufleute sind in § 46 HGB berücksichtigt und in § 47 HGB hinter das Aufklärungsinteresse zurückgestellt. Deshalb muß auch bei - praktisch wohl ausscheidendem - Einvernehmen der Parteien die Tatsache der Nichtvorlage verwertbar sein.

Die Fälle einseitiger Nichtvorlage von Parteiakten sind ebenso wie diejenigen einseitiger Nichtvorlage einzelner Urkunden zu beurteilen (oben S. 130 ff.). Die Nichtvorlage ist also zu verwerten, wobei aber die für die Weigerung vorgebrachten Gründe sowie die Gegengründe der widersprechenden Partei zu berücksichtigen sind. Dasselbe gilt, wenn eine Partei dem Gericht die angeforderten Akten teilweise vorenthält. Die - seltenen, aber hier nicht ganz zu vernachlässigenden - Fälle der Nichtvorlage von Akten oder Aktenteilen durch die dadurch ausschließlich begünstigte Partei sind ebenso zu behandeln wie die oben (S. 142) abgehandelten entsprechenden Fälle der Nichtvorlage von Urkunden.

§ 16 Beiziehung von Unterlagen, die sich nicht im Parteibesitz befinden

1. Beiziehung von Behördenakten und -urkunden

1.1 Gesetzliche Grundlage, Abgrenzung zur Beiziehung von Parteiunterlagen

Ebensowenig wie in § 272 b Abs. 2 Nr. 1 ZPO ausdrücklich von Parteiakten die Rede ist, sind Behördenakten in Abs. 2 Nr. 2 erwähnt. Doch sind es in erster Linie Akten, nicht einzelne Urkunden, die von Behörden[1] angefordert werden. Das hat den einfachen praktischen Grund, daß über jeden in den Amtsbereich einer Behörde fallenden Vorgang, mit dem sie befaßt wird, sogleich ein Aktenstück angelegt wird. Das Ersuchen um Aktenübersendung wird denn auch fast allgemein als Fall des § 272 b Abs. 2 Nr. 2 ZPO angesehen.[2] Dabei spielt es, anders als nach § 432 Abs. 2 ZPO, nach h. M. keine Rolle, ob sich die Partei die Urkunde selbst beschaffen könnte[3], was bei Akten ohnehin nicht der Fall ist. Die hier interessierende Problematik soll daher ausschließlich am Fall beigezogener Behördenakten geprüft werden. Denn dafür ist gerade typisch, daß der Richter bisher nicht behauptete Tatsachen aus den Akten ersieht und bei seinen weiteren rechtlichen und tatsächlichen Überlegungen mit in Betracht zieht und verwertet.

Dabei springt ein Unterschied zu den bisher behandelten Fällen von Ergänzung des Parteivortrags und Beiziehung von Parteiunterlagen in die Augen. In jenen Fällen tragen die Parteien, wenn auch mehr oder vom Richter gedrängt, selbst

---

1) Anforderung bei einzelnen bestimmten Beamten kommt kaum vor.

2) Vgl. etwa Zöller-Stephan § 272 b Anm. II, zu Ziff. 2; Stein-Jonas-Pohle, O 143 Anm. I; anders Brüggemann, Judex, S. 353, der ein "schlichtes Ersuchen um Amtshilfe" darin sehen will.

vor, sei es unmittelbar durch Behaupten oder mittelbar durch Vorlage von Unterlagen. Auch wenn sie sich weigern, treten die Wirkungen (Feststellungslast, § 286 ZPO) infolge ihres eigenen Verhaltens ein. Sie können diese Wirkung daher, wenn auch nicht bis ins letzte, so doch allgemein kalkulieren und bestimmen. Ganz anders bei der Aktenbeiziehung von dritter Seite. Geschieht dies von Amts wegen, so wird der Prozeßstoff ohne jedes Zutun der Parteien zunächst einmal rein faktisch ergänzt. Sie haben nach der bisherigen Handhabung keine Möglichkeit, von vornherein darauf einzuwirken oder es gar zu verhindern.

Förmlich wird zwar dieser Prozeßstoff erst mit dem mündlichen Vortrag der Parteien in den Prozeß "eingeführt", was in der Praxis dadurch geschieht, daß die Akten "zum Gegenstand der mündlichen Verhandlung gemacht werden". Daher der überall anzutreffende Hinweis, daß beigezogene Akten bei der Entscheidung nur verwertet werden dürfen, wenn sie Gegenstand der mündlichen Verhandlung waren.[4] Aber aus der obigen Darstellung über die Vorprogrammierung der Entscheidungsfindung durch die rechtliche und tatsächliche Aufbereitung des Tatsachenstoffs[5] ergibt sich, daß die Rechtsfindung bei der hier untersuchten Art der Verhandlungsvorbereitung wesentlich, zumeist entscheidend vom Vorbereitungsstadium her gesteuert wird. Dies muß für die Frage, inwieweit der Tatsachenstoff ohne Mitwirkung der Parteien gesammelt und "nachträglich", um dem Gesetz formal Genüge zu tun, von ihnen eingeführt werden kann, berücksichtigt werden. Es liegt auf der Hand, daß sich hinsichtlich dieser Problematik die Fälle der amtswegigen von der Aktenbeiziehung auf Antrag

3) Baur, Vorbereitung, S. 216; Stein-Jonas-Schumann-Leipold, § 272 b Anm. III 2; and. Ans. Hoffmann, DGWR 1936, 285.

4) CGH JR 1950, 52 (53); Wieczorek, § 144 Rdn. B I; Baumbach-Lauterbach, § 143 Anm. 1; Stein-Jonas-Pohle, § 143 Anm. II; Zöller-Stephan, Anm. zu § 143; Hoffmann DGWR 1936, 285; Brüggemann, Judex, S. 354. Hierzu noch näher unten S. 161 f.

5) Oben S. 84 ff.; 108 ff.

grundlegend unterscheiden. Dabei verdient noch hervorgehoben zu werden, daß die bei der Vorlage von Privatakten zu beobachtende Zurückhaltung der Richter gegenüber einer Auswertung dieser Akten (oben S. 145) im Falle der Beiziehung von Behördenakten keine praktische Bedeutung hat.

1.2 Beispiele

Kennzeichnend für diese Vorbereitungsmaßnahmen sind u.a. die Beiziehung von Strafakten in Schadensersatzprozessen aus Verkehrsunfällen, von Vorprozeßakten in den unterschiedlichsten zivilgerichtlichen Streitigkeiten, von Zwangsvollstreckungsakten bei Drittschuldnerklagen und in Anfechtungsprozessen. Als Beispiel für anzufordernde verwaltungsbehördliche Akten wären etwa zu nennen Bauakten in Bauprozessen, Akten der Hauptfürsorgestelle in zivil- und arbeitsrechtlichen Streitigkeiten Schwerbehinderter, Akten des Gewerbeaufsichtsamts in Streitigkeiten nach § 906 BGB.

> Beispiel 1 (Strafakten)
>
> In den beigezogenen Strafakten befindet sich eine Unfallskizze mit zahlreichen Zeugenaussagen, ein polizeilicher Ermittlungsbericht, ein Sachverständigengutachten für den Schadensumfang.
>
> Beispiel 2 (Akten über Rechtsstreit zwischen Partei und einem Dritten)
>
> Der Richter zieht die Akten eines von ihm entschiedenen Zivilprozesses zwischen Kläger und einem Dritten bei, in denen sich eine Zeugenaussage der Ehefrau des Beklagten über intime Beziehungen zum Kläger befindet. Aus dieser Aussage zieht der Richter Schlußfolgerungen für die Auslegung einer Gerichtsstandvereinbarung.[6]
>
> Beispiel 3
>
> Kläger hat das Offenbarungsversicherungsverfahren (§§ 899 ff. ZPO) gegen seinen Schuldner betrieben. Im Drittschuldnerprozeß gegen die Freundin und angebliche Arbeitgeberin des Schuldners wird die Zwangsvollstreckungsakte beigezogen.

---

6) RG SeuffArch. Nr. 252 (1899) S. 464.

1.3 Bezugnahme der Parteien auf Beiakten

In der Mehrzahl der Fälle nimmt eine Partei oder nehmen beide Parteien in ihren vorbereitenden Schriftsätzen selbst auf die Akten Bezug. Waren bzw. sind sie selbst an dem in Bezug genommenen Verfahren beteiligt, so ist die Bezugnahme so zu verstehen, daß die Partei sich die Wiederholung all jener Einzelheiten ersparen will, die aus den beizuziehenden Akten zu ersehen sind. In der Bezugnahme bzw. dem ausdrücklichen Beiziehungsantrag ist dann die Erklärung des Einverständnisses mit der Verwertung des Akteninhalts zu erblikken. Es ist, wie bei der Vorlage von Urkunden oder Privatakten, so anzusehen, als ob die betreffende Partei selbst den in Bezug genommenen Akteninhalt schriftsätzlich vorgetragen hätte. In diesen Fällen sorgt bereits das Eigeninteresse der Partei dafür, daß sie von sich aus auf Abweichungen ihrer eigenen Sachdarstellung oder auch ihrer eigenen Rechtsauffassung vom Inhalt der Beiakten hinweist. Waren beide Parteien an dem Verfahren beteiligt, auf das sich die Parteiakten beziehen, so ergeben sich mithin keine wesentlichen Unterschiede zur Aufklärung nach § 272 b Abs. 2 Nr. 1 1. Fall ZPO. Der Richter hat, wenn die Sachlage dazu Anlaß bietet, nach dem oben (S. 99f.) Ausgeführten rechtliche Hinweise über die Aufklärungsrichtung zu geben.

War bzw. ist nur die bezugnehmende Partei an dem anderen Verfahren beteiligt, so würde es eine offensichtliche Benachteiligung der anderen Partei darstellen, wenn diese nicht über den Inhalt der beigezogenen Akten bereits im Vorbereitungsstadium ausreichend informiert würde. Ihr ist daher in großzügiger Weise Akteneinsicht (§ 299 Abs. 1 ZPO) zu gewähren.[7] Im reinen Parteiprozeß ist davon allerdings aus

7) Zwar ist streitig, ob jegliche Beiakten oder nur Prozeßakten anderer Gerichte zu den Prozeßakten im Sinne des § 299 ZPO gehören (So Baumbach-Lauterbach, § 299 Anm. 1 A; Wieczorek, § 299 Rdn. A II a; Stein-Jonas-Schumann-Leipold, § 299 Anm. I), oder ob das Einsichtsrecht sich grundsätzlich nur auf die eigenen Akten des Prozeßge-

den oben (S. 101) erörterten Gründen Verwirrung zu besorgen, weshalb die eingehende Erörterung im ersten Verhandlungstermin vorzuziehen ist. Das muß freilich zu den ebenfalls oben schon gezogenen Konsequenzen führen, die Vorbereitung des ersten Verhandlungstermins einzuschränken. Der Prozeß darf nicht bereits am Inhalt der beigezogenen Akten ausgerichtet, d.h. die Sachaufklärung bereits weitgehend festgelegt sein, bevor die Parteien zum Inhalt der beigezogenen Akten eingehend Stellung nehmen konnten. Stellungnahme setzt zuerst einmal genaue Kenntnisnahme voraus, welche die Parteien alsdann zu Gegeninformationen und zu einer Argumentation für und wider das tatsächliche und rechtliche Ergebnis des anderweitigen Verfahrens in Stand setzt.[8)]

Ist nur die an dem anderen Verfahren nicht beteiligte Partei ohne anwaltliche Vertretung, so wird die im Parteiprozeß gesetzlich geduldete Waffenungleichheit durch diesen Informationsvorsprung noch verstärkt. Der Richter muß alles tun, was bei Wahrung seiner Unparteilichkeit zur Milderung dieser Ungleichheit möglich ist. Hierzu ist jedenfalls erforderlich, die Partei auf die Notwendigkeit der Einsichtnahme hinzuweisen, auch wenn die ergänzende richterliche Aufklärung über die verfahrensrechtliche und materiellrechtliche Bedeu-

---

7) (Forts.)
richts bezieht (BGH NJW 1952, 305; Zöller-Stephan, § 299 Anm. II 1). Die restriktive Auffassung ist an Hand von Fällen entwickelt worden, in denen Verwaltungsbehörden bei Übersendung die Einsichtnahme der Parteien verweigert hatten (BGH a.a.O.). Der Streit kann hier dahinstehen. Jedenfalls dürfen Akten, deren Inhalt den Parteien oder einer Partei nicht bekanntgegeben worden ist, nach Gehörgrundsatz (Art. 103 Abs. 1 GG) bei der Entscheidung überhaupt nicht verwertet werden (BGH NJW 1952, 306; Zöller-Stephan, a.a.O.; hierzu noch näher unten S. 161). Derartige Akten werden daher am besten sofort wieder zurückgesandt (Stein-Jonas-Schumann-Leipold, § 299 Anm. II 1). Das Gericht hat die Parteien zu benachrichtigen und ihnen anheimzugeben, im Verwaltungsrechtswege die erforderliche Zustimmung der Behörde zu erwirken (Vgl. Brüggemann, Judex, S. 354 f.) - Die Großzügigkeit sollte sich im Anwaltsprozeß auch auf die Überlassung der Akten in die Anwaltskanzlei erstrecken, was nach der Rechtsprechung dem Ermessen des Gerichts unterliegt (BGH NJW 1961, 559; BSG NJW 1968, 864).

tung der Aktenbeiziehung erst im Termin erfolgen kann. Im umgekehrten Fall - die anwaltlich vertretene Partei ist am anderen Verfahren nicht beteiligt - muß dieser Partei Gelegenheit zur Information über den Akteninhalt vor der mündlichen Verhandlung gegeben werden, weil ihr sonst in der Verhandlung die notwendigen Kenntnisse zum Verständnis der richterlichen Hinweise und zur zweckmäßigen Reaktion darauf fehlen würden.

1.4 Fehlende Bezugnahme der Parteien auf Beiakten

Hier kann aus den oben (S. 152) angeführten Gründen nicht ohne weiteres angenommen werden, daß die Parteien die sich aus den Beiakten ergebenden, bis dahin schriftsätzlich nicht vorgetragenen Fakten behaupten wollen. Es fragt sich, ob dies überhaupt notwendig ist, und ob den Parteien hinsichtlich dieser Tatsachen eine Sperrbefugnis zusteht.

1.4.1 Behauptungsbedürftigkeit von Tatsachen, die sich aus beigezogenen Akten ergeben

Sieht man diese Tatsachen als "bei dem Gericht offenkundig" an, so bedürfen sie nach § 291 ZPO keines Beweises. Ob sie dann auch keiner Behauptung durch eine Partei bedürfen, ist nach wie vor[9)] stark umstritten. Die Frage kann aber hier offen bleiben, weil die dem Richter aus beigezogenen Akten bekannt werdenden Tatsachen nicht offenkundig sind. Dabei soll allerdings die in seltenen Ausnahmefällen denkbare Möglichkeit vernachlässigt werden, daß die Akten allgemeinkundige Tatsachen enthalten (z.B. veröffentlichtes Er-

---

8) OGH JR 1950, 52 (53); Brüggemann, Judex, S. 354.

9) Stein, Privates Wissen, S. 163 ff.; neueste Nachweise bei Schmidt-Hieber, Richtermacht und Parteiherrschaft über offenkundige Tatsachen, S. 24 ff.

gebnis eines wissenschaftlichen Kongresses oder einer bestimmten Lottoausspielung). Denn im Normalfall kommt allein Gerichtskundigkeit ernsthaft in Betracht.

Gerichtskundig sind nach heute durchaus herrschendem Verständnis Tatsachen, die dem Richter[10] aus eigener a m t - l i c h e r Tätigkeit bekannt sind[11], insbesondere etwa Tatsachen aus früheren, von ihm selbst geführten Verfahren (z.B. häufige frühere querulatorische Eingaben einer Partei). Hierbei ist nun streitig, ob und inwieweit es genügt, daß der Richter sich die Kenntnis erst aus anderen Akten verschaffen muß (sog. Aktenkundigkeit). Während die h. M.[12] dies nicht ausreichen läßt, genügt es nach THOMAS-PUTZO[13], daß das Gericht die Tatsachen "ohne weiteres aus Akten desselben Gerichts ersehen" kann. SCHWAB[14] stimmt dem Bundesgerichtshof[15] zu, der auch solche Vorgänge für "der Gerichtskundigkeit zugänglich" erachtet, die andere Richter festgestellt haben.[16]

---

10) Streitig ist, ob im Kollegium die Mehrheit ausreicht (vgl. Wieczorek, § 291 Rdn. A III d). Die Frage ist hier ohne Belang.

11) Stein, Privates Wissen, S. 157; Baumbach-Lauterbach, § 291 Anm. 1; Stein-Jonas-Schumann-Leipold, § 291 Anm. I 2; Thomas-Putzo, § 291 Anm. 1 b; Zöller-Stephan, § 291 Anm. 1; Rosenberg-Schwab, § 117 I 3 b; Schönke-Kuchinke, § 56 V 2 a; Bruns, Zivilprozeßrecht, § 32 II 3 b; Lent-Jauernig, § 49 VII 2 b; Blomeyer, Erkenntnisverfahren, § 67 II 2 a; RG HRR 1932, 167, 1245; BGHSt 6, 292 (293); and. Ans. Wieczorek, § 291 Rdn. A III (private Kenntniserlangung genügt).

12) RGZ 13, 371 (372); RG Recht 1917 Nr. 660; Baumbach-Lauterbach; Stein-Jonas-Schumann-Leipold; Zöller-Stephan; Lent-Jauernig, sämtlich a.a.O. (Fn. 11); Wieczorek, § 291 Rdn. A III c 4; Sydow-Busch, § 291 Anm. 1; Alsberg, JW 1918, 793.

13) § 291 Anm. 1; ohne Begründung.

14) Rosenberg-Schwab, § 117 I 3 b.

15) BGHSt 6, 292 (293).

16) Der Bundesgerichtshof führt als Begründung an, es stehe nichts im Wege, die Kenntnis anderer Urteile für den Erwerb der Gerichtskundigkeit zuzulassen. Ferner beruft er sich auf eine - nicht veröffentlichte - Entscheidung des Bundesgerichtshofs vom 19.3.1953 sowie auf BGHSt 6,

Der Grund dafür, gerichtskundige Tatsachen wie allgemeinkundige zu behandeln, obwohl ihnen individuelle Wahrnehmungen des Richters zugrunde liegen[17], ist in folgendem zu sehen: Es wäre eine "Unnatur[18], den Richter von der Tatsache seiner eigenen amtlichen Handlung oder von der Richtigkeit seiner eigenen amtlichen Wahrnehmung zu überzeugen, sofern er sich voll daran erinnert. Diese Umstände können regelmäßig ein- für allemal als ein Bestandteil seines Wissens gelten, von dem er auch ohne Wiederholung des Beweises überzeugt sein dürfte.[19] Diese innere Rechtfertigung der Gerichtskundigkeit als Offenkundigkeit fehlt bei der sog. Aktenkundigkeit. Hier gelangt der Richter eben nicht aufgrund seiner eigenen früheren amtlichen Wahrnehmung oder Handlung zu einer Überzeugung, sondern er muß sich diese Überzeugung erst durch Einsicht in Akten seines eigenen oder eines anderen Gerichts oder einer Verwaltungsbehörde verschaffen.[20] Dies gilt auch dann, wenn der Richter zwar eine vage Erinnerung an Vorgänge in einem früheren Rechtsstreit hat, diese jedoch durch Einsichtnahme in die Akten verdeutlichen oder auffrischen muß.

Würde in diesen Fällen bereits eine entsprechende Parteibehauptung vorliegen, so könnte man sagen, es handele sich somit bei der Aktenbeiziehung um einen Akt der Beweisaufnahme[21]; die Gerichtskundigkeit in Gestalt der Aktenkundig-

---

16) (Forts.) 141 (Verwendung eines früheren Urteils als B e w e i s m i t t e l), schließlich auf eine Entscheidung des Reichsgerichts (JW 1933, 1655); - zu Unrecht, denn dort behandelte das Reichsgericht Angelegenheiten als gerichtsbekannt, die vor dem erkennenden Senat selbst verhandelt worden waren; (RG a.a.O S. 1656).

17) Vgl. Stein, Privates Wissen, S. 158.

18) Stein, Privates Wissen, S. 160.

19) Stein, Privates Wissen, S. 161.

20) Vgl. BayObLG OLGE 42, 55 (56): "... Gerichtskundigkeit (bedarf) begriffsmäßig keines weiteren Beweises".

21) Vgl. Stein-Jonas-Schumann-Leipold, § 291 Anm. I 2 Fn. 15.

keit erspare den Beweis der Wahrheit nicht.[22] Oder anders formuliert: "Das gerichtskundige Wissen muß präsent sein, sonst liegt Urkundenbeweis vor".[23] Aber in den hier interessierenden Fällen liegt eben noch keine Parteibehauptung vor. Es geht vielmehr gerade um die Frage, inwieweit der Richter bei der Schaffung von Prozeßstoff durch Urkundenbeiziehung aktiv werden darf. Man kann die Situation so kennzeichnen: der Richter führt durch die Aktenbeiziehung rein faktisch, ohne Rücksicht auf ihre verfahrensrechtliche Verwertbarkeit, Tatsachen in den Prozeß ein und beschafft gleichzeitig von Amts wegen das Beweismittel für diese Tatsache. Es hieße nun wirklich den ganzen Verfahrensgang auf den Kopf stellen, würde man aus dieser amtlichen Kenntnisnahme vom Inhalt der Beiakten auf deren Gerichtskundigkeit und von da auf die Entbehrlichkeit entsprechender Parteibehauptungen schließen. Umgekehrt wird ein Schuh daraus: mit der Herbeischaffung der Tatsache gelangt diese erst zur Kenntnis des Richters. Damit fehlt es an der inneren Rechtfertigung der Gerichtskundigkeit.[24]

Unabhängig davon ist zu prüfen, w i e die zur Kenntnis des Richters gelangten Tatsachen Parteibehauptungen werden.[25] D a ß sie behauptet werden müssen, kann nach Vorstehendem nicht zweifelhaft sein.

---

22) So Stein, Privates Wissen, S. 159.

23) Wieczorek, § 291 Rdn. A III c 4.

24) Die heute im Anschluß an Stein (Privates Wissen, S. 89 f) weitgehend, und zwar im bejahenden Sinne geklärte Frage, ob gerichtskundige Indizien und Hilfstatsachen des Beweises auch ohne Parteibehauptung verwertbar sind (Stein-Jonas-Schumann-Leipold, § 291 Anm. III; Baumbach-Lauterbach, § 291 Anm. 2 B; Rosenberg, Beweislast, S. 51; Brüggemann, Judex, S. 340) spielt daher in diesem Zusammenhang ebenfalls keine Rolle.

25) Das Problem der Tatsacheneinführung durch Aktenbeiziehung ist, soweit ich sehe, bisher nicht genau untersucht worden. Als Beleg für die Unsicherheit, mit der diese Frage selbst in hochdifferenzierten Darstellungen behandelt wird, sei auf Brüggemann (Judex, S. 336, 353 ff) verwiesen. Brüggemann rechnet die Aktenbeiziehung zum "Arsenal informatorischer Möglichkeiten" des Richters

1.4.2 Sperrbefugnis der Parteien hinsichtlich der Aktenbeiziehung und der Verwertung amtswegig beigezogener Akten

Anders als bei nicht vorgetragenen Parteibehauptungen und nicht beigebrachten Parteiurkunden und -akten können weder einzelne noch beide Parteien verhindern, daß der Richter vom Inhalt amtswegig beigezogener Akten zunächst einmal Kenntnis nimmt. Damit ist der oben (S. 115) beschriebene psychologische Druck für die Partei, den Richter an der Verwertung n i c h t zu hindern, hier noch erheblich stärker. Kann der Richter schon eine einmal gestellte Frage nicht aus seinem Bewußtsein verbannen, so erst recht nicht einen einmal zur Kenntnis genommenen Akteninhalt. Er macht sich seine Gedanken, die als unkontrollierbare Elemente in die Urteilsfindung einfließen mögen. Auch hier wieder werden die Parteien zurückhaltend mit der Zurückhaltung von Prozeßstoff sein.[26] Bezeichnend ist hier der oben (S. 152) als Beispiel 2 wiedergegebene Fall. Das Oberlandesgericht verlas im Verhandlungstermin aus den beigezogenen Akten die Zeugenaussage der Ehefrau des Beklagten, sie habe "früher mit dem Kläger in intimen Beziehungen gestanden". Der Kläger hat sich hierzu, obwohl ihm das amtswegige Hereinziehen dieser Privatangele-

---

25) (Forts.)
(Judex, S. 336). Einerseits ist sie Steuerungsmittel bei der Aufklärung (a.a.O.), andererseits "Vorstufe der Beweiserhebung" (a.a.O. S. 353). Die Akten müssen "zum Gegenstand der mündlichen Verhandlung gemacht werden". Verwertet eine Partei das informatorische Ergebnis zu ihren Gunsten, so werden "die entsprechenden Akte richterlicher Kenntnisnahme nachträglich zu solchen der Beweisaufnahme". "Daß die Parteien auf einen solchen Wandel eingestellt sein müssen, ist der Sinn des sonst schwer erklärbaren Nebeneinanders der §§ 141 ff einerseits, der Regelung für die Beweismittel im förmlichen Beweisverfahren andererseits, und der Offenheit nach beiden Richtungen, mit der § 272 b Abs. 2 den Vorsitzenden vorbereitende Verfügungen treffen läßt" (a.a.O. S. 354).

26) Vgl. oben S. 115 f.

genheit sicher peinlich war, nicht geäußert - und verlor den Prozeß. Das Oberlandesgericht hatte die Vereinbarung der Parteien über die Zuständigkeit eines anderen als des vom Kläger angerufenen Gerichts mit Rücksicht auf jene Zeugenaussage als Vereinbarung einer ausschließlichen Zuständigkeit gewertet.[27]

Weiter macht es, aus denselben Gründen, praktisch einen wesentlichen Unterschied, ob das Gericht die Nichtbeantwortung von Fragen oder die Nichtvorlage von Urkunden und Parteiakten gemäß § 286 ZPO, oder ob es die Tatsache verwertet, daß Parteien sich gegen die Hereinnahme von aus Beiakten ersichtlichem Prozeßstoff sperren, der immerhin faktisch bereits Prozeßstoff ist. Das Gericht kennt hier, vereinfacht gesehen, nicht nur seine Fragen, sondern auch die Antworten. Es fällt, wenn man sich den Wahrheitsfindungsprozeß vorstellt, leichter, Fragen wie nicht gestellte zu behandeln als Antworten wie nicht gegebene.

Diese Zusammenhänge könnten die Parteien bewegen, der Beiziehung bestimmter Akten v o n v o r n h e r e i n zu widersprechen, um zu verhindern, daß das Gericht überhaupt erst Kenntnis von Akteninhalt nimmt. Vergegenwärtigt man sich die hauptsächlichen Anwendungsfälle der amtswegigen Aktenbeiziehung[28], so erhellt, daß eine dahingehende Übereinstimmung der Parteien selten gegeben sein wird. Immerhin ist die Vorstellung, daß beide Parteien aus Gründen der Motivgruppen 1 bis 3 (oben S. 110 f.) ein Interesse an der Nichtbeiziehung von Akten haben, nicht gerade abwegig. Aus den oben im einzelnen angeführten Gründen ist bereits zu folgern, daß den übereinstimmenden Geheimhaltungsinteressen der Parteien Vorrang vor der Ermittlung des vollständigen Sachver-

---

27) RG Seuffarch. 54 (1899) Nr. 252 S. 464. Daß das Oberlandesgericht die Zuständigkeit von Amts wegen prüfen mußte, besagt nicht, daß es von Amts wegen Tatsachen einführen durfte (vgl. oben S. 106).

28) Vgl. die Beispiele oben S. 152.

halts gebührt, sofern diese Interessen mit Gründen der Motivgruppen 2 und 3 aus dem Zusammenhang überzeugend begründet werden. Anders als bei der Urkundenveränderung und ähnlich wie bei der Nichtbeantwortung von Fragen hat der Richter hier auch durchaus die Möglichkeit, die angegebenen Gründe aus dem Gesamtzusammenhang heraus zu beurteilen. So könnten die Parteien im obigen Beispiel 1 (S. 113) die Beiziehung der Akten der Berufsgenossenschaft zu verhindern suchen, wenn die Unfälle dort gemeldet worden waren. Falls sie sich aber dafür auf Betriebsgeheimnisse beriefen, würden sie damit den Richter kaum überzeugen können.[29] Dieser hat hier die von den Parteien angegebenen Gründe schon deshalb kritisch zu prüfen, weil bei einem in dieser Weise übereinstimmenden Parteiwillen der Verdacht auf asoziale Prozeßführung nicht eben fern liegt.

Ist ein t o t a l e s Verwertungsverbot nach Obigem von berechtigten übereinstimmenden Geheimhaltungsinteressen der Parteien abhängig, so geht die Sperrbefugnis der Parteien bei der amtswegigen Aktenbeiziehung noch weiter. Ebensowenig wie der Richter nicht vorgetragene Behauptungen und Tatsachen aus nicht beigebrachten Parteiunterlagen substituieren darf, darf er dies bei nicht vorgetragenem Inhalt amtswegig beigezogener Akten. Es ist ja Allgemeingut, daß Akten nur verwertet werden dürfen, wenn sie Gegenstand der mündlichen Verhandlung waren.[30] Der Akteninhalt muß wie der

---

29) Vgl. auch oben S. 120 f.

30) Vgl. nur OGH JR 1950, 52 (53); weitere Nachweise oben S. 151, Fn. 4. Dabei folgt schon aus dem Grundsatz des rechtlichen Gehörs (Art. 103 Abs. 1 GG), daß die Parteien zu jeder verwerteten Tatsache Stellung nehmen können müssen, unabhängig von der das Verfahren beherrschenden Stoffsammlungsmaxime. Daraus, daß Akten zum Gegenstand der mündlichen Verhandlung gemacht werden, kann also für sich allein noch nicht gefolgert werden, der Akteninhalt sei nun von den Parteien vorgetragen. Dies umso weniger, als das "Zum-Gegenstand-machen" sich in der Routine des Alltags häufig in der Aufnahme dieser stereotypen Floskel in das Protokoll erschöpft.

übrige Prozeßstoff gemäß §§ 136 Abs. 3; 138 Abs. 1, 2; 139 ZPO behandelt werden, was freilich eine ausdrückliche oder konkludente Bezugnahme gemäß § 137 Abs. 2 S. 1 ZPO nicht ausschließt. Wenn die Parteien also schon im Vorbereitungsstadium einig sind, daß sie den Akteninhalt nicht vortragen werden, darf der Richter die Akten auch schon im Vorbereitungsstadium nicht verwerten, sie also auch gar nicht erst beiziehen. Denn er darf die Vorbereitung nicht an Tatsachen ausrichten, die nicht Urteilsgrundlage werden. Für d i e s e Sperre der Parteien bedarf es nicht der Darlegung besonderer Geheimhaltungsinteressen, was ohne weiteres aus dem Substituierungsverbot folgt. N u r bei Verdacht asozialer Prozeßführung sind die Parteien zu einer Begründung aufzufordern (oben S. 106). Aus dem Vorstehenden ergibt sich demnach:

a) Erklären die Parteien von vornherein schriftsätzlich übereinstimmend, den Inhalt bestimmter Akten nicht vortragen zu wollen, dürfen diese Akten erst gar nicht beigezogen werden.

b) Machen die Parteien d a r ü b e r h i n a u s übereinstimmende Geheimhaltungsinteressen der Motivgruppen 2 und 3 überzeugend geltend, darf auch die Tatsache nicht verwertet werden, d a ß die Parteien die Aktenbeiziehung verhindert haben.

c) Sind die Akten schon beigezogen, darf ihr I n h a l t unter den Voraussetzungen von lit. a), ihr Inhalt u n d die Tatsache der Parteisperre unter den Voraussetzungen von lit. b) nicht verwertet werden. Dasselbe gilt von Teilen beigezogener Akten.

Dem e i n s e i t i g e n Verlangen, bestimmte Akten nicht beizuziehen, kann dagegen grundsätzlich nicht stattgegeben werden. Ebenso wie beim unterlassenen Parteivortrag und bei der unterbliebenen Vorlage von Urkunden und Privatakten besteht kein innerer Rechtfertigungsgrund, das Geheimhaltungsinteresse der einen Partei dem Aufklärungsinteresse der anderen Partei vorzuziehen. Dafür aber bedürfte es einer besonderen Rechtfertigung. Diese könnte sich allein aus einem gerade dem Gegner gegenüber bestehenden Anspruch ergeben, die betreffende Tatsache im Prozeß nicht vorzubringen.[31] Fehlt es daran, so gibt es keine andere Rechtfertigung. Die Verhandlung privater Dinge im weitesten Sinne ist mit Kläger- oder Beklagtenrolle unvermeidbar verbunden. Daß dies nicht öffentlich geschieht, sollen die o. a. Vorschriften über den Ausschluß der Öffentlichkeit verhindern. Auf diese ist die Partei bei einseitigen Geheimhaltungsinteressen daher grundsätzlich angewiesen.

1.4.3 Informationsrecht der Parteien

Damit, daß beigezogene Akten zum Gegenstand der mündlichen Verhandlung gemacht werden, ist dem Recht der Parteien, an der Herausarbeitung des entscheidungserheblichen Sachverhalts mitzuwirken, nicht Genüge getan. Bis zur mündlichen Verhandlung steht, von den erörterten Ausnahmen abgesehen, noch nicht fest, ob und inwieweit die Parteien den Akteninhalt behaupten werden. Aber die vorbereitende Sachaufklärung wird bereits vom Inhalt der beigezogenen Akten mit gesteuert, s o a l s o b bereits entsprechende Parteibehauptungen vorlägen. In der mündlichen Verhandlung werden die Parteien dann praktisch vor vollendete Tatsachen gestellt, weil das Gericht ein fertiges, wenn auch modifizierbares Aufklärungskonzept entwickelt hat, in das der Beiakteninhalt eingearbeitet ist. Letzteres ist ja gerade der Sinn der Aktenbeiziehung. Aus dem oben zur rechtlichen Hinweispflicht Erörterten ergibt sich für diese Situation die Konsequenz, daß die Parteien ausnahmslos (entgegen dem Wortlaut des § 272 b Abs. 4 S. 2 ZPO) über die Beiziehung der Akten u n d ü b e r d e n A k t e n i n h a l t informiert werden müssen, wobei sich Einschränkungen für den Parteiprozeß ergeben.[32] Die Parteien sind ferner über die sich aus dem Inhalt der herbeigezogenen Akten ergebenden tatsächlichen und rechtlichen Zusammenhänge in groben Zügen zu informieren,

31) Hierzu oben S. 123.

32) Hierzu näher oben S. 101; 153 f.

soweit davon die weitere Vorbereitung der mündlichen Verhandlung abhängt.[33]

2. Beiziehung des Tagesbuches eines Handelsmaklers

Die Vorlegung des Tagebuches eines Handelsmaklers[34] darf ausschließlich zu genau definierten Beweiszwecken vom Gericht angeordnet werden, nämlich um es mit der Schlußnote (§ 94 HGB), den Tagebuchauszügen (§ 101 HGB) oder anderen Beweismitteln zu vergleichen (§ 102 HGB).[35] Dies kann zwar auch bereits im Vorbereitungsstadium gemäß § 272 b ZPO geschehen. Doch ergeben sich dabei keine Konflikte zwischen Richtermacht und Parteiherrschaft in Bezug auf die Stoffsammlung. Es wird nur der allgemeine Trend der prozessualen Vorschriften[36] bestätigt, Urkunden als sicherstes Beweismittel und zuverlässigstes Unterpfand der Wahrheitsfindung unabhängig von Parteiwillen und -handlungen für die Sachaufklärung nutzbar zu machen.

3. Kapitel: Einholung von Auskünften

§ 17 Einholung amtlicher Auskünfte

Die anscheinend immerwährende Diskussion um die amtliche Auskunft beruht auf der Diskrepanz zwischen ihrer enormen praktischen Bedeutung und ihrer mangelhaften Regelung im Gesetz. Nach gängiger Auffassung ist sie im Gesetz nur erwähnt (§§ 118 a, 272 b Abs. 2 Nr. 2; 437 Abs. 2 ZPO), aber

---

33) Vgl. hierzu näher oben S. 100.

34) Von Parteiakten kann man dabei nicht sprechen, weil der Handelsmakler nicht Prozeßpartei zu sein braucht.

35) Vgl. hierzu Schlegelberger-Schröder, § 102 Rdn. 2.

36) § 102 HGB ist ebenso wie §§ 45 - 47 HGB eine verfahrensrechtliche Bestimmung.

nicht geregelt.[1] Der Streit geht immerfort um die Qualität als Beweismittel und die sich daran knüpfenden verfahrensrechtlichen Folgen: allgemein zulässiges, sechstes Beweismittel der ZPO[2], beschränkt zulässiges Beweismittel[3] oder Beweisersatzmittel[4], Freibeweis[5] oder Strengbeweis.[6] Diese Streitfragen können hier dahingestellt bleiben.[7] Für unsere Fragestellung genügt festzuhalten, daß die Einholung einer amtlichen Auskunft Beweisaufnahme ist.[8] Sie ist daher ohne Parteiantrag, aber - im Gegensatz zur Urkunden- und Aktenbeiziehung - nicht ohne beweisbedürftige Behauptung zulässig.[10]

Die für die Herbeiziehung der vollständigen Parteiunterlagen und Behördenakten typische, auf Tatsachen e r g ä n - z u n g zielende Aufklärungsintention ist für die Einholung amtlicher Auskünfte gerade nicht kennzeichnend.

Beispiele:

War der Pkw X am 14. September 1975 beim Straßenverkehrsamt bereits auf den Beklagten umgemeldet?
Hat der Beklagte bis zum 10. Oktober 1975 eine Massenentlassungsanzeige an das Arbeitsamt gesandt?
War am 5. Mai 1975 um 7.45 Uhr an einem geographisch genau bezeichneten Ort wolkenloser klarer Himmel?

---

1) Vgl. BGH LM § 272 b ZPO Nr. 4; Baumbach-Lauterbach, Übersicht vor § 373 Anm. V.

2) BGH a.a.O.; KG JW 1936, 3331 (3332); BVerwG DÖV 1960, 386; Baumbach-Lauterbach a.a.O.; Thomas-Putzo, § 282 Anm. 3.

3) Stein, Privates Wissen, S. 71 f.; Stein-Jonas-Schumann-Leipold, vor § 373 Anm. VII; Wieczorek, § 272 b Rdn. C II b; Brüggemann, Judex, S. 379 - 381.

4) Peters, Freibeweis, S. 115 - 132.

5) BGH a.a.O.; Baumbach-Lauterbach a.a.O.

6) Peters, a.a.O.

7) Eingehend Peters, a.a.O.; Brüggemann, Judex, S. 373-381.

8) Eingehend hierzu KG JW 1936, 3332 f.

9) Brüggemann, Judex, S. 376.

10) Soweit es sich nicht um von Amts wegen zu ermittelnde Rechtsnormen oder Erfahrungssätze handelt.

Derartige Fragen zielen auf Klärung einer Beweisfrage, nicht auf ergänzende Abrundung des Sachverhaltsbildes, wie sie oben als richterliche Intention bei der Ergänzung des Tatsachenstoffs und der Heranziehung des Urkundenmaterials beschrieben wurde. Es gibt zwar amtliche Auskünfte, welche regelmäßig Tatsachenermittlungen außerhalb der angegangenen Behörde voraussetzen. Häufig vorkommende Beispiele sind Ersuchen um Mitteilung von Verkehrsanschauungen[11] und Handelsbräuchen. Doch sind diese Ermittlungen speziell auf die der Behörde vorgelegte Beweisfrage zugeschnitten und können daher so gut wie nie Ergebnisse zeitigen, die damit nichts zu tun haben und als neuer Prozeßstoff Bedeutung erlangen. Damit bleibt nur die bei jeder Beweiserhebung gegebene Möglichkeit, daß a n l ä ß l i c h der Beweisaufnahme bisher nicht behaupteter Prozeßstoff zutage gefördert wird. Diese Situation ist jedoch für die amtliche Auskunft nicht gerade typisch und soll daher im Zusammenhang mit der Augenscheinseinnahme erörtert werden.[12]

In seltenen Fällen mag es vorkommen, daß den Parteien übereinstimmend an der Nichteinholung oder Nichtverwertung einer amtlichen Auskunft gelegen ist. Im Beispiel 1 (S. 113) möchten sie etwa vermeiden, daß das Gericht über die Arbeitsunfälle bei der zuständigen Berufsgenossenschaft als Unfallversicherungsträger nachfragt. Berechtigte, übereinstimmende Geheimhaltungsinteressen der Parteien - an denen es in diesem Beispiel fehlen würde - sind auch hier aus den oben entwickelten Gründen zu berücksichtigen.

Bei der amtlichen Auskunft ergeben sich demnach weder aus der rechtlichen Konstruktion noch aus der praktischen Handhabung spezielle Einschränkungen der Parteiherrschaft durch die vorbereitende richterliche Sachaufklärung.

---

11) Vgl. den Fall in BGH LM § 147 BGB Nr. 1.

12) Unten S. 200 f.

§ 18 Zeugenauskünfte

Ebenso wie die Bereitstellung (Ladung) von Zeugen, welche eine Beweisaufnahme nur vorbereitet, ist die Einholung schriftlicher Zeugenauskünfte, welche die Beweisaufnahme bereits ausführt, von der Bezugnahme einer Partei auf den Zeugen abhängig (§ 272 b Abs. 2 Nr. 4 ZPO). Da der Zeuge als einziges Beweismittel nicht von Amts wegen herangezogen werden darf, ist auch die Beweisaufnahme durch Auskunftseinholung "nach Maßgabe des § 377 Abs. 3, 4" (§ 272 b Abs. 2 Nr. 4 ZPO) nur nach Beweisantritt gemäß § 373 ZPO zulässig.[1] Unter"Bezugnahme" ist also die Zeugenbenennung unter Bezeichnung derjenigen Tatsachen zu verstehen, über welche der Zeuge aussagen soll (§ 373 ZPO).[2]

Ferner ist trotz der Fassung des § 272 b Abs. 3 ZPO als Sollvorschrift die schriftliche Anhörung eines Zeugen erst zulässig, nachdem die Tatsache schriftsätzlich bestritten worden ist.[3]

Schon von diesen Voraussetzungen her ist die Zeugenauskunft als Mittel zur ergänzenden Sachaufklärung nicht bestimmt. Nicht wie sich die Sache im einzelnen verhält, soll dadurch geklärt werden, sondern ob bestimmte Fakten gegeben sind oder nicht. Es besteht also, wenn die Vorschrift richtig gehandhabt wird, keine Gefahr für eine Beeinträchtigung

---

1) Schon die Einholung der Auskunft ist ja Beweisaufnahme, - die unter Durchbrechung von Mündlichkeit, Unmittelbarkeit und Parteiöffentlichkeit ins Vorbereitungsstadium vorgezogen werden kann (vgl. Baur, Vorbereitung, S. 217). Daher ist nicht erst die Benutzung der Auskünfte vom Beweisantritt nach § 373 ZPO abhängig (so aber Rosenberg-Schwab, § 123 VII 1). Für die Möglichkeit eines vom Gericht auszuübenden Drucks, den Beweisantrag zu der "nun einmal" eingeholten Auskunft nachzuliefern, besteht keinerlei Bedürfnis, fehlt es auch an einer gesetzlichen Grundlage.

2) Wieczorek, § 272 b Rdn. C IV.

3) Zöller-Stephan, § 272 b Anm. III 3; § 377 Anm. III, vor 1; Baumbach-Lauterbach, § 272 b Anm. 3 D; Thomas-Putzo, § 272 b Anm. II, zu Nr. 4.

der Parteiherrschaft über den Tatsachenstoff. So wird denn auch nach allgemeiner Meinung[4] durch die schriftliche Zeugenanhörung die Unmittelbarkeit, die Parteiöffentlichkeit (insbesondere auch das Fragerecht der Parteien nach § 397 ZPO) betroffen, nicht die in diesem Zusammenhang unerwähnt bleibende Verhandlungsmaxime.

Im Vorbereitungsstadium ist das nicht etwa deswegen anders, weil hier die Parteivorträge erst schriftsätzlich, meist ergänzungsbedürftig, eben "vorbereitend" vorliegen. Hier bietet sich die Zeugenauskunft nicht etwa als Aufklärungsmittel an.

> Beispiel:
>
> Beklagter soll Kläger anläßlich eines leichten Verkehrsunfalles verprügelt haben. Er schreibt: "Wie es sich im einzelnen zugetragen hat, mögen die Zeugen X, Y, Z aussagen."

Eine schriftliche Zeugenanhörung nach § 377 Abs. 4 ZPO, die in diesem Fall allein in Betracht käme, scheitert in derartigen Fällen bereits am Parteieinverständnis. Zumindest e i n e Partei ist klug genug, um die Fragwürdigkeit einer derartigen Beweisaufnahme zu erkennen. Aber selbst wenn beide Parteien zustimmten oder die schriftliche Anhörung gar beantragten, dürfte der Richter nach dem Zweck des § 272 b ZPO dem nicht stattgeben. Es ist durchaus sinnvoll, vorbereitend nach § 377 Abs. 3 ZPO vom Zeugen die Wiedergabe schriftlicher Aufzeichnungen[5] anzufordern, deren Inhalt er auch bei persönlicher Anhörung mit Wahrscheinlichkeit nicht anders darstellen würde.

> Beispiele:
>
> An welchem Tage war Kläger beim Arzt? Hat Beklagter am bestimmten Tage Reifen gekauft und montieren lassen?

---

4) Stein-Jonas-Schumann-Leipold, § 377 Anm. V, vor 1; Thomas-Putzo, § 377 Anm. 2; Schönke-Kuchinke, § 65 III.

5) Darauf läuft es bei § 377 Abs. 3 ZPO im wesentlichen hinaus; Bruns, Zivilprozeßrecht, § 35 IV 2 a; Baumbach-Lauterbach, § 377 Anm. 3 B a; Wieczorek, § 377 Rdn. C a.

Nicht sinnvoll ist es aber, das Erfordernis der Tatsachenbezeichnung (§ 373 ZPO) mit Rücksicht auf den vorbereitenden Charakter der Maßnahme großzügig zu handhaben.[6] Nach allgemeiner Ansicht ist der schriftlichen Zeugenanhörung gegenüber noch erheblich größere Reserve angebracht, als es schon bei mündlicher Zeugenaussage der Fall ist.[7] Denn mit der persönlichen Befragung durch Gericht und Parteien entfällt praktisch jede Möglichkeit, der Aussage auf den Grund zu kommen (vgl. § 396 Abs. 2 ZPO), die Suggestivwirkung der Beweisfrage abzumildern und die Glaubwürdigkeit des Zeugen zu beurteilen.[8] Die Notwendigkeit eidesstattlicher Versicherung bietet dafür keinen hinreichenden Ausgleich.[9] Daher soll das Gericht, wie es meist ohne ersichtlichen Bezug zur praktischen Realisierbarkeit heißt[10], sorgfältig unter Berücksichtigung des Inhalts der Beweisfrage und der Verhältnisse der Zeugen (Bildungsgrad, Stellung zu den Parteien, - "Lage der Sache" im Sinne des § 377 Abs. 4 ZPO) prüfen, ob eine schriftliche Anhörung trotz genereller Unzuverlässigkeit für ausreichend erachtet werden kann.[11] Eine derartige Prüfung ist, wenn überhaupt, erst nach definitiver Abklärung der Parteivorträge und Erörterung der Beweismöglichkeiten in der mündlichen Verhandlung, keinesfalls jedoch im Vorbereitungsstadium an Hand einiger weniger vorbereitender

---

6) Vgl. OLG Düsseldorf OLGZ 1973, 492 (493): Beweisthema "über den Hergang des Verkehrsunfalls" ist genau genug für Rechtshilfeersuchen.

7) Bruns, Zivilprozeßrecht, § 35 IV 2 a; Schönke-Schröder-Niese, § 65 IV 2; Stein-Jonas-Schumann-Leipold, § 377 Anm. V 1, vor a; Pollak, Jud. 4, 71 f.

8) Vgl. Bruns, a.a.O.; Baumbach-Lauterbach, § 377 Anm. 3 A.

9) Im arbeitsgerichtlichen Verfahren kann zudem im Vorbereitungsstadium wegen § 58 Abs. 2 S. 2 ArbGG diese eidesstattliche Versicherung vom Zeugen nicht verlangt werden (vgl. §§ 56; 53 Abs. 1 S. 1 ArbGG).

10) Stein-Jonas-Schumann-Leipold, § 377 Anm. V 1, vor a; Baumbach-Lauterbach, § 377 Anm. 3 B; Thomas-Putzo, § 377 Anm. 2.

11) Näher hierzu Peters, Freibeweis, S. 113.

Schriftsätze möglich. Schon deswegen muß eine schriftliche Zeugenanhörung nach § 377 Abs. 4 im Vorbereitungsstadium grundsätzlich ausscheiden. Hinzu kommt, daß bei allgemein formulierten Beweisanträgen der Zeuge anstelle der Partei die Einzelheiten zur Sprache bringen soll. Inwieweit das bei einer Beweisaufnahme nach mündlicher Verhandlung zulässig und zweckmäßig ist, wird hier nicht untersucht. Für das Vorbereitungsstadium kommt es nicht in Betracht, da die zuverlässigere Informationsquelle (Parteibehauptung) durch die unzuverlässigere (Zeugenauskunft) ersetzt würde, der Parteistreit über das Ergebnis unausweichlich und eine erneute Vernehmung des Zeugen (§ 398 ZPO) kaum vermeidbar wäre. Die Wahrheitsfindung würde also gefährdet, ohne daß eine Beschleunigung zu erwarten wäre.

Als Ergebnis ist festzuhalten, daß die schriftliche Zeugenauskunft dem Richter keine Möglichkeit an die Hand gibt, die Parteibestimmung über den Tatsachenstoff zurückzudrängen. Selbst wenn die Parteien sich dieser Herrschaft durch Hinweis auf schriftliche Zeugenanhörung begeben wollten, dürfte der Richter dem jedenfalls im Vorbereitungsstadium nicht folgen. Die Parteien müßten gegen ihren Willen auf ihre Lasten verwiesen werden. Ihre grundsätzliche Dispositionsmöglichkeit über das, was sie vortragen wollen, umfaßt in diesem Fall nicht die Disposition über die Funktion der Beweismittel, ihren Einsatz als Behauptungssurrogat.

§ 19 Einholung privater Auskünfte

Die Behandlung nichtbehördlicher Auskünfte durch die Literatur steht im umgekehrten Verhältnis zu ihrer erheblichen praktischen Bedeutung.

> <u>Beispiele</u>:
>
> Bankauskunft über Inanspruchnahme von Kredit, Zinssatz oder beides; Firmenauskünfte über Bewerbung eines Arbeitslosen zwecks Einstellung (vgl. § 615 BGB), Ausschreibung von Objekten, Durchführung von Bau- und Transportarbeiten, Werbeaktionen, Zahlung von Versicherungsleistungen usw.

Nur BRÜGGEMANN[1] hat ihr eine ausführliche Darstellung gewidmet und spricht von einer "gewohnheitsrechtlichen Bildung des Prozeßrechts".[2] Es wird in der Tat kaum zu bezweifeln sein, daß die praktische Handhabung dieser Auskünfte "eingespielt und unbestritten" ist.[3] Im vorliegenden Zusammenhang interessiert die dogmatische Einordnung der nichtbehördlichen Auskunft allerdings nur insoweit, als sie im Vorbereitungsstadium eine Rolle spielt und der Richter durch sie die Stoffsammlung steuern kann.

Für eine konsequent auf e i n e mündliche Verhandlung ausgerichtete Vorbereitung ist die nichtbehördliche Auskunft unentbehrlich. Wie BRÜGGEMANN zutreffend bemerkt, wird die Richtigkeit dieser Auskünfte selten bezweifelt.[4] Der von ihm angegebene Grund kann voll akzeptiert werden: hinter der typischen nichtbehördlichen Auskunft, etwa einer Bank oder eines Versicherungsunternehmens, steht ein behördenähnlicher Organisationsapparat mit geregelter Zuständigkeitsverteilung und Kontrollfunktion.

Die Parteien vertrauen daher auf die Auskunft, und bei fehlender Einholung wird Vertagung notwendig. Die Auskunft ist auch praktisch nicht durch eine schriftliche Zeugenanhörung ersetzbar, weil den Parteien die betreffenden Sachbearbeiter in aller Regel unbekannt sind und sie diese nur mit unverhältnismäßig großen Schwierigkeiten ermitteln könnten.

---

1) Judex, S. 401 - 404; vgl. im übrigen nur Baumbach-Lauterbach, § 402 Anm. C: "Auskünfte nichtamtlicher Stellen sind entsprechend den Privatgutachten zu behandeln". Das Arbeitsgerichtsgesetz spricht in § 56 allgemein von der Beiziehung "schriftlicher Unterlagen", also nicht nur von solchen der Parteien. Gleichwohl wird in der Literatur und Rechtsprechung zu § 56 ArbGG auf die Einholung nichtbehördlicher Auskünfte, die nicht Zeugenauskunft im Sinne des § 377 Abs. 3, 4 ZPO sind, nicht eingegangen (vgl. Dersch-Volkmar, § 56 Rdn. 6; Dietz-Nikisch, § 56 Rdn. 7).

2) Brüggemann, Judex, S. 403.

3) Brüggemann, Judex, S. 403.

4) Brüggemann, Judex, S. 402 f.

Die nichtbehördliche Auskunft ist also sicher ein vorzügliches Mittel zur Beschleunigung der Sachaufklärung. Aber sie eignet sich ebensowenig wie die amtliche Auskunft zur inhaltlichen Steuerung der Sachaufklärung durch den Richter. Daß der Richter sich nicht an Verbände, Banken usw. wenden darf, um nichtvorgetragene Tatsachen zu ermitteln, bedarf nach dem unbestrittenen Kern der Verhandlungsmaxime keiner näheren Begründung. Die nichtbehördliche Auskunft wird, ihrer typischen Ausprägung nach, in derselben Funktion eingesetzt wie die amtliche Auskunft: nicht als Informationsmittel zur ergänzenden Aufklärung, sondern als Beweismittel zur Feststellung einer bestimmten streitigen Tatsache.[5] Daß gelegentlich auch neue Tatsachen dabei herauskommen, ist nicht das Ziel, sondern das zufällige Ergebnis der Auskunft.

Da somit die nichtbehördliche Auskunft die Parteiherrschaft über den Tatsachenstoff unberührt läßt, sollen die dogmatischen Fragen nach ihrer Einordnung in das Beweismittelsystem der ZPO und nach ihrer Handhabung im einzelnen nicht näher erörtert werden.

4. Kapitel: Sachverständigengutachten

§ 20 Allgemeine Kennzeichnung des Sachverständigengutachtens unter dem Gesichtspunkt der Stoffsammlung

Ebenso wie die amtswegige Beiziehung von Behördenakten und die amtliche Auskunft wird die Einholung von Sachverständigengutachten unter dem Gesichtspunkt der Stoffsammlung dadurch gekennzeichnet, daß nicht die Parteien, sondern Dritte das Wissen von außen in den Rechtsstreit hineintragen. Daraus ergibt sich im Gegensatz zur schriftsätzlichen Ergänzung des Parteivorbringens und zur Vorlage von Parteiunterlagen die oben erörterte geringere Sperr*möglichkeit* der Parteien. Schon bei der amtlichen Auskunft

---

5) Vgl. oben S. 166.

zeigte sich aber, daß - im Vergleich zur Beiziehung von Behördenakten - auch ein geringeres Sperr b e d ü r f n i s der Parteien vorhanden ist, weil sie weniger auf ergänzende Sachaufklärung als auf präzise Beantwortung einer Beweisfrage hinzielt. Wie verhält es sich damit bei der Einholung eines Sachverständigengutachtens? Dabei ist nach den drei Funktionen des Sachverständigen zu unterscheiden: Mitteilung von Erfahrungssätzen, Schlußfolgerungen aus Erfahrungssätzen, Bericht über die Wahrnehmung nur sachverständig wahrnehmbarer Tatsachen.[1)]

1. Mitteilung von Erfahrungssätzen

Soweit der Sachverständige dem Gericht lediglich Erfahrungssätze vermittelt, kommt eine Einschränkung der Parteiherrschaft nicht in Betracht. Denn insoweit hatten die Parteien nie eine Dispositionsbefugnis. Erfahrungssätze werden von Amts wegen berücksichtigt und ermittelt. Die Parteien können dem Richter nicht vorschreiben, Handelsbrauch A anstelle des wirklich eingreifenden Handelsbrauchs B dem Urteil zugrunde zu legen. Irgendeine Sperrbefugnis der Parteien scheidet aus.[2)]

2. Schlußfolgerungen aus Erfahrungssätzen bei teilweiser Ermittlung der Anknüpfungstatsachen durch den Sachverständigen

Im Regelfall aber teilt der Sachverständige nicht - dem Gericht bis dahin unbekannte - Erfahrungssätze als abstrakte Obersätze

---

1) Rosenberg-Schwab, § 124 I; Stein-Jonas-Schumann-Leipold, vor § 402 Anm. II 4; Baumgärtel, VersR 1975, 677; Pieper, ZZP 84, 8 - 11.

2) Grundlegend Stein, Privates Wi-sen, S. 99 ff; Lent, ZZP 60, 23 f; heute allg. M.; vgl. nur Rosenberg-Schwab, § 78 IV 1; § 116 II; Stein-Jonas-Pohle, vor § 128 Anm. IV 2e; Thomas-Putzo, Einleitung I 2. - Vgl. dazu auch noch unten S. 185.

- Frisches Schweinefleisch verdirbt an der Sonne in x Stunden. -

mit, sondern auftragsgemäß ein Urteil in Form der Anwendung eines Erfahrungssatzes auf einen festgestellten oder angenommenen Sachverhalt:

Das gelieferte Schweinefleisch war unter den gegebenen Umständen im Zeitpunkt der Auslieferung verdorben.[3]

Dabei haben die Parteien nach dem unbestrittenen Kern der Verhandlungsmaxime die Möglichkeit, mit den Mitteln des Nichtbehauptens und Nichtbestreitens einen in Wirklichkeit nicht so gegebenen Sachverhalt begutachten zu lassen. Das ist hier nicht weiter zu untersuchen.[4]

Problematisch unter dem hier geprüften Aspekt sind allein die Fälle, in denen dem Sachverständigen ein unfertiger Sachverhalt mit dem Auftrag unterbreitet wird, selbst die erforderlichen Tatsachen (sog. Anknüpfungstatsachen) zu ermitteln. Dies sind gerade die für die tägliche Zivilprozeßpraxis charakteristischen Fälle.

Beispiele:

Der Sachverständige wird beauftragt, eine Person auf Gesundheitsschäden, ein Bauwerk auf Mängel, ein Kraftfahrzeug auf Unfallschäden zu untersuchen und sodann ein Gutachten über sich daran anschließende Fragen - Grad der Erwerbsminderung, Möglichkeit und Kosten der Mängel - bzw. Schadensbeseitigung - zu erstatten.

Die Frage, ob der Sachverständige in Bezug auf die Tatschenermittlung überhaupt "Sachverständiger" im Sinne der ZPO sei oder nicht vielmehr Zeuge, soll hier ohne weitere Erörterung mit der h. M.[5] im Sinne "Sachverständiger" entschieden werden.

Die Problematik dieser Fälle ergibt sich daraus, daß die

---

3) Vgl. hierzu Stein, Privates Wissen, S. 55 f.

4) Die Fälle von Scheinprozessen interessieren in diesem Zusammenhang nicht.

5) Siehe die Nachweise Fn. 1; and. Ans. vornehmlich Lent, ZZP 60, 27 ff, insbes. 30; ausführlich dazu Pieper, ZZP 84, 10 f m. w. N.

vom Sachverständigen ermittelten Tatsachen zunächst einmal rein faktisch Prozeßstoff werden. Insoweit besteht eine Ähnlichkeit mit dem Vorgang der Beiziehung von Behördenakten. Es kann geschehen, daß dem Richter vor der mündlichen Verhandlung ein vom bisherigen beiderseitigen Parteivortrag erheblich abweichender Prozeßstoff vorliegt, der den Parteien in der mündlichen Verhandlung mehr oder weniger aufgedrängt wird. Der Richter übt auf Auswahl, Ermittlung und Bewertung der Anknüpfungstatsachen durch den Sachverständigen Einfluß aus. Dies gilt vor allem im Vorbereitungsstadium, wo das förmliche Schema eines Beweisbeschlusses (§ 359 ZPO) fehlt. Nach allgemeiner Meinung hat der Richter dem Sachverständigen die Anknüpfungstatsachen so genau wie möglich mitzuteilen.[6] Einfache Fälle mit unstreitigem Sachverhalt sind selten. Die übliche Übersendung der Akten reicht zur Information des im Prozeßrecht unbewanderten Sachverständigen meist nicht aus, auch wenn der Akteninhalt sich in den hier untersuchten Fällen auf zwei, drei Schriftsätze beschränkt. So obliegt dem Richter die oft schwierige Aufgabe, durch Sachverhaltsschilderung, Bezeichnung der zu ermittelnden Tatsachen, Formulierung der Beweisfrage und Hervorhebung besonderer Gesichtspunkte dem Sachverständigen eine möglichst eindeutige Grundlage für sein Gutachten zu geben.[7] Hierbei bringt er notwendig seine rechtliche und tatsächliche Vorbewertung zur Geltung. Die in diesem Stadium des Rechtsstreits häufig gegebene Unsicherheit über die dem Gutachten zugrunde zu legenden Tatsachen[8] bedeutet weniger eine Einschränkung als eine Verstärkung der richterlichen Möglichkeit, die Tatsachenergänzung und -bewertung durch den Sachverständigen zu beeinflussen.

---

6) BGHZ 23, 207 (213); Stein-Jonas-Schumann-Leipold, vor § 402 Anm. II 5; Jessnitzer, Der gerichtliche Sachverständige, S. 146 ff; Klaus Müller, Der Sachverständige, S. 269 ff; jeweils m. w. N.

7) Dies kann auch durch Mitteilung von Sachverhaltsvarianten geschehen.

8) BGHZ 37, 389 (394); Klaus Müller, Der Sachverständige, S. 269 f.

§ 21 Tatsachenergänzung durch den Sachverständigen bei beantragter Begutachtung

1. Kein globales Parteieinverständnis mit Sachverhaltsermittlung durch den Sachverständigen

Im Regelfall wird der Sachverständigenbeweis von den Parteien angetreten.[1)]

Beispiele:

Bauprozesse, Unfallprozesse, Eingruppierungsstreitigkeiten im öffentlichen Dienst.

Damit wird nicht etwa global das Einverständnis mit einer Sachverhaltsermittlung durch den Sachverständigen erklärt. Der Beweisantrag kann also nicht generell dahin verstanden werden, daß die Partei alle vom Sachverständigen zusätzlich zu den Parteibehauptungen ermittelten Tatsachen behaupten wolle. Vielmehr bleibt es unabhängig vom Beweisantrag der Parteien bei der allgemein anerkannten Grundregel, daß nicht der Sachverständige, sondern das Gericht aufgrund der Par-

1) Inwieweit bei der vorbereitenden Einholung von Gutachten gemäß § 272 ZPO überhaupt eine beantragte Begutachtung in Betracht kommt, wird vornehmlich unter dem Gesichtspunkt der Anforderung eines Auslagenvorschusses (§§ 402, 379 ZPO in Verbindung mit § 114 GVG) erörtert (vgl. einerseits - "Beweis ist schriftlich angetreten", also Auslagenvorschuß - OLG Düsseldorf MDR 1974, 371; BGH LM § 286 (F) ZPO Nr. 1; Baumbach-Lauterbach, § 272 b Anm. 3 D, E; Baur, Vorbereitung, S. 221; andererseits - Beweisantrag liegt erst in mündlicher Verhandlung vor, Vorschußanforderung würde Beschleunigung verhindern - KG DR 1940, 206; Thomas-Putzo, § 272 b Anm. 2; Stein-Jonas-Schumann-Leipold, § 272 b Anm. III 4 (für § 272 b Abs. 2 Nr. 4 ZPO). Diese Frage kann hier dahinstehen. Ein "Antrag" kann im Vorbereitungsstadium naturgemäß nur in der hierfür vorgesehenen Form, also schriftsätzlich vorliegen. Damit ist aber der auf die Sachverständigenbegutachtung gerichtete Wille der Partei, auf den es in dem hier untersuchten Zusammenhang ankommt, jedenfalls für das Vorbereitungsstadium "ordnungsmäßig" (Baur, Vorbereitung, S. 221) geltend gemacht.

teibehauptungen den Sachverhalt feststellt.[2] Man würde also dem Parteiwillen Gewalt antun, wenn man jeden gewöhnlichen Antrag auf Sachverständigenbeweis in der erörterten Weise auslegte. Nach der gegebenen Prozeßordnung können die Parteien erwarten, daß der Richter bei unvollständigem, erkennbar ergänzungsbedürftigem Sachverhalt zunächst gemäß §§ 272 b, 139 ZPO auf Ergänzung durch Parteivortrag dringt.

2. Notwendige Ergänzung des Parteivortrags durch sachverständig ermittelte Tatsachen

Hier ergibt sich nun eine wesentliche Einschränkung aus der Funktion des Sachverständigen. Nicht nur der Richter bedarf häufig seiner Unterstützung für die Urteilsfindung; auch die Parteien sind oft bereits bei ihrem Sachvortrag auf sachverständige Hilfe angewiesen. Oder mit anderen Worten: der Sachverständige wird nicht erst bei der Bildung des Obersatzes, sondern bereits bei der Bildung des Untersatzes benötigt.

Beispiele:

1. Nach einem scheinbar leichten Unfall ist nicht nur die Karosserie des Kraftfahrzeugs beschädigt, auch der Motor funktioniert nicht mehr.
2. Nach Fertigstellung des Hauses stellt der Bauherr fest, daß Putz von den Decken fällt, die Wände Risse aufweisen, Feuchtigkeit in den Keller dringt.
3. Der Unfallverletzte hat Knochenbrüche, Prellungen und eine Gehirnerschütterung erlitten, seitdem wird ihm "häufig schwarz vor den Augen".

In allen derartigen Fällen wäre es theoretisch denkbar, daß die Parteien sämtliche für die Beurteilung notwendigen einzelnen Tatsachen vortrügen. Tatsächlich könnten sie das nur mit Sachverständigenhilfe. Das brächte ihnen außer Kosten und Zeitverlust nichts ein, da das Gericht wegen des geringen Beweiswertes von Privatgutachten[3] erstens zur Tat-

---

2) BGHZ 23, 207 (213); 37, 389 (394 f); Stein-Jonas-Schumann Leipold, vor § 402 Anm. II 5.

3) die nur als Parteivortrag, evtl. im Wege des Urkundenbeweises verwertbar sind (Baumbach-Lauterbach, Übersicht vor § 402, Anm. 5; Thomas-Putzo, vor § 402 Anm. 2).

sachenfeststellung, zweitens zur Begutachtung einen Sachverständigen zu Hilfe nehmen müßte. So wird dieses Verfahren denn auch so gut wie gar nicht gehandhabt. Die Gerichte begnügen sich mit einer so groben und ungenauen Angabe der Anknüpfungstatsachen, wie sie der Laienverstand ohne Sachverständigenhilfe eben nur zu geben imstande ist. Daraus folgt: erstens sind die Parteien nicht nur mit der vorläufigen Ergänzung ihres Vorbringens durch den Sachverständigen einverstanden, sondern bitten in schlüssiger Weise geradezu darum. Zweitens liegt in der sachverständigen Ermittlung von Tatsachen, die ohne sachverständige Aufschlüsselung[4)] gar nicht wahrnehmbar,

- die statische Belastung eines Fundamentes, der Leberschaden, der Riß im Pleuellager -

demnach für die Partei auch nicht darstellbar sind, zwar eine Beeinträchtigung der rein tatsächlichen Parteiherrschaft über den Tatsachenstoff; aber die Parteien begeben sich dieser Herrschaft freiwillig, wenn auch notgedrungen mangels eigener Sachkunde. Drittens kann es, bei allem Streit um Modalitäten, nicht unzulässig sein, derartige für die Entscheidung des Rechtsstreits benötigte Fakten auf dem einzig zuverlässigen und ökonomisch vertretbaren Weg in den Prozeß einzuführen, den es gibt.

Diese Folgerungen bedürfen einer näheren, einschränkenden Präzisierung. Die Einschränkung ergibt sich aus der hier so umschriebenen Voraussetzung, die Tatsache dürfe ohne sachverständige Aufschlüsselung nicht wahrnehmbar sein. Die Ermittlung muß daher streng auf diejenigen Tatsachen beschränkt bleiben, die n u r ein Sachverständiger feststellen kann, und auf diejenigen Erkenntnismittel, die g e r a d e einem Sachverständigen des betreffenden Fachgebietes zur Verfügung stehen. Denn nur hinsichtlich dieser Tatsa-

---

4) Diese kann mit und ohne Einsatz technischer Hilfsmittel vonstatten gehen. Insofern besteht also kein grundlegender Unterschied zwischen dem sachverständigen Blick auf ein zerbrochenes Differentialgetriebe und dem Versuch mit einem Elektronenmikroskop.

chen und dieser spezifischen Erkenntnismittel ist die Sachverhaltsermittlung weder durch Gericht noch durch die Parteien ersetzbar. Außerdem knüpft sich das Vertrauen von Gericht und Parteien auf zuverlässige Ermittlung der Tatsachen gerade an die Verwendung der nur dem Sachverständigen zur Verfügung stehenden Erkenntnismittel.

Daraus ergibt sich nun wieder: Soweit der Sachverständige, wie praktisch häufig, weitere Tatsachen ermittelt, die in den in Rohform vorgetragenen Anknüpfungstatsachen nicht bereits "angelegt" sind, kann das Parteieinverständnis mit der sachverständigen Tatsachenergänzung nicht ohne weiteres angenommen werden. Dasselbe gilt für solche Tatsachen, die der Sachverständige nicht mit seinen fachspezifischen Erkenntnismitteln feststellt. Zu den spezifischen Erkenntnismitteln des Sachverständigen gehören die "sachverständige" Besichtigung - die eben nicht nur Augenscheinseinnahme ist -, die ärztliche Untersuchung, das Anstellen von Experimenten und Versuchen (chemische Analyse, Materialprüfung), die Zerlegung von Maschinen und dergleichen. Nicht hierher gehört die anderweitige Beschaffung von Informationen, die erst die Grundlage für die fachspezifische Ermittlung bilden sollen. Darunter fällt namentlich die Befragung von Parteien und Dritten - die in diesem Zusammenhang häufig irreführend als "Zeugen" bezeichnet werden -, z.B. über das Verhalten eines angeblich Geisteskranken, über die Reihenfolge im Ablauf einer Baumaßnahme, über den Tätigkeitsbereich eines Arbeiters. Eine Ausnahme ist für den Fall zu machen, daß die Anhörung einer Person gerade zu den fachspezifischen Erkenntnismitteln des Gutachters gehört.[5] Die Angaben derartiger Informanten haben, nach der von R. BRUNS[6] eingeführten Terminologie, nur "subjektiven Spurenwert" ("Aussagequalität") und damit generell geringen Beweiswert. Als

5) Anamnese des Arztes; vgl. BGH VersR 1958, 512 f; VersR 1960, 998.

6) JZ 1957, 489 - 494.

Äquivalent dafür bedarf es der Erfahrung des Richters bei der Vernehmung und in der Einschätzung der Aussagequalität, vor allem aber der durch das Verfahrensgesetz gesicherten, wenn auch geringen Wahrheitsfindungsgarantien.[7)]

Mag es auch praktisch sein, wenn der Sachverständige selbst die notwendigen Informationen einholt, dieser praktische Vorteil wird durch das Risiko einer unkontrollierbaren Vermischung von Sachverständigenwissen, Parteiangaben und Mitteilungen dritter Personen nicht aufgewogen. Hier verläuft auch die Grenze, jenseits derer faktisch ein für Parteien nicht mehr überschaubarer und daher nicht mehr beeinflußbarer Einbruch von nichtbehauptetem Prozeßstoff in den Rechtsstreit stattfindet. Die Zulassung dieses Informationsmodus' durch das Gericht wäre daher in der Tat eine starke Beeinträchtigung der Parteiherrschaft über den Tatsachenstoff, wenn dem auch kein entsprechender Machtzuwachs auf Richterseite gegenüberstünde. Dies würde die Wahrheitsfindung erheblich erschweren, ohne der Prozeßbeschleunigung zuverlässig zu dienen.

Nicht zu den spezifischen Erkenntnismitteln des Sachverständigen gehören auch Urkunden und Unterlagen. Gerade diese werden andererseits ebenso wie die von Personen zu vermittelnden Informationen für die Gutachtertätigkeit benötigt[8)] (Lageplan, Bauzeichnung, Handelsbücher).[9)] Wegen des "objektiven Spurenwertes" dieses Materials bestehen an sich keine Gefahren für die Wahrheitsfindung bei der formlosen Überlassung an den Sachverständigen. Auch gehen bei der Verwertung

---

7) Vgl. Bruns, NJW 1957, 906.

8) Vgl. Jessnitzer, Der gerichtliche Sachverständige, S. 151; Klaus Müller, Der Sachverständige, S. 271.

9) Hierher gehören aber nicht die Fälle, in denen bestimmte Unterlagen gerade Gegenstand des Sachverständigengutachtens sein sollen, z.B. die Urkunde beim Echtheitsgutachten (vgl. § 442 ZPO), die Kassenbelege und Inventuren bei der Feststellung eines Warenmankos. Diese Unterlagen müssen die Parteien bei Meidung der Folgen einer Beweisvereitelung (oben S. 68) ohne weiteres vorlegen.

dieser Unterlagen durch den Sachverständigen nicht notwendig Wahrheitsfindungsgarantien aus einem sonst gegebenen förmlichen Verfahren wie bei Aussagen verloren. Schließlich besteht auch keine Gefahr, daß unkontrolliert neuer Prozeßstoff in das Verfahren einfließt. Zwar können sich nachträglich Meinungsverschiedenheiten über Echtheit und Inhalt der Unterlagen ergeben. Aber diese sind in der Regel anhand der gegenständlichen Unterlagen aufzuklären. Da andererseits die formlose Überlassung an den Sachverständigen beschleunigend wirkt und der Wahrheitsfindung förderlich ist, bestehen grundsätzlich keine Bedenken, den spezifischen Erkenntnismitteln des Sachverständigen diese Unterlagen gleichzusetzen. Allerdings muß hier eine praktisch bedeutsame Einschränkung gemacht werden. Häufig sucht der Sachverständige eine Partei auf, um an Ort und Stelle Unterlagen einzusehen, insbesondere umfangreiche Geschäftsunterlagen. Dann muß auch die andere Partei Gelegenheit haben, bei den Feststellungen anwesend zu sein[10], damit ihr Gegner nicht einseitig auf die Tatsachenermittlung durch den Sachverständigen Einfluß nehmen kann.

3. Rechtsprechung und Lehre zur Tatsachenermittlung durch Sachverständige

Die vorstehend (Nr. 2.) entwickelte Ansicht steht im Ergebnis in Übereinstimmung mit der ständigen Rechtsprechung des Reichsgerichts[11] und des Bundesgerichtshofs[12] sowie der h. M. in der Literatur.[13] Danach darf ein Sachverstän-

---

10) RG JW 1927, 2416 (2417); BAG AP § 402 ZPO Nr. 1; vgl. auch BGH ZZP 67, 295 (297).

11) RGZ 156, 334 (338).

12) BGHZ 37, 389 (393 ff.); BGH NJW 1970, 1919 (1921).

13) Rosenberg-Schwab, § 124 III 3 a; Thomas-Putzo, vor § 402 Anm. 3 c; Baumbach-Lauterbach, Übersicht vor § 402 Anm. 4; Sydow-Busch, vor § 402 Anm. 3; Jessnitzer, Der gerichtliche Sachverständige, S. 151; Wieczorek, § 402 Rdn. B III b 2; Peters, Freibeweis, S. 80; Schönke-Schröder-Niese, § 66 II.

diger nicht "selbständig Zeugen oder Parteien über wesentliche Streitpunkte" vernehmen. Doch ist diese Formel wenig geeignet, die notwendige klare Grenze für die Schaffung von Streitstoff durch den Sachverständigen zu ziehen. Man legt sie nämlich teilweise dahin aus, daß der Sachverständige durchaus berechtigt sei, sich das Material durch die Anhörung von Parteien und Zeugen zu beschaffen[14]; nur förmlich vernehmen dürfe er letztere nicht, und das Gericht dürfte die Ergebnisse nicht so werten, als sei die Vernehmung durch den Richter erfolgt.[15] Dem muß widersprochen werden. Eine "förmliche Vernehmung" von Parteien und Zeugen durch einen Sachverständigen ist rechtlich unmöglich, kommt in der Praxis auch nicht vor und kann mit keinem vernünftigen Mittel von der "Anhörung" oder einem "Angehen um Aufklärung"[16] unterschieden werden.[17] Die bei der Anhörung - oder wie man es nennen mag - mitgeteilten Tatsachen werden in der beschriebenen unsicheren Art und Weise Grundlage des Gutachtens. Der jederzeit mögliche Antrag, Parteien und Zeugen gerichtlich vernehmen zu lassen, kann den Schaden nicht wieder gut machen, der durch ein absolut "freibeweisliches" Vorgehen des Sachverständigen angerichtet werden kann. Unaufklärbare Mißverständnisse, Prozeßverzögerung oder rigorose Nichtbeachtung von Parteirechten im vorgeblichen Beschleunigungsinteresse müssen die Folge sein.

Unter Berufung auf die Entscheidung des Bundesgerichtshofs in BGHZ 37, 389 (394) wird des weiteren, den obigen Grundsatz einschränkend, ausgeführt, der Sachverständige dürfe ausnahmsweise dann Vernehmungen durchführen, wenn er Fragen stellen müsse, die nur kraft besonderer Sachkunde gestellt

---

14) RG JW 1931, 1759 (1760).

15) So insbes. Stein-Jonas-Schumann-Leipold, vor § 402 Anm. II 5; Wieczorek, § 402 Rdn. B III b 3; ähnlich Klaus Müller, Der Sachverständige, S. 271.

16) Vgl. Rosenberg-Schwab, § 124 III 3 a; Wieczorek, § 402 Rdn. B III b 3.

17) So auch Jessnitzer, a.a.O. S. 151 Fn. 32.

werden könnten.[18] Allein in der angeführten BGH-Entscheidung steht kein Wort davon. Wenn der Richter sich "die Aufklärung des für den Sachverständigen wichtigen Sachverhalts ... jedenfalls dann nicht aus der Hand nehmen lassen (darf), wenn es nach Lage der Dinge hierbei auf das Fachwissen des Sachverständigen nicht ankommen kann"[19], so besagt das doch keineswegs, daß andernfalls der Sachverständige selbständig Parteien und Zeugen vernehmen darf. Hierfür besteht auch keinerlei Bedürfnis. Mag der Sachverständige seine Fragen bei der förmlichen Zeugen - und Parteivernehmung im Gerichtssaal stellen.[20]

Der Bundesgerichtshof hat den Parteien die Disposition darüber eingeräumt, das vom Sachverständigen eingeschlagene Verfahren der "Zeugenvernehmung" zu beanstanden oder hingehen zu lassen. Erheben die Parteien gegen diese Stoffsammlung keine Einwendungen, so soll der Tatrichter annehmen dürfen, "daß dieses Material im Einverständnis der Parteien dem Sachverständigengutachten zugrunde gelegt werden sollte"[21]. Ob dem gefolgt werden kann, wird unten (S. 189) bei der Frage geprüft, wie bis dahin nicht vorgetragene, im Sachverständigengutachten enthaltene Tatsachen in den Rechtsstreit einzuführen sind.

§ 22 Tatsachenergänzung durch Sachverständige bei von Amts wegen angeordneter Begutachtung

Der technische Hergang bei der amtswegigen Sachverständigenbegutachtung unterscheidet sich nicht von demjenigen bei der auf Antrag angeordneten, von der Vorschußfrage und dem

---

18) Rosenberg-Schwab, § 124 III 3 a; Jessnitzer, a.a.O. S. 152.

19) BGH, a.a.O. S. 394.

20) So auch Bruns, JZ 1957, 493.

21) BGHZ 23, 207 (214 f); zustimmend Thomas-Putzo, vor § 402 Anm. 3 c; ablehnend Bruns in der Anm. zu dieser Entscheidung, NJW 1957, 906.

im Gefolge eines Beweisbeschlusses manchmal umständlich gehandhabten Auswahlverfahren[1] einmal abgesehen. Was die Frage der Tatsachenergänzung und die damit jedenfalls mögliche Einschränkung der Parteiherrschaft angeht, ergeben sich ebenfalls keine Unterschiede. Der Richter hat im einen wie im anderen Fall mangels gesetzlicher Anleitung oder Vorschrift die Möglichkeit, auf die Tatsachenergänzung in der beschriebenen Weise[2] Einfluß zu nehmen, sie sogar bis zu einem gewissen Grade zu steuern.

Insofern der Sachverständige zur Ermittlung anders gar nicht wahrnehmbarer Tatsachen unentbehrlich ist, muß man auch bei fehlendem schriftlichen Beweisantrag das Einverständnis der Parteien mit dieser, im obigen Sinne eng begrenzten Tatsachenermittlung voraussetzen. Es ist anzunehmen, daß die Partei den Antrag stellen würde, wenn der Richter es unter Darlegung der Zusammenhänge anregte. Also ist die oben gezogene Schlußfolgerung, daß diese Tatsachenergänzung durch den Sachverständigen zulässig ist und die Parteien sich insoweit freiwillig eines Teils ihrer Herrschaft über den Prozeßstoff begeben, in gleicher Weise bei der amtswegigen Sachverständigenbegutachtung begründet. Man kann nur noch den nach dem unbestrittenen Kern der Verhandlungsmaxime selbstverständlichen, daher nicht unentbehrlichen Zusatz machen, daß die Anknüpfungstatsachen in Rohform von einer Partei behauptet sein müssen.[3] Schließlich gilt dann auch die Einschränkung, welche der Grundsatz für den Fall ergänzender Informationssammlung durch den Sachverständigen und der Eruierung weiterer Tatsachen erleidet.[4]

---

1) Zur praktischen Handhabung nach dem Stuttgarter Modell s. Bender, DRiZ 1968, 163; ders., JA 1971, 690.

2) Oben S. 174 f.

3) Die Folgerung, die Schmidthäuser (ZZP 72, 398) in diesem Zusammenhang aus der Verhandlungsmaxime ableitet, daß nämlich nicht neue, von den Parteien nicht vorgetragene Tatsachen Urteilsgrundlage werden dürften, also der Sachverständige nur über Schlüsse und Erfahrungssätze aussagen dürfte, ist nach dem dargestellten Zusammenhang nicht vertretbar.

4) Oben S. 174 f

Man kann also das Wesentliche an der amtswegigen Sachverständigenbegutachtung nicht durch Vergleich mit der auf Antrag angeordneten Begutachtung erfassen, sondern muß es darin sehen, d a ß dem Richter der Weg eröffnet ist, von Amts wegen Sachverständige heranzuziehen. Damit entfällt grundsätzlich die mit der Verhandlungsmaxime gegebene Sperrbefugnis der Parteien, die ihnen beim Zeugenbeweis zusteht. Soweit es sich um Erfahrungssätze und Schlußfolgerungen daraus handelt, ist allerdings die Verhandlungsmaxime überhaupt nicht berührt, was LENT scharf herausgearbeitet hat.[5] Man kann aber nach der hier eingenommenen Position den Sachverständigenbeweis auch nicht schlechthin als außerhalb des Anwendungsbereichs der Verhandlungsmaxime bezeichnen.[6] Denn die einem Sachverständigen übertragene Wahrnehmung der nur einem Sachverständigen zugänglichen Tatsachen ist von der Kenntnis und Anwendung der dem Sachverständigen zur Verfügung stehenden Erfahrungssätze nicht trennbar. Das eine setzt das andere voraus; beides verschmilzt im tatsächlichen Vorgang zu einem einheitlichen sinnlich-intellektuellen Erkenntnisakt.[7]

Im Sachverständigenbeweis steckt also, seiner typischen Ausprägung nach, auch ein Element von Tatsachenwahrnehmung. Dieses wäre theoretisch einer Sperrbefugnis der Parteien, so wie sie oben für Behördenakten und amtliche Auskunft bejaht wurde, zugänglich. Die Errichtung einer solchen Sperre ist jedoch mit dem erwähnten freiwilligen partiellen Verzicht auf die Parteiherrschaft nicht verträglich. Denn die Partei, welche die Feststellungslast trägt, blockiert mit einer Sperre gegen den Sachverständigenbeweis notwendig die von ihr benötigte sachverständige Schlußfolgerung und damit eine ihr günstige Entscheidung. Eine Sperrbefugnis der Parteien zu erörtern, erscheint daher nicht sinnvoll.[8]

5) ZZP 60, 23 f; siehe oben S. 173 Fn. 2.

6) So Lent, a.a.O.

7) Ähnlich Pieper, ZZP 84, 10 f.

8) Es mag seltene Ausnahmefälle geben, in denen eine Partei

§ 23 Bericht des Sachverständigen über Tatsachenwahrnehmungen

Außer den beiden bereits erwähnten Funktionen - Mitteilung von Erfahrungssätzen, Schlußfolgerungen aus Erfahrungssätzen - hat der Sachverständige in weniger häufigen Fällen n u r einen Bericht über Wahrnehmungen zu erstellen, die nur ein Sachverständiger machen kann.

Beispiele:
Lärmstärke in Flugschneise,[1]
Leistung einer Maschine,
Pilzbefall an Hauswand.

Es handelt sich hierbei um die Herausnahme eines Teiles der auch beim gewöhnlichen Sachverständigengutachten anfallenden Aufgaben. Die oben dargestellte Problematik tritt hier nur deutlicher hervor. Soll der Sachverständige n u r Tatsachen feststellen, so scheint eine Sperrbefugnis der Parteien allerdings näher zu liegen. Aber bei genauem Zusehen ergibt sich, daß hier ein Sperren der Parteien ebenso sinnlos wäre. Denn der Unterschied zur zweiten Gruppe besteht nur darin, daß der Richter sich die Schlußfolgerung entweder selbst zutraut oder den Gutachtenauftrag zunächst

---

8) (Forts.)
aus dringendem Geheimhaltungsbedürfnis heraus eine sachverständige Begutachtung unter allen Umständen vermeiden möchte. Geklagt wird dann aber nur, wenn die Notwendigkeit eines Sachverständigengutachtens zunächst einmal zweifelhaft ist (Entsprechendes wäre für die Verteidigung des Beklagten zu sagen). Ergibt sich dann, entweder durch richterliche Hinweise oder sofort angeordnete Begutachtung, die Unentbehrlichkeit des Sachverständigengutachtens, so hätte der Kläger, eine Sperrbefugnis unterstellt, die Wahl zwischen Klageabweisung (Ausübung der Sperrbefugnis) und Klagerücknahme. - Zu erwähnen ist allerdings, daß Parteien auch in anderen Fällen aus Kosten- und Beschleunigungsgründen ein Interesse an der Vermeidung einer Sachverständigenbegutachtung haben können. Das hat jedoch mit der hier diskutierten Sperrbefugnis nichts zu tun.

1) Pieper, ZZP 84, 8.

aus Kostengründen beschränkt. Fehlt es aber schon an der - nur durch Sachverständige möglichen - Tatsachenfeststellung, so ist auch die Schlußfolgerung unmöglich, und es liegt die gleiche Situation wie die oben erörterte vor.

Andererseits ergeben sich aber bei dieser Gestaltung keine Besonderheiten im Blick auf unsere Fragestellung. Es kann daher bei den obigen Ausführungen sein Bewenden haben. Die Streitfrage, ob man in diesen Fällen überhaupt von Sachverständigenbeweis sprechen kann[2], oder ob Zeugenbeweis vorliegt[3], mag daher auf sich beruhen.

§ 24 Verwertung der vom Sachverständigen ermittelten Tatsachen

Der Einfluß, den der Richter *im Ergebnis* auf die Stoffsammlung durch Gutachteneinholung ausüben kann, wird wesentlich mitbestimmt durch die Voraussetzungen, unter denen vom Sachverständigen ermittelte Tatsachen dem Urteil zugrunde gelegt werden dürfen. Mit der oben (S. 177) für bestimmte Fälle bejahten *Zulässigkeit* der Tatsachenermittlung durch Sachverständige ist ja noch nicht gesagt, daß die ermittelten Tatsachen in der verfahrensrechtlich vorgeschriebenen Art und Weise zur Entscheidungsgrundlage gemacht werden.

Wie sich aus dem Vorstehenden ergibt, sind bei dieser Frage drei Tatsachengruppen zu unterscheiden:

a) Die in dem parteiseitig vorgetragenen Rohmaterial zwar angelegten, aber ohne sachverständige Aufschlüsselung nicht wahrnehmbaren, vom Sachverständigen mit fachspezifischen Erkenntnismitteln festgestellten Tatsachen (der "Motordefekt" ist ein Getriebeschaden).

---

2) So die h. M.; OLG Hamburg NJW 1959, 10 (Meinungsumfrage); Rosenberg-Schwab, § 124 I 3; Schmidthäuser, ZZP 72, 395 f; Pieper, ZZP 84, 10 f; Baumgärtel, VersR 1975, 677; Stein-Jonas-Schumann-Leipold, vor § 402 Anm. 4 c.

3) Lent, ZZP 60, 27.

b) Die in dem Rohmaterial nicht angelegten, vom Sachverständigen ermittelten Tatsachen (behauptet: defekte Heizung; Sachverständiger ermittelt: Heizungsumwälzpumpe defekt; außerdem Heizungsraum unvorschriftsmäßig belüftet).

c) Informationsmaterial, das der Sachverständige mit nicht fachspezifischen Mitteln gesammelt hat (am Prozeß nicht beteiligter Mieter N. erzählt dem Sachverständigen, die Handwerker hätten abfällige Bemerkungen über das eingebaute Material gemacht).

Zu a): Die Ermittlung ist vom Parteiwillen gedeckt. Die Partei kann jetzt ihre vordem notgedrungen ungenaue Behauptung präzisieren. Dies geschieht spätestens bei der Verhandlung über das Ergebnis der Beweisaufnahme (§ 285 ZPO). Widerspricht die Partei den tatsächlichen Feststellungen des Sachverständigen nicht, so ergibt der Zusammenhang, daß sie diese als sachverständige Präzisierung ihrer eigenen Rohbehauptung vortragen und gewertet sehen will. Der Partei steht es aber frei, die Richtigkeit der sachverständigen Tatsachenfeststellungen zu bestreiten und Beweis zu ihrer Entkräftung anzutreten. Im Beispiel übernimmt der Kläger etwa die Feststellung "Getriebeschaden", bleibt aber außerdem bei der Behauptung "Motorschaden" und trägt ergänzend vor, in einem Zylinder stehe Wasser über dem Kolben. Vor allem wenn der Sachverständige die Rohbehauptung widerlegt oder jedenfalls nicht bestätigt hat, werden in der Regel neue Beweise angetreten. Ob und inwieweit das Gericht sie zu erheben hat, ist hier nicht zu erörtern. Jedenfalls ist aus dem anfänglichen Antrag auf Sachverständigenbeweis oder dem Einverständnis damit nichts gegen die Zulässigkeit späterer anderweitiger Beweisanträge herzuleiten. Mit der frühzeitigen Einholung eines Gutachtens schon im Vorbereitungsstadium legt der Richter die Parteien jedenfalls insoweit nicht fest.

Zu b): Dies ist keine Besonderheit des Sachverständigenbeweises: Das Beweismittel gibt mehr, vor allem anderes her, als es nach der Aufklärungsintention soll. Viele Richter rechnen freilich, vor allem beim Zeugenbeweis, auf diese, oft so bezeichnenden, Nebensächlichkeiten. Ist die nebenbei zutage geförderte Tatsache erheblich, so ist sie zu berücksichtigen, sofern eine Partei bei der Verhandlung nach § 285 ZPO auf sie Bezug nimmt.[1] Einzelheiten sind für unseren Zusammenhang unwichtig.

Zu c): Hier muß man davon ausgehen, daß ein Sachverständigengutachten im allgemeinen eine entscheidende Rolle im Rechtsstreit spielt. Demnach darf die genaue Kenntnis des Inhalts des - in der Regel schriftlich erstatteten - Gutachtens vorausgesetzt werden. Das Gutachten wird zudem in der mündlichen Verhandlung gemäß § 285 Abs. 2 ZPO mündlich vorgetragen; Bezugnahme gemäß § 137 Abs. 3 ZPO ist allerdings zulässig. Erst damit wird es "zum Gegenstand des Rechtsstreits und zur Grundlage der Urteilsfindung".[2] Wenn also die hier fraglichen Tatsachen vom Sachverständigen im schriftlichen Gutachten verwertet sind, so ist den Parteien bekannt, daß und auf welche Weise der Sachverständige die Informationen erlangt hat, ferner welchen Wert er ihnen bei der anderweitigen Tatsachenfeststellung und bei der Begutachtung beigemessen hat. Bestehen insoweit Unklarheiten, so haben die Parteien das Recht, dem Sachverständigen gemäß §§ 402, 397 Abs. 1 ZPO die erforderlichen Fragen vorlegen zu lassen.[3] Sie können die Ladung des Sachverständigen zur Erläuterung seines Gutachtens (§ 411 Abs. 3 ZPO) noch in dem Termin beantragen, in dem das Gutachten vorgetragen wird.[4] Bei der hier untersuchten planmäßigen Verhandlungsvorbereitung wird die Ladung des Sachverständigen ebenso wie der Parteien persönlich bereits zum ersten Verhandlungstermin die Regel sein.[5]

1) Hierzu näher Brüggemann, Judex, S. 372 m. N.; Bernhardt, Aufklärung, S. 35.

2) BGHZ 35, 370 (373); Stein-Jonas-Schumann-Leipold, § 411 Anm. III 3; Baumbach-Lauterbach, § 411 Anm. 4.

3) BGHZ 6, 398 (400); BGHZ 35, 370 (373); Stein-Jonas-Schumann-Leipold, § 411 Anm. IV 2 m. w. N.

4) BGHZ 35, 370 (373).

Bei dieser Gestaltung der Dinge muß dem Bundesgerichtshof[6] in seinem oben zitierten Ergebnis zugestimmt werden: Mangels Widerspruchs der Parteien ist ihr Einverständnis damit anzunehmen, daß das vom Sachverständigen gesammelte Material der Entscheidung zugrunde gelegt wird. Das Verfahren des Sachverständigen darf zwar vom Richter aus den o. a. Gründen weder initiiert noch ausdrücklich oder stillschweigend geduldet werden. Aber sein Gutachten erfüllt doch alle Merkmale eines Sachverständigengutachtens, auch wenn die Materialbeschaffung verfahrensrechtlich nicht in Ordnung war. Den Parteien steht es nun frei, die in dem Gutachten auftauchenden Tatsachen vorzutragen oder nicht. Ebenso könnte ja jede Partei derartiges Material in der mündlichen Verhandlung selbst vorlegen und den Sachverständigen fragen lassen, wie er d a n a c h urteilen würde; zumindest könnte eine erneute Begutachtung verlangt werden. Wegen dieser Freiheit der Parteien zur Übernahme der Tatsachen und wegen des geschilderten tatsächlichen prozessualen Hergangs muß von jeder Partei ein Widerspruch erwartet werden, wenn sie die im Gutachten angeführten Tatsachen nicht vortragen will.[7]

Das kann im Ergebnis nur heißen, daß jeder Partei, die in der Verhandlung gemäß § 285 ZPO den tatsächlichen Feststellungen nicht widerspricht, diese als eigene Behauptungen zugerechnet werden.[8] Stimmen die Parteien in der Ablehnung

---

5) Vgl. zur Handhabung nach dem Stuttgarter Modell: Bender, DRiZ 1968, 164; ders., JA 1971, 690.

6) BGHZ 37, 207 (215).

7) Ebenso Jessnitzer, Der gerichtliche Sachverständige, S. 152; Thomas-Putzo, vor § 402 Anm. 3 c.

8) Ungenau ist es, ein Bestreiten der Parteien zu verlangen (vgl. Stein-Jonas-Schumann-Leipold, vor § 402 Anm. II 5). B e i d e Parteien "behaupten", wenn sie nicht widersprechen. Widerspricht nur eine - in der Regel die benachteiligte -, so liegt also eine Behauptung der begünstigten Partei vor. Diese ist von der anderen Partei durch ihren Widerspruch gemäß § 138 Abs. 3, 2. Halbsatz ZPO bestritten und damit beweisbedürftig. Bevor der Richter aber die Sachverständigenfeststellungen als mittelbare Beweise verwertet (so Stein-Jonas-Schumann-Leipold,

der Verwertung überein, so sind die Tatsachen nicht behauptet, nicht etwa nicht bewiesen. Sie dürfen daher nicht verwertet werden. Hält der Richter sie für erheblich und fragt nun danach, so kann er die Tatsache der Nichtbeantwortung nach den oben (S. 119f) erarbeiteten Gesichtspunkten verwerten bzw. nicht verwerten.

5. Kapitel: Einnahme des Augenscheins

§ 25 Die Besonderheit des Augenscheins als Informations- und Beweismittel

Ebenso wie beim Parteivortrag und bei der Vorlegung von Parteiunterlagen haben die Parteien beim Augenschein in der Regel, wenn auch nicht immer, rein faktisch eine Sperrmöglichkeit. Wie sie die Behauptung oder Aktenvorlage unterlassen können, so können sie sich weigern, das Augenscheinsobjekt zur Verfügung zu stellen, sofern es nicht allgemein frei zugänglich ist.[1] Beim Augenschein scheint also die Frage wieder größere Bedeutung zu gewinnen, ob und wie die Sperrung von Prozeßstoff durch die Parteien vom Richter verwertet werden kann.

Ungeachtet dieser mehr äußeren Parallele hebt sich der Augenschein durch Besonderheiten von allen anderen Informations- und Beweismitteln ab, die ihn einzigartig machen. Der Richter nimmt die Tatsache beim Augenschein u n v e r m i t t e l t mit seinen eigenen Sinnen wahr[2], während sie

8) (Forts.)
a.a.O.), hat er der beweispflichtigen Partei gem. § 139 ZPO Hinweise zu erteilen.

1) Die Fälle, in denen ein Dritter den Zugang zu dem Augenscheinsobjekt freigeben muß, interessieren hier nur insofern, als die Parteien die Möglichkeit auslassen können, auf den Dritten zur Ermöglichung des Augenscheins einzuwirken.

2) Vgl. Stein, Privates Wissen, S. 62.

ihm sonst ausnahmslos durch ein Medium vermittelt wird (Partei b e h a u p t u n g, Partei a n g a b e bei der Anhörung, -a u s s a g e bei der Vernehmung, Zeugen a u s - s a g e, Sachverständigen g u t a c h t e n, M i t t e i - l u n g des Augenscheinsmittlers). Selbst der Urkundenbeweis macht nur scheinbar eine Ausnahme, weil die eigene sinnliche Wahrnehmung allein die gegenständliche Existenz der Urkunde und ihre Qualität (Material, Zustand, Inhalt) erfaßt und es sich insofern um nichts anderes als Augenscheinseinnahme handelt. Die typische Beweisaussage der Urkunde aber (§§ 415 - 418 ZPO) bezieht sich auf Umstände jenseits des sinnlich wahrnehmbaren Objekts, die nur v e r - m i t t e l s der Urkunde erkannt werden können.[3]

Mit der Tatsache

- die Scheune ist windschief, die Tischplatte ist rauh, der Teich verbreitet einen üblen Gestank -

nimmt der Richter sinnlich zugleich - "in einem" - das Beweismittel, nämlich das Augenscheinsobjekt, wahr.[4] Das Besondere an diesem Vorgang liegt darin, daß die sinnliche Wahrnehmung mit ihrer automatischen verstandesmäßigen Übertragung in sprachliche Begriffe einen unmittelbaren Bezug zur Person des Richters hat.[5] Der Richter "erlebt" die unmittelbare Wahrnehmung, er "überzeugt sich selbst". Dies gilt außerhalb der Rechtssphäre als ungleich bessere Gewähr für die Wahrheitsfindung als die Überzeugung durch andere. In der umgangssprachlichen Aufforderung: "Überzeugen Sie sich selbst" kommt dies treffend zum Ausdruck.[6]

---

3) Inwieweit der Urkundenbeweis Augenscheinsqualität hat, ist allerdings sehr umstritten (vgl. Bruns, JZ 1957, 491), soll aber hier nicht weiter verfolgt werden, weil es für den Zusammenhang nichts einbringt.

4) Stein, Privates Wissen, S. 62.

5) Vgl. hierzu auch die Charakterisierungen des Augenscheins bei Bruns, Zivilprozeßrecht, § 34 I - IV; Wieczorek, § 371 Rdn. A I.

6) Ähnlich: "Das habe ich s e l b s t gesehen" und das selbstbewußte "Was ich gesehen habe, habe ich gesehen", das naiv das "Sehen" mit dem "Erkennen" gleichsetzt.

So befindet sich die Rechtslehre, welche dem Augenschein hohen Beweiswert beimißt[7], in Übereinstimmung mit dem naiven Verständnis[8] und dessen aufgezeigten Ursachen. Der Berufsrichter, der die Zweifelhaftigkeit des Beweiswertes von Aussagen täglich erfährt, scheint jenem naiven Verständnis von der Zuverlässigkeit des Augenscheins näher zu stehen als der Wissenschaftler. Amtsrichter K. SCHNEIDER schrieb 1888[9]: "Es ist natürlich das Einfachste und Verständigste, daß sich der Richter von den noch wahrnehmbaren Umständen, von denen ihm die Behauptungen der Parteien erzählt haben, im Streitfalle unmittelbar überzeugt". Und der Amtsrichter LEVIN[10] nannte 1913 die "primäre Augenscheinseinnahme im weitesten Sinne ... eines der besten Hilfsmittel zur Abkürzung und Verbilligung der Prozesse", von dem mit aller Energie Gebrauch zu machen sei. Das "Höchstmaß an Wahrheitserkenntnis schlechthin" ist der Augenschein noch 1968 für den Oberlandesgerichtsrat BRÜGGEMANN[11], obwohl dieser Richter bereits in einer Fußnote auf die naturwissenschaftlich begründeten Zweifel am Erkenntniswert des Augenscheins hinweist. Diese Zweifel sind nun keineswegs neu. STEIN[12] meinte bereits 1893: "Keine Stütze ist schwächer als die der eigenen Sinneswahrnehmung", und sprach dem "jugendfrischen Glauben" an die Gewißheit durch Augenschein die Kenntnis der elementarsten Sätze aus der Physiologie der Sinne ab.[13]

Es fragt sich, wie sich die Sonderstellung des Augenscheins, die ihm ungeachtet der Einschätzung seines Zuverlässigkeitsgrades zukommt, auf das Problem der Schaffung von Prozeßstoff durch den Richter auswirkt.

---

7) Bruns, JZ 1957, 490 f; Nikisch, Zivilprozeßrecht, § 87 I 2; Stein-Jonas-Schumann-Leipold, vor § 371 Anm. I 1 m. w. N.

8) Bruns (a.a.O. S. 491) nennt den Augenschein einen "naivanschaulichen Begriff".

9) Richterliche Ermittlung, S. 147.

10) Richterliche Prozeßleitung, S. 140.

11) Judex, S. 369.

12) Privates Wissen, S. 29.

§ 26 Augenschein zur Information und zum Beweis

Vorweg ist noch eine im großen und ganzen unumstrittene Unterscheidung anzuführen. Die Einnahme des Augenscheines nach § 272 b Abs. 2 Nr. 5 ZPO kann zur Information des Gerichts (auch formlose Besichtigung genannt) oder auch zu Beweiszwecken angeordnet und ausgeführt werden.[1]

> Beispiele für Informationsaugenschein:
>
> Besichtigung eines Betriebes, dessen Organisation und Ablauf in den Schriftsätzen nicht deutlich beschrieben sind; Besichtigung einer Unfallstelle, über die polizeiliche Ermittlungen fehlen.
>
> Beispiele für Augenscheinsbeweis:
>
> Abspielen einer einverständlich aufgenommenen Tonbandaufnahme[2]; Begehen eines mit Platten belegten Bürgersteiges, auf dem Kläger gefallen ist; Anhören von Glockengeläut (Störung?)[3]; Feststellung von Geruchsbelästigungen durch gewerbliche Betriebe.

---

13) Stein (a.a.O.) führt folgendes Beispiel an: Ein Landgericht verurteiltezwei Arbeiter wegen einer Demonstration mit zwei "rothen" Fahnen, die das Oberlandesgericht, dem diese Fahnen ebenso wie dem Landgericht unmittelbar vorlagen, als "orange-farben" ansah, "wie der Augenschein lehrt" (Annalen des Sächsischen Oberlandesgerichts Bd. 11 S. 413, zit. nach Stein, a.a.O.).

1) RGZ 170, 264; LG Berlin, MDR 1952, 558; K. Schneider, Richterliche Ermittlung, S. 146; Stein-Jonas-Schumann-Leipold, vor § 371 Anm. I 2; § 144 Anm. II; Peters, Freibeweis, S. 157 m. w. N.; Brüggemann, Judex, S. 353, 363 ff; and. Ans. Wieczorek, § 144 Rdn. B, der "diese Abart des Wahrnehmungsbeweises" jedoch beim Augenschein auf Antrag als nützlich anerkennt (§ 371 Rdn. A II a); eine Unterscheidung ohne vernünftigen Grund. - Ursprünglich sah man in der durch § 135 ZPO 1877 eröffneten Möglichkeit amtswegigen Augenscheins n u r ein Informationsmittel und demgemäß in § 135 ZPO 1877 keine Einschränkung der Verhändlungsmaxime (Damrau, Entwicklung einzelner Prozeßmaximen, S. 145 m. N.; K. Schneider (Richterliche Ermittlung, S. 148 f.) dagegen erkannte den Augenschein auch als amtswegiges Beweismittel an. Bis zur Novelle 1909 war dies bereits zur herrschenden Meinung geworden (Damrau, a.a.O. S. 244 m. N.); jetzt sah man in der amtswegigen Augenscheinseinnahme zu Beweiszwecken eine Durchbrechung der Verhandlungsmaxime, was bis heute eine gängige Vorstellung ist (Nachweise oben S. 30 ff.).

Der Informationsaugenschein ist der für das Vorbereitungsstadium typische. Er dient dazu, dem Richter einen Überblick über tatsächliche Verhältnisse zu verschaffen, die sich ihm aus der schriftsätzlichen Darstellung nur unvollkommen, vor allem nicht anschaulich erschließen. Der Richter will sich mit Hilfe dieses Augenscheins eine Grundlage für das richtige Verständnis des Parteivorbringens schaffen und so die umfassende Erörterung in der mündlichen Verhandlung vorbereiten. Dafür ist im Grunde ganz gleichgültig, ob unstreitige[4] oder bestrittene Behauptungen vorliegen, oder ob der Richter mit Hilfe des Augenscheins klären will, was überhaupt streitig ist.[5]

> Beispiel:
>
> Zwischen den Parteien mögen die Verhältnisse auf einem Betriebsgelände völlig unstreitig sein; sie benennen sieben Zeugen für die Frage, ob der Beklagte in den Lagerschuppen des Klägers eingedrungen ist und dort Ware entwendet hat. Der Richter aber kann die Aussagen ohne Ortskenntnis gar nicht richtig verarbeiten.

Der Augenschein zu Beweiszwecken ist dagegen im Vorbereitungsstadium im allgemeinen unangebracht, wenn auch nicht unzulässig. Das "Vorverfahren" dient seiner oben bestimmten Funktion nach der Herauspräparierung eines Sachverhaltes, der sich bis zum Schluß des "Haupttermins" zur Entschei-

---

2) Nach h. M. Augenscheinsbeweis: Baumbach-Lauterbach, Übersicht vor § 371 Anm. IV a.

3) Beispiel von Stein, Privates Wissen, S. 54 Fn. 2.

4) Auf unstreitige Tatsachen wollen Stein-Jonas-Schumann-Leipold (vor § 371 Anm. I 2) den Informationsaugenschein ohne ersichtliche Begründung beschränken.

5) Baumbach-Lauterbach, Übersicht vor § 371 Anm. 1. - Freilich, wie die Dinge in der Praxis liegen, wird von der Möglichkeit des informatorischen Augenscheins im Vorbereitungsstadium aus Zeitmangel wenig Gebrauch gemacht (vgl. Wieczorek, § 371 Rdn. A II a). In den Darstellungen über das Stuttgarter Verfahren wird er, soweit ich sehe, überhaupt nicht erwähnt. Die diesen Punkt betreffenden folgenden Ausführungen haben daher, jedenfalls zur Zeit, keine große praktische Relevanz.

dungsgrundlage entwickelt haben soll. Dieser Sachverhalt ist während der Vorbereitung also erst im Entstehen begriffen, zur Entwicklung fähig und bestimmt, nicht dagegen zur definitiven Festlegung einzelner seiner Elemente. Das kann nach besonderer Sachlage anders sein, aber hier interessiert die typische Gestaltung der Dinge. Im folgenden wird daher allein vom Informationsaugenschein ausgegangen.

§ 27 Einführung neuen Tatsachenstoffs anläßlich eines Informationsaugenscheins

1. Parteiöffentlichkeit

Daß der Richter bei der Einnahme des Informationsaugenscheins mehr und andere Tatsachen wahrnimmt, als die Parteien bis dahin schriftsätzlich vorgebracht haben, ist normal. In der Regel handelt es sich hier um eine Besichtigung, z.B. einer unübersichtlichen Kreuzung, eines Betriebsgeländes, einer Schule usw. Es ist gerade der Zweck des Informationsaugenscheins, daß der Richter einen Gesamteindruck bekommt, den ihm die Schriftsätze eben nicht vermitteln. Aber der Gesamteindruck schließt auch viele Einzelwahrnehmungen ein, die man sich als komplementäre Elemente des schriftsätzlichen Tatsachenstoffs vorstellen kann. Doch erweisen sich die Elemente bei näherem Zusehen als unvereinbar; denn das schriftsätzliche Vorbringen ist in der Regel ganz oder zum Teil streitig, darüber hinaus in jeder Beziehung vorläufig. Von dem "selbst" Wahrgenommenen hat der Richter "sich" aber schon "überzeugt". Denn man wird schwerlich annehmen können, daß die Wahrnehmung des Richters je nach Verfahrensstadium eine unterschiedliche Wirkung in ihm hervorruft. BRÜGGEMANN[1)] meint sogar, bei nachträglichem Streit über das "informatorische Ergebnis" würden die "entsprechenden Akte richterlicher Erkenntnis nachträglich zu solchen der Beweisaufnahme".

---

1) Judex, S. 354.

Der besondere Charakter des Augenscheins, der der Sache nach "Sich-Überzeugen", also Beweis ist, bringt demnach auch bei der sog. formlosen Besichtigung ein definitives Element in den Vorgang der vorbereitenden Sachaufklärung hinein. Deshalb ist es unausweichlich, den an sich nur für die Beweisaufnahme geltenden Grundsatz der Parteiöffentlichkeit (§ 357 ZPO) auch für den informatorischen Augenschein zu beachten.[2] Hier werden Elemente des Sachverhalts womöglich endgültig festgelegt und darauf müssen beide Parteien Einfluß nehmen können.[3] Die Gegebenheiten stellen sich in den Augen der Parteien meist unterschiedlich dar. Auch bei unstreitigen Örtlichkeiten hat jeder unter bestimmten rechtlichen Gesichtspunkten seine Sicht. Diese durch Hinweise und Antworten auf Fragen des Richters geltend machen zu können, ist für Wahrheitsfindung und Interessenwahrnehmung der Parteien gleich wichtig.

2. Einführung und Verwertung der neuen Tatsachen

Nur über eine strikte Einhaltung der Parteiöffentlichkeit läßt sich auch die Problematik der Einführung und Verwertung der bei der informatorischen Besichtigung vom Richter wahrgenommenen Tatsachen lösen. Ohne Parteiöffentlichkeit wäre die Annahme, das vom Richter Wahrgenommene sei von den Parteien vorgetragen und dürfte daher verwertet werden, unhaltbar. Wie sollte es zum Gegenstand der mündlichen Verhandlung gemacht werden außer durch ein Protokoll oder durch einen Bericht des Richters? Das Protokoll ist selten ergie-

---

2) Ebenso Stein-Jonas-Schumann-Leipold, vor § 371 Anm. I 2; Kollhosser, Verfahrensbeteiligte, S. 211, Fn. 233; auch Brüggemann, Judex, S. 354; - Peters (Freibeweise, S. 157 f) übergeht das Problem, wenn er die Beweisqualität des Inforamtionsaugenscheins rein begrifflich verneint und damit die Frage "Strengbeweis-Freibeweis" für fehl am Platze erklärt.

3) Zur Anwesenheit nur einer Partei vgl. Stein-Jonas-Schumann-Leipold, vor § 371 Anm. I 2.

big.[4] Der Bericht liefe auf die Mitteilung hinaus, der Richter habe die den Parteien ja bekannte Örtlichkeit besichtigt. Es wäre praktisch ganz unmöglich, überstiege vor allem die Formulierungskunst des Durchschnittsrichters bei weitem, eine g e n a u e Wiedergabe der Wahrnehmung zu geben. Das Ergebnis wäre die Fiktion eines Parteivorbringens.

Nun läßt sich freilich nicht übersehen, daß der beschriebene Vorgang richterlicher Perzeption auch bei Parteianwesenheit zu keiner vollständigen Teilnahme der Parteien an eben diesem Vorgang führen kann. Aber wenn man den Ablauf der Sachverhaltsaufklärung insgesamt überblickt, erhellt die Funktion der Parteianwesenheit besser. Der Richter teilt den Parteien zusammen mit den erforderlichen Auflagen, der Benachrichtigung über bereits getroffene Aufklärungsmaßnahmen und den erforderlichen rechtlichen Hinweisen die Notwendigkeit einer informatorischen Augenscheinseinnahme mit. Bei der Besichtigung gibt der Richter den Parteien Hinweise auf diejenigen Tatsachen, denen er besonderes Augenmerk widmet. Er läßt sich die Zusammenhänge erläutern, die aus den Schriftsätzen nicht hervorgehen. Auf die Hinweise der Parteien geht er ein. Ist ein Sachverständiger anwesend[5], so entnehmen die Parteien aus dessen Erläuterungen sowie aus

---

4) Nach Zöller-Stephan, § 160 Anm. 2, zu Nr. 4, genügt z.B. der Vermerk "das Gericht besichtigte die Räume eingehend". Daß § 160 Abs. 1 Nr. 4 ZPO hier entsprechend anzuwenden ist, mag einmal unterstellt werden.

5) Die Möglichkeit der Zuziehung von Sachverständigen zum informatorischen Augenschein entsprechend § 372 Abs. 1 ZPO ist unentbehrlich, wenn dieser seinen Zweck erreichen soll. Die Notwendigkeit für den Richter, sich das Parteivorbringen durch Augenschein anschaulich zu machen und zu ergänzen, besteht in zunehmendem Maße gerade in Rechtsstreiten mit komplexem und kompliziertem technischen Hintergrund. Als Beispiel sei die elektronische Datenverarbeitung genannt, welche Produktion und Verwaltung immer mehr durchdringt, ohne daß ihre elementaren Grundlagen bislang Allgemeingut geworden wären. Werden dem Richter aber die Fakten nicht sachverständig aufgeschlüsselt, so bleibt seine Anschauung blind (vgl. auch Bruns, JZ 1957, 491).

Frage und Antwort zwischen Richter und Sachverständigem, wie sich dem Richter der Sachverhalt darstellt. Sie können ihrerseits hierauf durch Fragen und Hinweise an den Sachverständigen Einfluß nehmen. So wird aus der informatorischen Augenscheinseinnahme durch den Richter gleichzeitig eine Information der Parteien über den Informationsstand des Richters. Allein unter dieser Bedingung ist es möglich, in der mündlichen Verhandlung an den Augenschein anzuknüpfen und ihn sinnvoll und für die Parteien voll verständlich in die erschöpfende Erörterung der Sache einzubeziehen. Nur so ist die Annahme vertretbar, mit der Erörterung des informatorischen Augenscheins seien die vom Richter wahrgenommenen, weder schriftlich noch mündlich vorgetragenen Einzelheiten von den Parteien mit in ihren Sachvortrag einbezogen. Mit einem formelhaften "Zum-Gegenstand-der-mündlichen-Verhandlung-machen"[6] ist es hier ebensowenig wie sonst getan. So hat jede Partei die Möglichkeit, sich ihre Sachdarstellung durch die Augenscheinsinformation des Richters ergänzt zu denken und ihre Gesamtsicht mündlich zu entwickeln. Abweichungen der Darstellungen können sogleich klargestellt, streitige Punkte aus dem vom Richter in Augenschein genommenen Objekt präzise formuliert werden. Letztere bedürfen nun der Feststellung durch Beweisaufnahme. Wenn sich hierzu keine Gründe für eine veränderte Betrachtung durch den Richter ergeben, ist es richtig, mit BRÜGGEMANN[7] den informatorischen Augenschein nachträglich als Beweisaufnahme zu werten. Nur wenn der Richter sich eben noch nicht überzeugt hat, besteht Grund, den Wahrnehmungsvorgang zu wiederholen.

---

6) Vgl. Brüggemann, Judex, S. 354.

7) Judex, S. 354.

3. Verwertung von Tatsachen, die nicht der Vervollständigung des vorgetragenen Sachverhaltsbildes dienen

Gelegentlich macht der Richter beim informatorischen Augenschein Beobachtungen, die nicht nur das von den Parteien schriftsätzlich entworfene Sachverhaltsbild vervollständigen, den mit dem Streitgegenstand erfaßten Lebensvorgang anschaulich abrunden, sondern im Rahmen desselben Streitgegenstandes neue tatsächliche oder rechtliche Gesichtspunkte eröffnen. Es versteht sich aus dem Zweck des Informationsaugenscheines, daß hierauf der Richter von sich aus in der mündlichen Verhandlung gemäß § 139 ZPO besonders hinweisen muß. Solche Tatsachen dürfen nur verwertet werden, wenn eine Partei sie ausdrücklich übernimmt. Denn mit der Hereinnahme des Augenscheinsergebnisses in die "erschöpfende Erörterung" sind nur solche Fakten als behauptet anzusehen, die im bisherigen Parteivortrag bereits angelegt waren. BRÜGGEMANN[8] meint allerdings für den Augenscheins-b e w e i s [9], der Augenschein ergänze "die Sachvorträge der Parteien aus sich heraus". Was der Richter gesehen habe, lasse sich nicht mehr "durch das Sieb der Verhandlungsmaxime wegfiltern". Das überzeugt nicht. BRÜGGEMANN überschätzt den r i c h t e r l i c h e n Augenschein[10] so sehr, daß er dessen Ergebnis als "objektiviertes Substrat des Streites" bezeichnet und auf eine dogmatische Erklärung für den Vorgang der Tatsacheneinführung verzichtet. Demgegenüber ist daran festzuhalten, daß der Tatsachenstoff von den Parteien zu behaupten ist. Ob sie die Verwertung faktisch in den Prozeß eingeführten Tatsachenstoffs sperren können, ist nach den für die jeweilige prozessuale Situation zu treffenden Wertungen zu entscheiden.

---

8) Judex, S. 368 f.

9) Daß der Übergang zwischen Augenscheinsinformation und Augenscheinsbeweis auch für Brüggemann fließend ist, ergibt sich aus dem Obigen. Die unterschiedlichen Rechtsfolgen, die Brüggemann hinsichtlich der Verwertung der

4. Sperrbefugnis der Parteien

Aus den oben im einzelnen angeführten Gründen werden die Parteien bei bestimmten Geheimhaltungsinteressen zu verhindern suchen, daß das Gericht die betreffenden Tatsachen überhaupt erst wahrnimmt. Im Unterschied zur Situation bei der Heranziehung von Behördenakten haben die Parteien beim Augenschein auch die tatsächliche Möglichkeit dazu.[11] Wenn sie das Augenscheinsobjekt nicht zur Verfügung stellen, entfällt der Augenschein. Zwangsmittel stehen dem Gericht außer in den hier außer Betracht zu lassenden Fällen der §§ 372 a, 654 ZPO nicht zur Verfügung.[12]

Für den Augenschein ist demnach nur zu untersuchen, ob und wie die Tatsache zu werten ist, daß eine Partei oder beide dem Gericht das Augenscheinsobjekt vorenthalten. Der Fall, daß die Parteien zuerst das Objekt zur Verfügung stellen und später die Verwertung der vom Richter wahrgenommenen Tatsachen zu verhindern suchen, kann als praktisch irrelevant außer Betracht bleiben. Hinsichtlich der Sperrung des Augenscheinsobjektes unterscheidt die allgemeine Meinung[13] beim Augenscheins b e w e i s danach, von wem sie ausgeht: Sperrt der Beweisführer, bzw. der Beweisbelastete bei Anordnung von Amts wegen, so trägt er die Folgen nach den allgemeinen Regeln der Feststellungslast. Sperrt der Gegner, so kann das nach den oben wiedergegebenen Grundsätzen gegen ihn

9) (Forts.)
Wahrnehmungsergebnisse beim Augenscheinbeweis und bei der Augenscheinsinformation zieht, sind daher nicht gerechtfertigt.

10) Vgl. Zitat oben S. 193 Fn. 11.

11) Die Fälle der allgemeinen Zugänglichkeit des Augenscheinsobjekts natürlich ausgenommen. Hier scheiden aber auch ernst zu nehmende Geheimhaltungsinteressen der Parteien aus.

12) Allg. Meinung; vgl. Stein-Jonas-Schumann-Leipold, vor § 371 Anm. V 2 m. w. N.

13) Vgl. Thomas-Putzo, vor § 371 Anm. 2 b.

verwendet werden, wobei aber die Gründe für die Weigerung zu berücksichtigen sind.[14] Beim Informationsaugenschein drohen dieselben Folgen. Sperren beide Parteien, so besteht unter den oben erörterten Voraussetzungen berechtigter Geheimhaltungsinteressen ein totales Verwertungsverbot hinsichtlich der Weigerung.

Dies kann allerdings nicht ohne weiteres für den Fall gelten, daß die Parteien auf andere umständlichere und kostspieligere Informationsmöglichkeiten ausweichen wollen. Da die hier untersuchte Gestaltung Parteieinverständnis voraussetzt - andernfalls kein Verwertungsverbot hinsichtlich der Weigerung -, wird die Frage in diesem Zusammenhang selten akut werden. Immerhin ist eine solche Gestaltung denkbar. Die Parteien verweisen etwa auf die Möglichkeit, Zeugen über die Beschaffenheit des Augenscheinsobjekts zu vernehmen.[15] Ein Ausweichen auf umständlichere und kostspieligere Informationswege wäre weder mit Konzentration noch mit Kräfteökonomie zu vereinbaren. Die Parteien können zwar nach heutiger Auffassung mit bindender Rechtswirkung untereinander einen Prozeßvertrag schließen, durch den die Verwendung bestimmter Beweismittel für einen Rechtsstreit ausgeschlossen wird.[16] Solche Vereinbarungen schränken aber die Befugnis des Gerichts zur amtswegigen Benutzung der betreffenden Beweismittel grundsätzlich nicht ein.[17] SCHLOSSER[18] will das Par-

---

14) Vgl. BGH NJW 1960, 821; oben S. 68.

15) Dies würde aber zumindest ein teilweises Auseinandergehen der Parteibehauptungen voraussetzen, da bei unstreitiger Darstellung keine Zeugenvernehmung stattfinden dürfte. Denkbar ist aber auch, daß die Parteien auf informatorische Anhörung von nicht als Zeugen zu vernehmenden Personen verweisen (z.B. Chef eines Laboratoriums).

16) RGZ 160, 241 (242 f); BGHZ 38, 254 (258); BGH DB 1973, 1451; Baumbach-Lauterbach, § 282 Anm. 3 B; Stein-Jonas-Pohle, vor § 128 Anm. XI 5.

17) Stein-Jonas-Pohle, a.a.O.; Baumgärtel, Prozeßhandlung, S. 254 f; Brüggemann, Judex, S. 407; and. Ans. Schlosser, Einverständliches Parteihandeln, S. 24-26 m. w. N. aus älterer Literatur.

18) A.a.O. S. 25 f.

teieinverständnis dann für den Richter bindend sein lassen, wenn es kein umständlicheres Beweisverfahren vorsieht als das gesetzliche.[19] Bei der nach dem oben Ausgeführten (S. 120) zu treffenden Güterabwägung zwischen den Geheimhaltungsinteressen der Parteien und den Interessen der Allgemeinheit muß hier auch das Allgemeininteresse am ökonomischen Einsatz des kostspieligen Justizapparates berücksichtigt werden. Dies muß zu einer Einschränkung des obigen Ergebnisses führen, was freilich zugleich eine größere Unsicherheit in der Abgrenzung mit sich bringt. Wenn nämlich die Parteien anstelle des Augenscheins auf andere Informationsmittel zurückgreifen wollen, so ist das nur zu billigen, wenn sie so erhebliche, schwerwiegende Geheimhaltungsinteressen dartun, daß der größere Zeit- und Kostenaufwand gerechtfertigt erscheint. Hier bleibt also nur eine Güterabwägung im Einzelfall. Fällt diese negativ für die Parteien aus, so muß die Tatsache der Sperrung des Augenscheinsobjekts berücksichtigt werden.

6. Kapitel Sonstige Aufklärungsmaßnahmen

§ 28 Anordnung des persönlichen Erscheinens der Parteien, Ladung von Zeugen und Sachverständigen

Diese Maßnahmen dienen der Vorbereitung der Sachaufklärung *in* der mündlichen Verhandlung, sind nicht selbst vorbereitende Sachaufklärung. Allerdings sind sie für eine streng

---

19) Vgl. auch Kollhosser, Verfahrensbeteiligte, S. 138 f, der für das Verfahren der freiwilligen Gerichtsbarkeit untersucht, ob ein Beteiligter das Gericht zwingen kann, durch Verschweigen der bequemeren Aufklärungsmöglichkeit die unbequemere zu benutzen. Kollhosser verneint das mit starken Einschränkungen, die vor ahlem durch den auf seiten der Beteiligten zu prüfenden rechtfertigenden Grund gekennzeichnet werden. - Auch Schlosser (a.a.O. S. 25) will von seiner eigenen Regel den Fall ausnehmen, daß die Partei für den umständlicheren Weg "wirklich plausible Gründe" hat.

auf e i n e mündliche Verhandlung ausgerichtete Verhandlungsvorbereitung unentbehrlich.[1] Sie stehen daher in engstem inneren Zusammenhang mit denjenigen vorbereitenden Aufklärungsmaßnahmen nach § 272 B ZPO, welche die Parteiherrschaft über den Tatsachenstoff unmittelbar betreffen und in dem hier erörterten Sinn zurückdrängen können. Ob und inwieweit diese Maßnahmen generell zweckmäßig sind, ist umstritten, wird hier jedoch nicht untersucht.[2] Denn erst die Parteianhörung selbst sowie die förmliche Vernehmung von Zeugen, Sachverständigen und Parteien i n der mündlichen Verhandlung bringt für den Richter jene Möglichkeit der Beeinflussung, ja Steuerung des Sachaufklärungsvorganges, die in der vorliegenden Untersuchung für das Vorbereitungsstadium unter dem Gesichtspunkt Richtermacht-Parteiherrschaft näher diskutiert wird.

§ 29 Sonstige "angebracht erscheinende" Anordnungen im Sinne des § 272 b Abs. 1 ZPO

Den in § 272 b Abs. 2 ZPO beispielhaft aufgeführten Maßnahmen werden in der Kommentarliteratur die folgenden Anordnungen hinzugefügt: Beibringung von Augenscheinsobjekten (z.B. unaufgefordert zugesandte Warensendung), Nachweis fremden Rechts, Aufforderung zur Zeugengestellung, Beiziehung von Akten desselben Gerichts, Beibringung von Urkundenübersetzungen.[1] Diese Beispiele zeigen, daß die beispiel-

---

1) Hierzu insbesondere Bender, DRiZ 1968, 163 ff.

2) Siehe dazu etwa einerseits (stark einschränkend) R. Schmidt, ZZP 61, 273; BGH LM § 272 b ZPO Nr. 9 und auch noch NJW 1975, 1744 (dazu näher oben S. 79); Thomas-Putzo, § 272 b Anm. 1; Zöller-Stephan, § 272 b Anm. 1; Wieczorek, § 272 b Rdn. A III; andererseits Bender, DRiZ 1972, 15 ff (dazu kritisch Nagel, DRiZ 1972, 99 f.).

1) Stein-Jonas-Schumann-Leipold, § 272 b Anm. III, vor 1; Baumbach-Lauterbach, § 272 b Anm. 2 B; Thomas-Putzo, § 272 b Anm. 1.

hafte Aufzählung in § 272 b Abs. 2 ZPO doch die praktisch relevanten Grundfälle erfaßt. Jedenfalls bieten die angeführten Maßnahmen keinerlei Anlaß zu Überlegungen, die nicht bereits in einer der Maßnahmen nach Abs. 2 Nr. 1 - 5 anzustellen waren.

5. TEIL

VERFAHRENSBESCHLEUNIGUNG UND VERHANDLUNGSMAXIME

§ 30 Zusammenfassung der bisherigen Ergebnisse zu den einzelnen Aufklärungsmaßnahmen

1. Inhaltliche Steuerung des schriftsätzlichen Parteivorbringens

Der Richter übt einen maßgeblichen Einfluß auf Inhalt und Umfang des schriftsätzlich vorgetragenen Tatsachenstoffs aus. Durch die rechtliche Aufbereitung des Materials legt er ein Muster von Rechtsfiguren an, in das die vorgetragenen und vorzutragenden Tatsachen eingeordnet werden. Norm und Sachverhalt werden gleichzeitig und in Wechselwirkung aufeinander zu entwickelt. Die maßgebende Selektion geht also vom Richter aus, nicht von den Parteien, wobei als Druckmittel in erster Linie die aus den materiellen Normen nach der Sicht des Richters folgende Behauptungslastverteilung fungiert, nur selten ein drohendes Prozeßurteil. Als Schutz der Parteien vor einem Überspieltwerden im Vorbereitungsstadium dient die aus § 139 ZPO abzuleitende Rechtspflicht des Richters, sein "Fallverständnis" offenzulegen.

Auch durch die auf v o l l s t ä n d i g e Sachaufklärung gerichtete Intention des Richters wird das Parteivorbringen inhaltlich mitgesteuert. Das vom Normverständnis her angelegte Grundmuster dessen, was zur Sache gehört, wird durch Heranziehung aller Einzelheiten zu einem lebensvollen Gesamtbild angereichert und abgerundet. Ein beliebiges Manipulieren des Sachverhalts durch die Parteien ist mit der im Prozeßziel verankerten Wahrheitsfindungstendenz unvereinbar. Da aber eine Substitution nicht vorgetragener Tatsachen durch den Richter nicht in Betracht kommt, bleibt als Druckmittel nur die drohende Verwertung der Parteiweigerung nach

§ 286 ZPO. Sofern aber die Parteien übereinstimmend ein schutzwürdiges Geheimhaltungsinteresse geltend machen, besteht ein totales Verwertungsverbot auch hinsichtlich ihrer Weigerung.

2. Anforderung von Parteiunterlagen

Die Anforderung von Parteiunterlagen entspricht der Intention des Richters, den wahren Sachverhalt zu erforschen. Urkunden und sonstige Unterlagen geben ihm relativ zuverlässige Anhalte zur Verifizierung der Parteibehauptungen. Gleichzeitig ergänzen sie in einer nur ihnen eigenen Art den Tatsachenstoff. Der Richter gelangt so ohne gezieltes Fragen und ohne ausdrücklichen Parteivortrag in den Besitz aufschlußreicher Informationen. Die Parteien können dies durch Zurückhaltung der Unterlagen rein tatsächlich verhindern. Bei übereinstimmenden schutzwürdigen Geheimhaltungsinteressen besteht ein totales Verwertungsverbot. Ein teilweises Zurückhalten von Informationsstoff, insbesondere durch Urkundenveränderung, muß jedoch grundsätzlich die Verwertung dieser Tatsache nach § 286 ZPO zur Folge haben. Ebenso ist die Tatsache einseitiger Zurückhaltung von Unterlagen ohne Rücksicht auf Behauptungs- und Beweislast stets verwertbar. In jedem Fall sind die von den Parteien für die Zurückhaltung angegebenen Gründe zu berücksichtigen.

Relativ geringe praktische Bedeutung hat die Heranziehung unspezifiziert bezeichneter Parteiakten. Dies gilt nicht von den Handelsbüchern nach §§ 45, 46 HGB, deren Verwertung jedoch sowohl gegenständlich als auch in Bezug auf das Verfahren stark beschränkt ist. Weiter ist die Regelung des § 47 HGB, doch führt der spezifisch begrenzte Inhalt der Handelsbücher nur selten zu einer Ausweitung des Prozeßstoffes. Anders als bei Urkunden ist bei Parteiakten im Falle schutzwürdiger übereinstimmender Geheimhaltungsinteressen auch die Tatsache der Zurückhaltung von Akten *teilen* nicht verwertbar. Dies gilt nicht für Handelsbücher.

3. Beiziehung von Behördenakten

Die amtswegige Beiziehung von Behördenakten führt im Unterschied zu den Fällen des § 272 b Abs. 2 Nr. 1 ZPO dazu, daß der Akteninhalt zunächst einmal rein faktisch Prozeßstoff wird. Infolgedessen besteht eine starke psychologische Hemmung der Parteien, sich gegen die Verwertung zu sperren. Die Möglichkeit dazu ist jedoch gegeben; denn die in beigezogenen Akten enthaltenen Fakten bedürfen zu ihrer Einführung in den Prozeß der Parteibehauptung. Die Parteien können aber nicht nur die Verwertung, sondern bereits die Beiziehung von Akten sperren. Denn die Vorbereitung darf nicht an Tatsachen orientiert werden, welche mangels Parteibehauptung nicht Entscheidungsgrundlage werden können. Liegen ausnahmsweise übereinstimmende schutzwürdige Geheimhaltungsinteressen der Parteien vor, so ist auch die Tatsache unverwertbar, daß die Parteien die Beiziehung verhindert haben. Eine einseitige Sperrbefugnis einer Partei besteht nicht. Die förmliche Einführung des Akteninhalts in den Prozeß durch Parteibehauptung in der mündlichen Verhandlung schützt die Parteien nicht davor, daß sich die maßgebliche Vorbereitungsarbeit über ihren Kopf hinweg am Inhalt der beigezogenen Akten orientiert, bevor dieser behauptet ist. Dem kann nur durch frühzeitige Information der Parteien und ihre Aufklärung über den Zusammenhang des Akteninhalts mit dem Prozeßstoff abgeholfen werden.

4. Einholung von Auskünften

Sowohl der behördlichen wie der nichtbehördlichen Auskunft und der schriftlichen Zeugenanhörung ist gemeinsam, daß sie nach Funktion und praktischer Handhabung nicht der ergänzenden Sachaufklärung, sondern der Klärung bestimmter, genau formulierbarer Beweisfragen dienen. Die Zuverlässigkeit der behördlichen wie der nichtbehördlichen Auskunft wird im allgemeinen aufgrund eines durchorganisierten Verwaltungsapparates mit Kontrollfunktionen garantiert. Die Zeugenauskunft könnte zwar theoretisch als Mittel zur Tatsachenergänzung benutzt werden. Aber die zuverlässigere Informationsquelle des Parteivortrages darf jedenfalls im Vorbereitungsstadium nicht durch die unzuverlässigere der Zeugenauskunft ersetzt werden, zumal dadurch eine Gefährdung der Wahrheitsfindung einträte, ohne daß eine Verfahrensbeschleunigung zu erwarten wäre.

5. Sachverständigengutachten

Mit dem Vortrag von Rohmaterial, das ohne sachverständige Differenzierung als Entscheidungsgrundlage unbrauchbar ist, geben die Parteien zunächst freiwillig, wenn auch notgedrungen, einen Teil ihrer Herrschaft über den Tatsachenstoff auf. Das gilt auch für den Fall amtswegiger Sachverständigenbegutachtung. Die Frage nach einer Sperrbefugnis der Parteien stellt sich hier also nicht. Diese Beschränkung der Parteiherrschaft war bereits in der ZPO von 1877 Gesetz. Sie ist nicht schwerwiegend, weil die Übernahme oder das Bestreiten der Ergebnisse des Sachverständigen zur Disposition der Parteien stehen. Es wird ihnen nichts aufgedrängt. Dies kann jedoch mittelbar durch den Einfluß geschehen, den der Richter kraft seiner Prozeßleitung auf Fragestellung und Tatsachengrundlage des Gutachtens ausübt. Dieser Einfluß ist mit der Hereinnahme der amtswegigen Sachverständigenbegutachtung in das Vorbereitungsstadium (ZPO-Novellen 1909, 1924) gewachsen. Die Überlassung nichtfachspezifischer Ermittlung von Anknüpfungsmaterial, insbesondere durch Vernehmungen, an den Sachverständigen ist abzulehnen. Durch sie würde ein unkontrolliertes Einfließen von Prozeßstoff außerhalb der gesetzlichen Kanäle eröffnet, wenn dem auch kein greifbarer Zuwachs an Richtermacht entspräche. Die Gefährdung der Wahrheitsfindung ohne garantierte Prozeßbeschleunigung ist nicht vertretbar. Dennoch darf vom Sachverständigen solcherart ermitteltes Material verwertet werden, wenn die Parteien bei der Verhandlung über die Beweisaufnahme den Feststellungen des Sachverständigen nicht widersprechen.

6. Augenscheinseinnahme

Auf das Vorbereitungsstadium ist der Augenschein zur Information, nicht der Augenschein zum Beweis zugeschnitten. Aber auch der Informationsaugenschein ist der Sache nach Beweis, da der Richter sich durch die sinnliche Wahrnehmung "selbst überzeugt". Daher ist der Grundsatz der Parteiöffentlichkeit zu wahren. Nur dann läßt sich auch die Problematik der Einführung der vom Richter wahrgenommenen, bis dahin nicht behaupteten Tatsachen in den Rechtsstreit lösen. Werden die Parteien bei der informatorischen Augenscheinseinnahme gleichzeitig über den Informationsstand des Richters informiert, so läßt sich das Ergebnis der Augenscheinseinnahme in die mündliche Verhandlung einbeziehen, ohne dem Begriff des "Zum-Gegenstand-der-mündlichen-Verhandlung-machens" Gewalt anzutun. Hat der Richter Tatsachen wahrgenommen, die nicht bereits in dem von den Parteien vorgetragenen Sachverhalt angelegt waren und die neue Aspekte eröffnen, so ist die Verwertung nur bei ausdrücklicher Bezugnahme einer Partei zulässig. Die Parteien haben beim Augenschein ähnlich wie beim Parteivortrag und bei der Urkundenvorlage häufig rein faktisch die Möglichkeit, den Zugang des Richters zu neuem Prozeßstoff zu versperren. Die Tatsache der Weigerung darf bei übereinstimmenden schutzwürdigen Geheimhaltungsinteressen nicht verwertet werden. Allerdings gilt dies im Falle des Ausweichens der Parteien auf kompliziertere Informationswege nur dann, wenn ihre Interessen an Geheimhaltung des Augenscheinsobjekts das Allgemeininteresse an Kräfteökonomie im Prozeß deutlich übersteigen.

§ 31 Vergleich der Einzelergebnisse

1. Die Vorherrschaft des Richters bei der Stoffsammlung

Die Grundlage für die vorbereitende Stoffsammlung bilden die schriftsätzlichen Parteibehauptungen. Diese können in keinem Fall vom Richter substituiert werden. Doch übt dieser auf dem Wege der Aufklärungsverfügungen mit dem dahinterstehenden psychologischen und verfahrensrechtlichen Druck (Feststellungslast; § 286 ZPO) maßgeblichen Einfluß auf die Entwicklung des schriftsätzlichen Sachverhaltsbildes aus. Dieses wird wesentlich mitgestaltet durch den Inhalt der vom Richter herbeigezogenen Partei- und Behördenunterlagen, etwaige sachverständige Begutachtung und einen informatorischen Augenschein. Was zu Beginn der mündlichen Verhandlung als Sach- und Streitstand in den Akten ist, muß demnach im wesentlichen als Ergebnis der rechtlichen und tatsächlichen Vorüberlegungen des Richters auf der Grundlage der Ausgangsbehauptungen der Parteien angesehen werden. Nicht der Richter wird an der Stoffsammlung "beteiligt", sondern e r beteiligt durch rechtliche Aufklärung und abrundende Fragen die Parteien an der im Grunde von ihm konzipierten Sachaufklärung, - freilich immer vom Ausgangspunkt der Parteianträge und des parteiseitig rudimentär umrissenen Lebenssachverhaltes her. Die Parteidisposition bleibt auf den Geltungsbereich der Dispositionsmaxime beschränkt, ist in dieser wichtigen Stellung aber auch nahezu unangefochten.[1]

Die Vorstellung, daß der Richter nur "Anregungen" für die Behauptungen der Parteien gebe, wird der hier untersuchten

---

1) Wobei es eingehender Untersuchung wert wäre, inwieweit der Richter bei einer Aufklärung, die alle zulässigen Maßnahmen bis zum letzten ausschöpft, die Grenze zur Streitgegenstandsbeeinflussung überschreitet und überschreiten darf.

Vorbereitungsmethode nicht gerecht. Man muß die Situation aus dem Zusammenhang einer eingeübten Handhabung, etwa nach dem Stuttgarter Modell, beurteilen. Eine solche generelle und eingespielte Handhabung verstärkt enorm den beschriebenen psychologischen Druck, den Aufklärungsintentionen des Richters zu folgen. Schöpft der Richter sämtliche ihm nach den vorstehenden Überlegungen zustehenden Befugnisse voll aus, so schafft e r eine Art Magnetfeld, das die Behauptungen der Parteien nach vorgezeichneten Feldlinien anzieht, bzw. abstößt.[2)] Daher ist es falsch, die Antwort auf die Frage nach dem heutigen Inhalt der Verhandlungsmaxime an der unbestreitbaren Tatsache zu orientieren, daß die Parteien die Fragen des Richters ja nicht zu beantworten b r a u - c h e n . Müßten sie es - im Sinne einer Rechtspflicht - , könnte von Verhandlungsmaxime ohnehin nicht mehr gesprochen werden. Aber die "Last" und der "Erwartungssog" wirken beinahe so stark wie eine Pflicht. Erwägt man recht diesen empirisch jederzeit im Gerichtssaal nachweisbaren Wirkungszusammenhang, so erscheint die Vorstellung von der Parteipräponderanz sehr schwach. Der Richter hat keine Korrekturfunktion, ist nicht lediglich Helfer der Parteien. Schon eher läßt sich umgekehrt aus den besprochenen Sperrmöglichkeiten und Verwertungsverboten bei schutzwürdigen Geheimhaltungsinteressen der Parteien etwas herleiten. Sie zeigen, daß es mit dem Partei b e l i e b e n , dies oder jenes vorzutragen oder nicht, nicht mehr weit her ist. Die engen Voraussetzungen dieser totalen Verwertungsverbote sind ein deutliches Anzeichen dafür, daß der Richter den maßgeblich bestimmenden Einfluß auf die Stoffsammlung ausübt. Eine grundlegend andere Sicht könnte sich allein im Zusammenhang mit den Überlegungen zur Richterpflicht ergeben, den Parteien rechtliche Hinweise zu erteilen (dazu sogleich unten S. 214).

Die sachverständige Begutachtung im Vorbereitungsstadium wird zwar primär weniger gekennzeichnet durch Richterdomi-

---

2) Vgl. oben S. 85.

nanz als durch eine Hilfsbedürftigkeit von Richter u n d Parteien. Aber in der Unterbreitung des von ihm vorläufig herauspräparierten Sachverhaltes und in der Formulierung der Gutachtenfragen setzt sich doch der richtungsbestimmende Einfluß des Richters fort. Die Parteien sind zunächst einmal ohne jede Mitwirkung. Allerdings ist die richterliche Bestimmung hier doch ungleich geringer als bei der Lenkung des Parteivortrags. Denn in den typischen Durchschnittsfällen - Gesundheitsschäden, Baumängel, Kraftfahrzeugschäden - bleibt dem Richter jedenfalls im Vorbereitungsstadium relativ wenig Spielraum zur Beeinflussung der sachverständigen Tatsachenermittlung. Demgegenüber ist der Informationsaugenschein wieder mehr auf richterliches Aufsuchen neuen Tatsachenstoffes ausgerichtet. Dabei ist es nicht einmal mehr den Parteien überlassen, dem Richter nähere Erläuterungen zu geben. Dieser macht "sich selbst ein Bild von der Sache". Was für die Parteien bleibt - Parteiöffentlichkeit, mündliche Verhandlung über das Ergebnis, Sperrung des Zugangs zum Augenscheinsobjekt - erscheint so als notwendiges Korrektiv richterlicher Tatsachenschaffung, in dieser Funktion vergleichbar der rechtlichen Hinweispflicht beim Schriftsatzvortrag.

Insgesamt muß man also feststellen, daß zwar die Parteischriftsätze Ausgangs- und Mittelpunkt der vorbereitenden Sachaufklärung bilden, aber die Folgerung, daß die Parteien mit ihren Behauptungen das Bild bestimmten, unrichtig ist. Sie bestimmen zunächst einmal nur den Beginn und den Streitgegenstand des Verfahrens. Sodann nimmt der Richter die beherrschende Stellung ein, indem er nach seinen Vorstellungen die Behauptungen durch Parteivortrag und -unterlagen, Behördenakten, Sachverständige und Augenschein ergänzen läßt bzw. ergänzt.

2. Die Funktion der rechtlichen Hinweispflicht des Richters - "Zusammenarbeit" zwischen Richter und Parteien?

Demnach wäre für das Vorbereitungsstadium eine starke Verlagerung der Einflußsphäre zugunsten der Richtermacht festzustellen. Wenn man in den Regel-Ausnahme-Vorstellungen der herrschenden Meinung verhaftet bliebe, könnte man von einer "Aushöhlung" oder "Auszehrung" der Verhandlungsmaxime sprechen. Daß dies nicht weiter führen kann, wurde oben (S.29ff) näher aufgeführt. Es fragt sich, ob etwa die Verhandlungsmaxime durch einen Stoffsammlungsgrundsatz verdrängt worden ist, der - heute kaum mehr originell - mit "Zusammenarbeit zwischen Richter und Parteien"[3] umschrieben werden könnte. Überblickt man die vorstehenden Überlegungen, so bleibt einzig die These von der richterlichen Pflicht zu rechtlichen Hinweisen im Vorbereitungsstadium, bei der so etwas wie "Zusammenarbeit" anklingt.

Die Rechtspflicht des Richters, den Parteien von vornherein auch rechtliche Hinweise zu geben, ergibt sich aus § 139 ZPO. Sie verlangt nur eine Information in groben Zügen, kein - praktisch undiskutables - Durchsprechen des Aufklärungskonzepts des Richters mit den Parteien. Sie ist "adäquater Verantwortungszuwachs" als Ausgleich für den in § 272 b ZPO gegebenen Machtzuwachs des Richters.[4] Nur in diesem Sinne kann man von einer Art M i t bestimmung der Parteien bei der vorbereitenden Sachaufklärung[5] und von einem objektiven funktionalen Zusammenwirken[6] sprechen. So ist auch die erwähnte Mitwirkung der Parteien bei der vorbereitenden Verwertung beigezogener Behördenakten zu sehen. All dies hat den Schutz der Parteien vor einem "Überspieltwerden" im Vor-

---

3) Vgl. hierzu oben S. 32.

4) Näher oben S. 100 f.

5) Näher oben S. 98.

6) Oben S. 141 Fn. 21.

bereitungsstadium im Auge, - ein anderer Aspekt des in § 139 ZPO konkretisierten Gehörgedankens.[7] Für eine echte "Zusammenarbeit" im Sinne eines objektiven und subjektiven planvollen Miteinander-Arbeitens fehlt dagegen jedes Substrat. Die Formel hypostasiert Nichtvorhandenes und ist daher abzulehnen. Daß sie auch sprachlich Assoziationen weckt, die mit der realen Prozeßatmosphäre gar nichts gemein haben, mag erwähnt werden.

§ 32 Neubestimmung der Verhandlungsmaxime

Nimmt man einmal an, daß sich von den festgestellten Verhältnissen im Vorbereitungsstadium Schlußfolgerungen für die Verteilung von Richtermacht und Parteiherrschaft im Zivilprozeß insgesamt ziehen lassen, so ergibt sich folgendes:

1. Die Elemente der Verhandlungsmaxime

Von einer Parteiherrschaft über den Tatsachenstoff kann nur noch in einem sehr eingeschränkten Sinne gesprochen werden. Die Kategorien "Regel-Ausnahme" werden den wirklichen Verhältnissen auch nicht mehr entfernt gerecht. Es ist notwendig und möglich, Richtermacht und Parteiherrschaft genauer voneinander abzugrenzen. In Wahrheit sind die richterlichen Aufklärungsbefugnisse weder Ausnahme, noch Milderung, Auflockerung, Durchbrechung der Parteiherrschaft oder dergleichen. Sie bestimmen vielmehr inzwischen selbst den I n h a l t d e r V e r h a n d l u n g s m a x i m e mit.

Dieser Inhalt wird durch ein positives und ein negatives Element gekennzeichnet.[1] Das positive besagt: nur behauptete Tatsachen können Entscheidungsgrundlage werden. Wird eine Tatsache nicht behauptet, so kann nicht sie selbst, sondern

---

7) Hierzu im einzelnen oben S. 95 ff.

1) Vgl. oben S. 35 ff.

allenfalls die Tatsache der Nichtbehauptung bei der Entscheidung verwertet werden. Damit haben die Parteien eine Behauptungslast, die sich im Falle des Bestreitens in eine Beweisführungslast fortsetzt.

Das negative Element der Verhandlungsmaxime v e r s p e r r t dem Richter

a) den Zugang zu nicht behaupteten Tatsachen (Verwertungssperre)

b) die Verifizierung nicht bestrittener Behauptungen (Wahrheitsprüfungssperre)

c) die Verifizierung bestrittener Behauptungen durch Vernehmung nichtbenannter Zeugen (Zeugenbeweissperre)

Die Untersuchung der richterlichen Aufklärungsmaßnahme im Vorbereitungsstadium hat nun gezeigt, daß die Sperrwirkung zu a) alles andere als absolut ist.[2] Der Richter hat in Wirklichkeit durch Fragen, Unterlagenbeiziehung, Sachverständigengutachten und Informationsaugenschein durchaus Zugang zu nicht behaupteten Tatsachen. Wieweit er d a b e i gehen darf, und inwieweit die Parteien d i e s zu hindern berechtigt sind, ist für die Sperrwirkung maßgebend. Mit anderen Worten: das negative Element der Verhandlungsmaxime wird zu einem wesentlichen Teil (nämlich qua Verwertungssperre) durch eine Sperrlinie zwischen richterlichen Aufklärungsbefugnissen und parteilichem Behauptungsmonopol bestimmt. Der genaue Verlauf dieser Sperrlinie wird durch die Einzelbefugnisse des Richters, die Sperrbefugnisse der Parteien und die damit korrespondierenden Verwertungsverbote markiert, die allesamt an der ratio des § 272 b ZPO ausgerichtet werden müssen. Demnach sind die r i c h t e r l i c h e n A u f k l ä r u n g s r e c h t e heute s e l b s t D e t e r m i n a n t e n d e r V e r h a n d l u n g s m a x i m e.

---

2) Die Problematik der Sperrwirkung zu b) wird in dieser Arbeit nicht näher untersucht, weil sie für das Vorbereitungsstadium nicht typisch ist. Die Sperrwirkung zu c) ist de lege lata unproblematisch.

Die Behauptungslast bleibt aber vom Verlauf dieser Sperrlinie unberührt. Der "Zugang" des Richters zu nicht behaupteten Tatsachen besteht, wie die obigen Einzeluntersuchungen zeigten, zuallermeist darin, daß er die Parteien dazu bringt, die Tatsachen zu behaupten. Ihre Behauptungslast wird also weder durch die Aufklärungsmöglichkeit des Richters noch durch die konkrete Aufklärungsmaßnahme beseitigt. Sie "entlasten" sich vielmehr durch die Behauptung selbst. Hinzu kommt, daß keine rechtliche oder tatsächliche Gewähr dafür besteht, daß der Richter seine Aufklärungsaktivität bis an die Sperrlinie herantreibt.[3] Das Feststellungsrisiko der Parteien wird durch die richterliche Aufklärungsbefugnisse also nur bis zu einem unkalkulierbaren Grad verringert. Deshalb kann das positive Element der Verhandlungsmaxime nicht etwa einfach als Kehrseite des negativen Elementes zu a), der Verwertungssperre, angesehen werden.

Ebensowenig ist die Beweisführungslast[4] Kehrseite der Sperrwirkung zu c). Die Wahrnehmung der amtswegigen Beweiserhebungsmöglichkeiten liegt im pflichtgemäßen richterlichen Ermessen.[5] Die Parteien können sich also nicht von vornherein darauf verlassen, daß der Richter seine Befugnisse voll ausschöpft.[6] Allerdings ist die Beweisführungslast im Gegensatz zur Feststellungslast[7] keine feststehende Größe.[8] Zwar richtet sich ihre Bestimmung nach der Feststellungslast, so daß sie als "Vor-wirkung" derselben bezeichnet werden kann.[9] Aber anders als die Feststellungslast verändert sich die Beweisführungslast im Laufe des

---

3) Dazu noch näher unten S. 223.

4) Über begriffliche Abgrenzungsstreitigkeiten vgl. Musielak, Grundlagen der Beweislast, S. 37 ff.

5) BAG BB 1974, 559; Grunsky, Grundlagen, S. 172; Baumbach-Lauterbach, § 144 Anm. 1.

6) Nikisch, Zivilprozeßrecht, § 82 I 2.

7) Zur Terminologie: Rosenberg, Beweislast, S. 11 ff.

8) Bruns, Zivilprozeßrecht, § 32 IV, S. 282-284.

9) Musielak, Grundlagen der Beweislast, S. 38, 36; vgl. dazu auch Rosenberg, Beweislast, S. 20 ff.

Prozesses, weil der "sich aus dem Feststellungsrisiko ergebende Druck auf die Beweistätigkeit der Parteien"[10] sich dem jeweiligen Stand der Sachverhaltsaufklärung anpaßt.[11] Dieser Stand wird nun wesentlich beeinflußt von der amtswegigen Beweistätigkeit des Richters im konkreten Prozeß. Sofern er Sachverständigen-, Augenscheinsbeweis usw. von Amts wegen erhebt, kann insoweit in d i e s e m Rechtsstreit und in dem k o n k r e t e n Verfahrensstadium von einer Beweisführungslast der feststellungsbelasteten Partei nicht mehr die Rede sein. Daher ist es unzutreffend, generell von einer "Durchlöcherung" der Beweisführungslast der Parteien durch die amtswegigen Beweis m ö g l i c h k e i t e n des Gerichts zu sprechen.[12] Die Beweisführungslast der Parteien besteht vielmehr zu Beginn des Aufklärungsvorganges ungeschmälert. Erst im Fortschreiten des Rechtsstreits verändert sie sich wie beschrieben. Im Unterschied zur Behauptungslast werden die Parteien hier durch richterliche Aktivität echt entlastet, weil der Richter selbst den Beweis erhebt und damit den betreffenden Beweisantrag der Partei überflüssig macht.

2. Abgrenzung zur Untersuchungsmaxime

Die anfängliche Ahnungslosigkeit des Richters[13] ist in Verfahren mit Verhandlungsmaxime und in Verfahren mit Untersuchungsmaxime gleich. Der äußere Ablauf der Stoffsammlung ist weitgehend angenähert.[14] Ist nach der frühen Erkenntnis der Kombinationsfähigkeit von Elementen beider Maximen[15]

---

10) Rosenberg, Beweislast, S. 22.

11) Im einzelnen mit Beispielen und Nachweisen Bruns, a.a.O. S. 283 f.

12) So Grunski, Grundlagen, S. 272.

13) Hierzu oben S. 25 f.

14) Hierzu oben S. 34.

15) Hierzu oben S. 24.

die Unterscheidung zwischen Verhandlungs- und Untersuchungsmaxime endgültig obsolet geworden?

Ich meine nicht. Die das positive und das negative Element der Verhandlungsmaxime kennzeichnenden Aussagen gelten nicht für die Untersuchungsmaxime: Keine Behauptungs- und keine Beweisführungs l a s t[16], keine Sperrwirkung. Die Annäherung bzw. Vermischung fand allein statt in Form der Zurückdrängung der Verwertungssperre (Sperrwirkung zu a), oben S. 216). Hier hat sich die sukzessive "Versetzung" der Verhandlungsmaxime mit inquisitorischen Elementen[17] ausgewirkt. Aber solange die Behauptungs l a s t der Parteien bestehen bleibt, läßt die Annäherung die wesentlichen Unterschiede unberührt. In Verfahren mit Untersuchungsmaxime nimmt die stets mögliche und stets erwartete Amtsermittlung den Anstrengungen der Beteiligten zur Stoffsammlung ein entscheidendes Stimulans.[18] Auch bei den Bemühungen der Parteien um Sachverhaltsverkürzung bestehen die Unterschiede im wesentlichen unverändert fort. In Verfahren mit Untersuchungsmaxime müssen die Beteiligten nicht nur mit der Verwertung der Tatsachen der Geheimhaltung[19], sondern mit der Ermittlung der Tatsache selbst rechnen. Dies wiederum führt im Strafverfahren zum bisweilen offenen, stets aber latenten Kampf um Aufhellung einerseits, Verdunkelung andererseits.

Demnach kann von einer wirklichen Angleichung der Maximen nicht die Rede sein. Die Unterscheidung muß bis auf weiteres aufrecht erhalten bleiben. Erst wenn die inzwischen eingetretenen Änderungen, für jede Maxime gesondert, präzise herausgearbeitet sind, erscheint die Entwicklung eines neuen, übergreifenden Stoffsammlungsgrundsatzes aussichtsreich.

---

16) Differenzierend hierzu neuestens Musielak, Grundlagen der Beweislast, S. 38 f.

17) Oben S. 25.

18) Oben S. 26 f.

19) Ausnahme: Schweigen des Beschuldigten im Strafverfahren (§ 136 Abs. 1 Satz 2; 163 a Abs. 3 Satz 2 StPO; dazu BGHSt 20, 281 ff., 298 ff.).

3. Die Formulierung der Verhandlungsmaxime

3.1 Unzulänglichkeit einer Kurzformel

Demnach könnte man den Inhalt der Verhandlungsmaxime auf die folgende Formel bringen:
Die Parteien haben eine Behauptungs- und Beweisführungslast; der Richter hat ein durch Sperrbefugnis der Parteien begrenztes Aufklärungsrecht.

Die Unzulänglichkeit der Formel liegt auf der Hand. Sie bringt zwar zum Ausdruck, daß im Gegensatz zum bisherigen Verständnis die Richtermacht vorherrscht, aber durch Parteirechte eingeschränkt wird, und nicht umgekehrt. Aber sie kann ebensowenig wie die Regel - Ausnahme - Vorstellung der herrschenden Meinung eine auch nur einigermaßen genaue Abgrenzung zwischen Richtermacht und Parteibestimmung vermitteln. Dies kann überhaupt keine Formel leisten. Wenn die e i n z e l n e n richterlichen Aufklärungsbefugnisse und die auf sie zugeschnittenen e i n z e l n e n Sperrbefugnisse der Parteien die Grenzlinie markieren, dann kann deren Verlauf eben nur durch eine Einzelanalyse ermittelt werden. Dies wurde oben für die vorbereitende Sachaufklärung versucht, wobei sich ergab, daß die Richtermacht n i c h t überall g l e i c h stark durch die Parteibefugnisse eingedämmt wird. Art und Ausmaß der Parteirechte und -möglichkeiten, richterliche Aufklärung abzublocken, hängen eben von den unterschiedlichen Funktionen der einzelnen richterlichen Informations- und Beweiserhebungsmöglichkeiten, insbesondere von deren Eignung und Bestimmung zur Tatsachenauswahl und -ergänzung sowie von den auf sie bezogenen Sperrbedürfnissen der Parteien ab. So kann mit Hilfe einer Formel nur versucht werden, einen aus der Einzelanalyse abzulesenden Trend, eine Richtung anzugeben, in der die Abgrenzung verläuft.

3.2 Folgen des Fehlens einer knappen Formel

3.2.1 Wissenschaft, Praxis und Ausbildung

Hiernach ist eine allgemeine und genaue Abgrenzung von Richtermacht und Parteiherrschaft bereits für das Vorbereitungsstadium nicht möglich. Die Verhandlungsmaxime kann nicht auf eine so präzise Formel gebracht werden, daß alle bisherige Vagheit und Ungenauigkeit schwände und die "Lösung" in scharfer Kontur hervorträte. Für die wissenschaftliche Erkenntnis, die praktische Anwendung und für die Ausbildung ist das nicht nur unschädlich, sondern förderlich. Ein Rekurs auf "die Verhandlungsmaxime" ist nicht mehr vertretbar.[20] Argumente und Handlungsanweisungen können nur noch den einzelnen präzis zu bezeichnenden Elementen der Verhandlungsmaxime entnommen werden. Bei der Abgrenzung von Aufklärungs- und Sperrbefugnissen sind die zugrunde liegenden Wertungen offenzulegen.

3.2.2 Gerechtes Verfahren

Die Verfahrensgrundsätze, nicht zuletzt auch die Stoffsammlungsgrundsätze, sind Garanten des Gleichheitsgrundsatzes im Verfahrensrecht.[21] Zutreffend sieht BULL[22] einen Verstoß gegen den Gleichheitsgrundsatz in dem Nebeneinander von Stuttgarter Verfahren[23] und herkömmlichem Verfahren "im alten Trott".[24] Die bisherige Beliebigkeit der Wahl zwischen diesen grundverschiedenen Ver-

20) Insoweit richtig im Ergebnis: Bomsdorf, Prozeßmaximen, S. 283.

21) Oben S. 34 m. N.

22) DRiZ 1972, 312; vgl. auch Begründung Vereinfachungsnovelle, S. 34; Stötter, MDR 1975, 265.

23) Zu ergänzen wäre: und ähnlichen, auf eine "Hauptverhandlung" ausgerichteten Verfahren.

24) Bull, a.a.O.

fahrensarten verhindert zudem Voraussehbarkeit und Berechenbarkeit des Verfahrensganges und damit Rechtssicherheit im Zivilprozeß.[25] Volkstümlichkeit der Rechtspflege wird so unmöglich, da das tiefe Bedürfnis der Bürger nach Einfachheit und Gewißheit der rechtlichen Institutionen unbefriedigt bleibt.

Jedoch beruht dieses Nebeneinander verschiedener Verfahren nicht auf einer unpräzise formulierten Verhandlungsmaxime, sondern darauf, daß § 272 b ZPO trotz seiner Fassung als zwingende Vorschrift in der Praxis bisher weitgehend ignoriert, jedenfalls bei weitem nicht ausgeschöpft worden ist. Die restriktive Auslegung der Bestimmung durch den Bundesgerichtshof und einen Teil der Kommentare[26] kommt hinzu.

Dem kann nicht durch ein Neuverständnis der Verhandlungsmaxime, sondern nur durch eine Neufassung des § 272 b ZPO abgeholfen werden. Eine solche Neufassung müßte insbesondere die durch § 272 b Abs. 2 ZPO ("... kann er insbesondere ...") eröffnete Möglichkeit, die Bestimmung wie eine Kann-Vorschrift zu handhaben, ausschließen. Dies wird durch §§ 273; 275 Abs. 2 EZPO eben nicht gewährleistet. Nach § 273 Abs. 1 EZPO "hat" das Gericht ebenso wie nach § 272 b Abs. 1 ZPO die vorbereitenden Maßnahmen zu veranlassen. Aber in Abs. 2 werden dem Richter wieder beispielhaft aufgeführte Maßnahmen zur Disposition ("kann") gestellt. Damit ist nichts gebessert. Der Richter "kann" es dann eben, genau wie nach der bisherigen Auslegung des § 272 b ZPO durch den Bundesgerichtshof, auch unterlassen, auf einen "Haupttermin" (§ 272 EZPO) hin umfassend vorzubereiten. Zwar schreibt ihm dies § 272 Abs. 1 EZPO vor, doch dieses Gebot ist nicht "zwingender" zum Ausdruck gebracht als in § 272 b Abs. 1 ZPO.

§ 273 EZPO wäre daher besser wie folgt zu formulieren:[27]

---

25) Vgl. Entwurf 1931, S. 283; Sauer, Allgemeine Prozeßrechtslehre, S. 71; Bernhardt, Aufklärung, S. 49, Lehmann, RheinZ 13, Sonderheft S. 32 ff.

26) Oben S. 78.

27) Der Vorschlag enthält auch redaktionelle sowie weitere, sich aus dem obigen Text ergebende Änderungen.

" § 273

(1) Das Gericht hat rechtzeitig sämtliche vorbereitenden Maßnahmen zu veranlassen, die zur Erledigung des Rechtsstreits im Haupttermin zweckmäßig sind.

(2) Zur Vorbereitung kommen insbesondere folgende Maßnahmen in Betracht:

1. Auflagen an die Parteien zur Ergänzung und Erläuterung ihrer vorbereitenden Schriftsätze sowie zur Vorlegung von Urkunden, Akten und sonstigen Unterlagen und Gegenständen;
2. Ersuchen an Behörden oder Beamte um Mitteilung von Urkunden oder Akten oder um Erteilung amtlicher Auskünfte;
3. Ersuchen um Erteilung einer schriftlichen Auskunft an nichtbehördliche Stellen wie Verbände und Unternehmungen, soweit diese eine behördenähnliche Organisation aufweisen;
4. Anordnung des persönlichen Erscheinens der Parteien;
5. Einnahme eines informatorischen Augenscheins;
6. Einholung von Sachverständigengutachten;
7. Ladung benannter Zeugen und Einholung schriftlicher Zeugenauskünfte nach Maßgabe des § 377 Abs. 3 ZPO;
8. Ladung von Sachverständigen.

(3) Anordnungen nach Abs. 2 Nr. 5 - 8 sollen nur ergehen, wenn der Beklagte dem Klageanspruch bereits widersprochen hat.

(4) Die Parteien sind von jeder Anordnung zu benachrichtigen. Wird das persönliche Erscheinen der Parteien angeordnet, so gelten die Vorschriften des § 141 Abs. 2-4."

Ein weiteres Unsicherheitsmoment bei der Sachaufklärung ist das richterliche E r m e s s e n. Die Sperrlinie zwischen richterlichen Aufklärungsbefugnissen und parteilichem Behauptungsmonopol ist ja nicht identisch mit der Linie, bis zu welcher der Richter seine Aufklärungsaktivität vorantreiben m u ß.[28] Zwischen diesen beiden Linien oszilliert richterliches Ermessen[29], für die Parteien unkalkulierbar

28) Oben S. 217.

29) Vgl. Stein-Jonas-Pohle, vor § 128 Anm. IV 2 b; Baumbach-Lauterbach, Übersicht vor § 128 Anm. 2 B; Rümelin, Rechtspolitik und Doktrin, S. 32 Fn. 1 ("Ermessenstakt"); Lehmann, RheinZ 13, Sonderheft S. 32.

und unkontrollierbar. Verhandlungsmaxime im früheren, strengeren Sinne bedeutete Parteifreiheit, durch Formen eingeschränkt; Verhandlungsmaxime im hier entwickelten Sinne bedeutet Richterfreiheit, durch Sperrbefugnisse der Parteien eingeschränkt.[30]

Es liegt auf der Hand, daß dieses Unsicherheitsmoment in dem Maße zusammenschrumpft, wie die beiden Linien einander angenähert werden. Mit anderen Worten: je mehr die Aufklärungsbefugnisse des Richters zu Pflichten werden, desto voraussehbarer wird der Verfahrensgang. Doch ist dieses Ziel keineswegs um jeden Preis anzustreben. Es wäre offenbar sinnlos, für j e d e n Bauprozeß informatorische Augenscheinseinnahme, für jeden Schadensersatzprozeß aus Verkehrsunfall Sachverständigenbegutachtung im Vorbereitungsstadium streng vorzuschreiben. Für die Behauptungsauflagen und alle anderen Aufklärungsmaßnahmen wäre ein starres Reglement ebenfalls sinnlos. Der Spielraum zwischen den durch Aufklärungs p f l i c h t und Sperrbefugnissen gezogenen Linien ist für eine elastische, dem Einzelfall angepaßte zweckmäßige Sachaufklärung unentbehrlich.[31] Diesen Spielraum wird man ausweiten oder einengen wollen, je nachdem, ob man der Voraussehbarkeit (Rechtssicherheit) oder der Elastizität (Zweckmäßigkeit) Vorrang einräumt. Dies mag hier dahinstehen.[32] Für eine Beseitigung jedes tatrichterlichen Aufklärungsermessens besteht jedenfalls keine praktische Möglichkeit, auch kein Bedürfnis aus dem Gesichtspunkt der Rechtssicherheit.

---

30) Zum formstrengen Parteiprozeß im Gegensatz zum formfreien Richterprozeß siehe vornehmlich Vollkommer, Formenstrenge und prozessuale Billigkeit, S. 288-290 mit zahlreichen Nachweisen; Baur, Richtermacht und Formalismus, S. 100 ff.

31) Vgl. nur Kommissionsbericht 1961, 195; Lehmann a.a.O.

32) Hierzu instruktiv Lehmann, a.a.O. S. 32-34.

3.3 Ergebnisse

Wenn auch eine knappe und allgemein geltende Formel für die Verhandlungsmaxime fehlt, so hat dies doch keine Nachteile für wissenschaftliche Erkenntnis, praktische Anwendung und Ausbildung. Auch die Rechtssicherheit leidet nicht darunter. Sie verlangt nur, daß es nicht dem Richterermessen überlassen bleiben darf, die Sachaufklärung konzentriert auf eine Hauptverhandlung hin oder nach hergebrachtem Schema zu betreiben. Dies ist durch eine Änderung des § 272 b ZPO erreichbar. Dagegen würde das Überspielen sachlich begründeter Unterschiede durch eine Kurzformel Rechtssicherheit allenfalls vortäuschen. Dasselbe gilt für das Einschnüren richterlicher Aktivität in allzu starre Regeln. Für eine zweckmäßige Verfahrensgestaltung ist ein nicht zu eng zu bemessender Spielraum des Richters bei der vorbereitenden Sachaufklärung unentbehrlich.

Kolibri 360 GmbH
Ferdinand-Jühlke-Straße 7
99095 Erfurt, Deutschland
produktsicherheit@kolibri360.de